Michel Glotz

CW01498903

LA NOTE BLEUE

Une vie pour la musique

JC Lattès

En mémoire de mes parents et de mes frères, Jean-Pierre et Jacques, disparus.

« Où cesse la parole, commence la musique, a dit l'admirable Hoffmann. Et vraiment, la musique est une chose trop grande pour pouvoir en parler. Mais en revanche, on peut toujours la servir, et toujours la respecter avec humilité. Chanter, pour moi, n'est pas un acte d'orgueil, mais seulement une tentative d'élévation vers ces cieux où tout est harmonie. »

Maria Meneghini Callas

Prélude,
ou la flamme olympique

Nous vivons dans un monde musical où beaucoup de repères sont faussés.

Dans les grandes maisons, le disque classique est en pleine décadence, et son avenir est des plus compromis. Mais que peut saisir de l'avenir une élite directoriale qui, sauf exception, ne comprend rien à la musique ? Ma colère est dictée par ma passion totale pour elle.

Le public reçoit une éducation basée sur de fausses valeurs que les médias se font un plaisir d'amplifier sans retenue, et le public suit. Sans se soucier le moins du monde de ce que représentent leurs aînés, on nous rebat les oreilles avec de faux chanteurs ou pianistes, dont la notoriété est proportionnellement inverse à leur mérite et que s'arrachent parfois même de grands chefs d'orchestre.

Nous supportons des productions d'opéras souvent scandaleuses dont la faute incombe à des metteurs en scène despotiques, trop souvent incultes musicalement.

Nous assistons ainsi à une multiplicité de contre-valeurs : tout est prétexte à briller, mais il ne s'agit trop souvent que de pâles reflets de ce que la musique – l'art en général – devrait représenter !

Jungle du métier d'imprésario où la toute-puissance américaine cherche à vous faire plier par des manipulations de bas étage. Jungle encore dans le monde du disque, qui monte en épingle tels ou tels artistes manipulés, hypnotisés par le miroir aux alouettes, et qui seront à la première occasion jetés à bas de leur piédestal, leurs carrières ruinées. À quelques rares exceptions près, l'art musical est aujourd'hui galvaudé.

Dans ce contexte, ce livre se propose d'éclairer d'une manière un peu nouvelle et introspective un certain nombre de personnalités qui ont marqué le XXᵉ siècle, et de répondre aux innombrables questions que se posent non seulement les gens qui s'intéressent à l'art, aux artistes et aux créateurs, mais aussi le public en général. Il faut aussi raconter et expliquer ce qui a marqué, entouré et accompagné les créateurs qui sont l'objet légitime de notre intérêt. Il fallait qu'un de ceux qui avait vécu – et vit encore aujourd'hui – près de certains des plus illustres d'entre eux dise ce qu'il avait vu, ce qu'il avait ressenti et ce qui est « sa » vérité.

Dès les débuts d'une vie professionnelle à la fois dense et longue, j'ai eu l'extraordinaire privilège de côtoyer des personnalités artistiques qui ont exercé, et exercent encore, une attraction phénoménale, dépassant largement le microcosme de la musique ou des arts. On a pu le constater ces dernières années, avec le vingtième anniversaire de la disparition de Maria Callas en septembre 1997, et le dixième anniversaire de la mort d'Herbert von Karajan en juillet 1999.

Ces deux êtres exceptionnels ont été si souvent présentés au monde crédule sous un jour totalement faux, du moins sur le plan de leur caractère et de leur mode de vie, que j'ai ressenti le devoir de livrer mon témoignage, ardent mais objectif. Témoin très proche de leur vie quotidienne, de leur art, mais aussi de leur personnalité profonde et de leurs doutes, il m'appartenait, de rétablir une vérité trop souvent faussée par le prisme du « sensationnalisme ».

On dit parfois que la tradition est « une série de mauvaises habitudes ». C'est à la fois vrai et faux. Il y a les bonnes et les mauvaises traditions. Les unes et les autres exercent une influence dans la mesure où une personnalité de bon goût saura distinguer entre ce qu'il faut retenir et ce qu'il faut écarter. Les vraies beautés se retrouvent de génération en génération, transformées à travers la personnalité propre du créateur et de ses interprètes.

Si Bach et Mozart n'avaient pas vu le jour, on ne peut imaginer ce qu'eût été la création musicale au XIXe et au XXe siècle. Les sportifs de légende ont, eux aussi, eu des successeurs. Chacun d'entre eux se réfère toujours à ceux qui l'ont précédé.

Certes, comparaison n'est pas raison, ni même forcément source de compréhension, mais l'analyse des filiations (par exemple : Bellini – Chopin – Scriabine – Rachmaninov) nous permet de voir ce que la vie artistique et créatrice apporte à chacun de nous : nouveauté et enrichissement.

Peut-on imaginer Picasso sans Ingres ? La réponse est non. Pourquoi ? Parce que tous les créateurs et interprètes se sont d'abord penchés sur le passé. Ils ne sont devenus grands qu'en se projetant vers l'avenir à travers le filtre de leur chimie personnelle – ce que l'on appelle le talent.

Lorsqu'il sera question de la danse, l'exemple sera d'autant plus frappant qu'avant l'apparition de la télévision, et malgré d'innombrables essais d'écriture de la chorégraphie, il n'existait de transmission des grands ballets du passé qu'au travers des interprètes. La danse ne possédait ni partitions ni livres : elle ne vivait que de la tradition, transmise comme un flambeau d'une génération d'étoiles et de chorégraphes à la génération qui la suivait.

Pour beaucoup d'entre eux demeurent, Dieu merci, des témoignages matériels de leur talent : des films, des disques, des mémoires de contemporains, de ceux qui les ont connus. Mais tant d'injustices concernant leur image, leur caractère, leurs actions ont été colportées à travers ce XXe siècle si tourmenté et souvent si décevant, que les lignes qui suivent tenteront, en toute sincérité, sans esprit d'hagiographie, mais en évoquant leur art, leur influence, leurs actions, leur vie quotidienne, leurs joies et leurs peines, leurs triomphes et leurs échecs, leurs fous rires et leurs larmes, leurs forces et leurs faiblesses, de les replacer – tels du moins que je les ai ressentis et vécus – devant le lecteur.

Les hasards d'une vie, qui s'est étendue à partir de l'âge conscient sur soixante années de ce siècle, m'ont montré qu'il existait, à travers les interprètes comme à travers les compositeurs, les peintres, les écrivains, les architectes, une sorte de relais qui fait penser à celui que constitue l'admirable symbole de la flamme olympique qui ne s'éteint jamais.

L'emblème des cercles entrelacés fait irrésistiblement penser aux strates intérieures d'un interprète ou
d'un auteur qui marque une époque, mais transmet
aussi ce que l'on appelle l'héritage culturel que chacun
d'entre nous – et notamment les créateurs – absorbe,
consciemment ou inconsciemment, pour construire,
approfondir ou embellir sa propre personnalité et, par-
delà, notre vie à tous.

Enfance

Du plus loin que remontent les souvenirs du petit Parisien que j'étais, à quatre ans, ce sont des impressions musicales qui me viennent d'abord en mémoire. Mes parents possédaient une très honorable collection de disques qui marqua durablement ma prime jeunesse. C'étaient *L'Archiduc* de Beethoven par le trio Cortot-Thibaud-Casals, des pièces pour piano de Chopin ou encore *L'Amour et la vie d'une femme* de Schumann par Lotte Lehmann, que je réclamais si souvent que mon père finit par m'offrir un petit électrophone vert dont je remontais frénétiquement la manivelle. Cependant, il y avait aussi dans la discothèque familiale certaines œuvres qui me rebutaient, en général les pages symphoniques et plus encore les extraits d'opéras wagnériens qui faisaient la joie de mon père et qui, moi, me plongeaient dans l'épouvante, notamment la scène finale du *Crépuscule des dieux* par la soprano suédoise Nanny Larsén-Todsen qui sonnait pour moi comme une sirène de paquebot...

Il y avait toutefois une exception à mon allergie wagnérienne : c'était le disque du *Rêve d'Elsa* de Lohengrin et du premier air d'Élisabeth de *Tannhäuser* par Elizabeth Rethberg qui, elle, me faisait entrevoir ce que pouvait être la beauté lyrique, aussi bien celle de sa propre voix que de la musique qu'elle interprétait. Il me fallut attendre, les représentations données après la guerre à l'Opéra de Paris par la sublime Kirsten Flagstadt pour changer mon opinion sur la musique de Wagner. Et c'est encore plus tard que j'ai compris ce qu'était Wagner, le souffle et la beauté insinuante, intrigante et admirable de son œuvre, qui ne peuvent vraiment s'exprimer que lorsque les voix et les chefs sont à la hauteur de son génie musical. Car le rêve de Wagner, on le sait, était d'avoir des voix à l'italienne – c'est-à-dire d'une grande beauté de couleur et d'expression – et non pas des hurlements qui heurtaient mes oreilles d'enfant comme celles de l'homme âgé que je suis. Curieusement, si les ans ont modéré cette réaction épidermique à la musique de Wagner, il m'arrive encore, je l'avoue sans honte, d'éprouver un indicible ennui à l'écoute prolongée de ses opéras lorsque la distribution – ou le chef – n'est pas à la hauteur. Car l'interprétation, chez Wagner plus que pour tout autre compositeur, est capitale, et ne souffre pas la médiocrité, au risque de devenir une véritable torture, ce qui arrive, hélas, souvent. J'ai aussi réalisé que j'étais plus attiré par ce qu'on appelle les « Wagner blonds », tels *Tannhäuser, Lohengrin, Le Vaisseau Fantôme, les Maîtres chanteurs*, que par les « Wagner noirs » comme le *Ring* ou *Parsifal*. Cette préférence correspond à un état d'esprit, une couleur de chant, au goût d'une certaine italianité *contre* un germanisme appuyé. C'est ainsi que parmi mes plus beaux souvenirs, dont je reparlerai, figure l'inoubliable représentation de *Tannhäuser* au Festival de Bayreuth, dans la mise en scène de Wieland Wagner et sous la direction de Wolfgang Sawallisch, avec Victoria de Los Angeles (une des plus belles voix du siècle), Grace Bumbry, Wolfgang Windgassen et Fischer-Dieskau, poétique Wolfram, mais aussi tant de représentations et enregistrements d'Herbert von Karajan qui, tout aussi influencé que Wagner par l'Italie et son bel canto, voulait entendre phrasé et beauté de son.

Cette découverte de la musique et l'enthousiasme que je manifestais de façon presque exclusive pour cet art inclinèrent mes parents à m'inscrire très tôt – vers cinq ans, en 1936, je crois – aux cours de piano que donnait une de nos voisines de la rue de Tournon, ancienne élève de Cortot, Mme Morhange (qui n'était pas, je le précise, l'amie et l'interprète de Ravel, Hélène Jourdan-Morhange). Comme tout jeune pianiste, je me rappelle avoir joué d'abord les pièces pour enfants, dont le fameux *Gai laboureur*, puis *les Scènes d'enfants* de Schumann, mais aussi Franck, Chopin, Beethoven... et tous les « standards » des « classiques favoris » de l'époque, d'avoir travaillé pour de petits concours et passé des auditions de fin d'année, dont une devant Cortot... Je montrais pour cet instrument de réelles capacités et surtout une curiosité qui plaisait à ce professeur dont je garde pourtant un souvenir très vague, puisque, dès le début de la guerre en septembre 1939, nous quittâmes Paris pour Amboise ; j'avais huit ans.

Sans professeur, mais riche de partitions emportées ou trouvées, je passais alors mes journées à déchiffrer ce qui me tombait sous la main, et principalement des albums chant/piano d'opéras (en français, bien évidemment) mais aussi de musique avec violon, ce qui me familiarisa avec tout un répertoire que je ne devais être amené à entendre que beaucoup plus tard.

J'avais un cousin qui jouait du violon et à qui un professeur venait régulièrement dans notre maison de campagne donner des leçons, ce qui m'a permis de découvrir la musique de chambre en l'accompagnant. La vie se déroulait comme les méandres de la Loire toute proche, dans une sorte d'insouciance pour moi et d'inquiétude pour les adultes car la guerre était là.

Mon frère aîné, officier tout frais émoulu de Saint-Cyr, était parti au front, mais la douceur de vivre bien connue de la Touraine, ses paysages, sa luminosité très particulière et très poétique, cachaient partiellement à l'enfant que j'étais les nuages qui s'amoncelaient.

Bien sûr il y avait la musique, il y avait les repas familiaux gais, les sottises de l'enfance (car nous étions nombreux chez nous : cousins, amis, réfugiés), les jeux, les bains dans la Loire, le tennis, mais tout cela n'était qu'une illusion trompeuse : nous « dansions sur un volcan ». C'était déjà le temps de la « drôle de guerre ». Les radios très rudimentaires de l'époque étaient écoutées passionnément à toute heure du jour, pendant et entre les repas, et le soir surtout, avec cette impression terrible du « surplace » et de l'imminence de journées dramatiques. Cela n'a pas manqué d'arriver, et j'ai gardé un souvenir atroce du fameux discours de nos politiciens : « Nous vaincrons parce que nous sommes les plus forts ! », et autres promesses fallacieuses, alors que se préparait déjà l'exode qui allait faire passer sur les rives de la Loire des centaines de milliers de réfugiés avec matelas, bicyclettes, enfants, chiens, animaux, grand-mères, et que tout un chacun essayait, selon ses moyens, d'aider à fuir vers l'Ouest (Bretagne, Vendée) ou même le Sud-Ouest.

Entre le 15 et le 18 juin 1940, nous allions nous-mêmes, avec les quelque quarante-huit personnes qui s'étaient repliées dans la maison, partir dans des voitures surchargées, en laissant derrière nous cette belle demeure qui était notre nid, vers une Bretagne où mon père, dont les affaires étaient à Saint-Nazaire, n'imaginait jamais que les Allemands allaient y arriver avant nous.

Les deux ou trois jours que nous mîmes pour atteindre Guérande sont restés gravés dans ma mémoire et y reviennent très régulièrement.

À cela, il fallait ajouter les bombardements en piqué des Stuckas, les arrêts matériels inévitables, les difficultés à se procurer de l'essence, de la nourriture, les encombrements inextricables, bref toute la cohorte de misères que la guerre et la défaite peuvent entraîner derrière elles.

Et pendant ce temps, la flotte française, les centaines d'avions empilés dans les caisses ou prêts à décoller sur les terrains d'aviation restaient désespérément immobiles. J'entends encore mon père hurler sur les quais de Saint-Nazaire : « Nous sommes trahis ! »

En septembre 1940, les Allemands ayant occupé toute la moitié nord de la France à la suite de l'armistice, nous revînmes d'une manière plus calme et plus dispersée (car les amis et la famille rentraient chez eux) vers la propriété d'Amboise. La vie reprit son cours, avec l'école, et dans l'inquiétude permanente, car mon frère aîné était prisonnier et mon second frère était parti dans la zone dite « libre » à Lyon pour y poursuivre ses études préparatoires à l'École navale.

Ce répit ne dura pas. Mon père était juif, ma mère et moi catholiques. Nous fûmes dénoncés en 1941 ; on vint me prévenir à la sortie du collège de ne surtout pas rentrer à la maison, où la Gestapo pouvait nous attendre. Mes parents étaient partis, chacun de leur côté. Il n'était pas question d'y retourner, fût-ce pour prendre un balluchon.

Après deux ou trois jours d'errance, nous fûmes recueillis par des commerçants et des amis secourables. Puis mon père, seul, ma mère et moi-même séparément, traversâmes la ligne de démarcation entre la zone occupée et la zone libre par différents moyens : mon père en marchant, la nuit, dans les bois ; ma mère en passant à plat ventre sur un barrage juste avant le château de Chenonceau, entre deux patrouilles allemandes (qui, Dieu merci, étaient réglées comme une horloge suisse, ce qui lui permit son exploit, fort pénible pour elle qui était particulièrement sensible au vertige). Quant à moi, des amis me cachèrent dans un camion.

Nous dûmes donc quitter Amboise précipitamment pour nous installer chez une tante près du petit village de Francœuil, non loin de Chenonceau, d'où nous allions, après quelques mois tranquilles, être à nouveau obligés de partir, après une visite de la police allemande qui recherchait mon frère et une de mes tantes vivant tous les deux avec nous et appartenant à un réseau de résistants lyonnais. Alertés par des voisins bien inspirés, mon frère et ma tante quittèrent la propriété à travers bois et purent rejoindre Lyon, en zone « libre ». Nous eûmes tout juste le temps de nous préparer dans la panique à la visite de la Gestapo, mais pas de débarrasser la table dressée pour six ; or, nous n'étions plus que quatre... Ma mère eut la présence d'esprit de déclarer qu'à la campagne nos deux domestiques prenaient tous leurs repas avec nous. Ils avaient écouté à la porte et confirmèrent cette version.

La police chargée de la question juive n'avait aucune corrélation avec celle qui s'occupait de la Résistance et vice versa ; c'est ce qui nous sauva. Ce dysfonctionnement a permis, sans que les Allemands s'en doutent, de sauver des milliers de juifs et de résistants.

Nous avons fait disparaître tous les papiers compromettants avant de quitter la propriété deux jours plus tard, persuadés que les Allemands allaient revenir, ce qu'ils firent effectivement après notre départ ; et c'est dans une bétaillère, au beau milieu des cochons, que ma grand-mère, ma mère, mon père et moi avons quitté Francœuil au début de l'année 1942. Nous dûmes ensuite nous séparer pour diviser les risques. L'errance fut longue et compliquée, qui nous conduisit de Narbonne à Monte-Carlo où il n'y avait pas grand chose à manger, mais où les occupants italiens faisaient preuve d'un grand laxisme concernant la question juive. En 1943, mon père décida de nous faire revenir à Francœuil dans une petite maison très discrète, où nous avons passé la fin de la guerre en recevant des subsides de la fidèle associée et collaboratrice de mon père, qui lui avait cédé ses parts dans la société de démolition de bateaux qu'il dirigeait et dont il avait été dépossédé par les lois de Vichy.

Si mes études générales ont eu à souffrir de ces pérégrinations, j'avais toujours gardé avec moi quelques partitions que je lisais à défaut de toujours pouvoir trouver un piano. Ma connaissance de la musique se limitait alors à un solfège rudimentaire et à la seule lecture de deux clés (de *sol* et de *fa*) utiles au travail du piano. Oncle, tante et cousins partageaient notre misère. L'école m'étant interdite par mesure de sécurité, ma tante décida qu'il me serait profitable d'approfondir mon éducation musicale par l'étude du solfège, de l'harmonie et du contrepoint. Nous passions nos dimanches à écouter chez une amie les représentations de l'Opéra de Paris retransmises à la radio, avec les grands noms de l'époque : Georges Jouatte, Germaine Lubin, André Pernet, Hélène Bouvier ou Janine Micheau. Je me souviens en particulier d'un *Faust* avec Geori Boué et d'une *Alceste* avec Lubin et Jouatte. En un sens, pour moi qui avais l'école en horreur, ces vacances forcées avaient été les bienvenues, mais ce n'était pas pour autant *l'heure de nonchalance*, car j'avais pris très vite conscience des dangers terribles qui nous menaçaient en voyant mes parents rongés par l'angoisse d'une nouvelle dénonciation ; à cause de l'origine de mon père et des activités de Résistance d'une grande partie de ma famille et de tous nos amis. Malgré moi, j'étais mêlé à certains secrets relatifs à la Résistance, et, pour un enfant de treize ou quatorze ans, c'était très lourd à porter. Terrorisé par l'idée que je pourrais parler sous la torture, je m'efforçais d'en savoir le moins possible.

Nous vivions cloîtrés, ne voyant que quelques amis villageois très fidèles et très attentionnés, qui veillaient à ce que nous ne manquions de rien, ou des commerçants du village, tous merveilleux. Nous fréquentions également quelques rares familles d'exilés comme nous. Une, notamment, m'a beaucoup marqué : la famille de M. Hirsch et de sa femme née Michel-Levy, qui était propriétaire de la forêt d'Amboise. Comme nous, ces familles menaient une vie discrète mais culturellement riche, avec livres, radio et musique. Cependant, il n'y avait pas d'enfants et je n'avais aucun camarade, à l'exception de mes cousins. Et, parce qu'on me répétait sans cesse : « Ne te fais surtout pas remarquer », il m'était interdit de jouer avec les enfants du village voisin. Cette phrase et l'obsession du faux pas ont sans nul doute marqué mon caractère.

Tout au long de ces dix-huit mois qui nous parurent éternels, nous écoutions dans l'endroit le plus caché de la maison, sur un petit poste de radio à galènes, la voix de Londres, *Les Français parlent aux Français*. Mon père avait une carte de la Russie où il plantait des petits drapeaux russes et allemands selon les informations qui nous étaient données, de sorte que nous suivions en permanence l'évolution de la guerre en Europe, mais aussi dans le Pacifique. Les débarquements des Alliés, et notamment la fameuse opération Overlord en Normandie, nous enthousiasmèrent et nous croyions vivre un rêve, lorsque nous apprîmes brutalement que mon frère ainsi que mon cousin germain, qui était pour moi comme un frère, venaient d'être tués avec un groupe de treize jeunes gens. Ils avaient été attaqués par les miliciens, puis par l'artillerie allemande, car la Milice n'arrivait pas à en venir à bout. C'était à Saucats, dans les Landes, le 14 juillet 1944, au moment même où nous allions être libérés.

De retour à Paris, à la rentrée 1944, après avoir passé l'été à Amboise, je fus réinscrit au lycée Henry-IV où mes résultats scolaires n'avaient rien de brillant, surtout parce que, après la guerre et la vie aventureuse que nous avions dû mener, ces journées d'école me semblaient terriblement monotones : la vie ordinaire après la vie extraordinaire... Je m'ennuyais. Mon professeur principal de français, latin et grec, qui avait peut-être eu un mauvais souvenir de mon grand-père Glotz à l'université, se vengeait sur moi et passait ses cours à me donner de petits coups de règle sur la tête. J'en fus si traumatisé que je me mis à sécher ses cours en sortant du lycée par une petite porte qui se trouvait juste derrière le Panthéon. Un beau jour, le pot aux roses fut découvert, et la petite porte, qui servait à bien plus d'un élève, fut fermée à clef. Je ne pouvais alors plus revenir assister aux autres cours. Du coup, je ne mis plus les pieds au lycée, passant mes journées au cinéma Le Hollywood, boulevard des Italiens, seul cinéma ouvert le matin, à traîner dans le métro en lisant et à me promener dans Paris. Évidemment, pour justifier ces absences répétées, j'avais fabriqué de faux mots d'excuses signés de ma mère. Cela dura bien trois mois avant que mes parents ne découvrent la supercherie. Après une scène effroyable, ils décidèrent de m'envoyer en pension en province, à Amboise tout d'abord, puis à Tours, ce qui me priva un temps de musique : la pire punition ! Un mauvais panaris mal soigné, puis une crise d'appendicite grave qui se changea en péritonite, en fait une primo-infection tuberculeuse, inquiétèrent assez mes parents pour les obliger à me faire regagner Paris, avant de m'envoyer en 1945 pour un an à Font-Romeu, dans les Pyrénées, pour me faire soigner de cette grave maladie. Réintégré à Saint-Louis en classe de troisième, puis au lycée Louis-le-Grand, j'obtins (en deux fois, à la fureur de mes parents !) le baccalauréat nécessaire à mon inscription en Sorbonne. Mes succès scolaires étaient acquis à grands coups de cadeaux : une certaine somme d'argent à chaque première place dans une composition, à l'exception de la gymnastique et du dessin qui n'intéressaient pas mon père. Puisque l'argent, pour moi, représentait la possibilité de m'acheter de nouveaux disques et des places au concert et à l'Opéra (au poulailler, bien sûr), je me suis donc accroché. La technique de la carotte avait porté ses fruits.

Quant au piano, il faisait l'objet de quelques heures de travail personnel par jour mais je n'avais pas repris des cours à proprement parler. Je me contentais de gammes, d'arpèges et de déchiffrage de partitions. J'allais également le plus souvent possible au concert, ainsi qu'à l'Opéra lorsque, après plusieurs mois de fermeture, il fut rouvert vers la fin de 1944. Au sortir de ces spectacles, je m'amusais à en rejouer les thèmes au piano. J'avais une bonne mémoire musicale, que j'ai – Dieu merci ! – gardée et qui me serait une précieuse alliée tout le reste de ma vie. Rétrospectivement, j'ai réalisé que mon enfance m'avait été volée par le drame nazi.

Tatouche

Le lecteur sera peut-être surpris de trouver ici ce portrait d'une femme qui ne faisait pas partie du monde de la musique, bien que l'adorant, mais qui a été pour moi un modèle à la fois de morale, d'esprit et de désintéressement, et qui a beaucoup compté dans mon adolescence et tout au long de ma vie.

« Tatouche », c'était Alice Alley. Tatouche me semblait déjà, lorsque je l'ai connue aux environs de 1946, une vieille dame. Son amitié me fut précieuse et son exemple capital pour ma formation d'adolescent à quinze ans. Elle était d'une extraordinaire distinction, d'une culture phénoménale, d'une drôlerie inouïe et l'histoire de sa vie ressemblait à un véritable roman. Tatouche était née dans une famille très aisée et avait épousé un homme richissime. La principale caractéristique de cette femme, par ailleurs très intelligente, était son extraordinaire générosité, tout particulièrement – car c'était une femme de lettres – à l'égard des écrivains. Tatouche a littéralement dépensé des fortunes

pour André Malraux, Drieu la Rochelle, Robert Brasillach, bien que pour les deux derniers, comme pour
Céline, cela soit maintenant « politiquement incor-
rect », mais elle pouvait se le permettre, étant juive. Elle
était l'amie de Raymond Aron, mais aussi de Céline.
Cette femme hors du commun pouvait mélanger sans
heurt tous les genres.

En l'espace de vingt-quatre heures, elle s'est trouvée totalement ruinée à la suite d'un revers de fortune
subit de son mari. Cela ne lui a en rien ôté de son élégance, de sa gentillesse et de sa générosité. Après son
infortune et son divorce, privée de moyens et mettant
à profit ses connaissances musicales et littéraires, elle
travailla à la Radio où elle fit, pendant trente ans, des
émissions culturelles, musicales, littéraires, dramatiques.

Tatouche avait une relation totalement naturelle
avec l'argent comme avec ses amis. Par exemple, ayant
considérablement aidé Malraux dans sa jeunesse bien
avant qu'il ne fût célèbre, cela ne la dérangeait absolument pas, lorsqu'elle était à court d'argent, de lui dire
très franchement : « André, j'ai besoin d'un chèque. » Et
il le lui donnait sans hésiter.

Jusqu'à sa mort, elle est restée pour moi l'exemple
de ce que pouvaient représenter l'aristocratie de l'esprit,
l'élégance intérieure, le sens de l'humour et le désintéressement. Le lendemain de la mort de mon père, lorsque j'ai su l'état extrêmement précaire, pour ne pas dire
plus, de notre patrimoine, Tatouche est venue me voir
et m'a dit : « Michel, rappelez-vous que l'argent, cela ne
compte pas. » Cela pourrait prêter à sourire mais,
venant d'elle, non seulement cela prenait toute sa
valeur, mais cela devenait une vérité.

Grâce à Tatouche, j'ai très bien connu Malraux, ainsi que sa première femme, Clara Malraux, et sa fille Florence (que je n'ai pas vue depuis quarante ans au moins), puis sa seconde femme, Madeleine Malraux, et son fils adoptif, Alain. J'ai connu également Raymond Aron (nous habitions tous les deux boulevard Saint-Michel) et Céline que j'ai rencontré chez Tatouche lors d'un déjeuner. Céline était doté d'une intelligence rare mais d'une logique souvent surprenante. Par exemple, il nous a dit un jour à table : « On n'a pas été très gentils avec les Allemands... », avec un petit rire grinçant. Tatouche, d'origine juive, remarqua aussitôt : « Mais il faut voir ce qu'ils nous ont fait ! » Et Céline de répondre : « D'accord, mais ce n'était pas une raison pour les imiter ! » Nous éclatâmes de rire.

Très fidèle en amitié, Tatouche s'est beaucoup battue, et en pure perte, pour défendre Brasillach, et elle a tout tenté pour éviter le suicide de Drieu la Rochelle.

Ces moments passés au milieu de grands auteurs me sont un souvenir précieux et m'ont souvent fait m'interroger sur l'opportunité de l'engagement des artistes ou des écrivains sur le plan politique. Les artistes sont rarement machiavéliques, et donc très rarement fins politiques. Ils se trouvent souvent en position délicate, croyant bien faire ou défendre des idées chères ou nobles. Cela me rappelle une anecdote que je tiens du confesseur du roi Juan Carlos d'Espagne après qu'il eut quitté les ordres et fut devenu, par son mariage, duc d'Albe. Dans les derniers jours de son existence, Franco avait demandé à ce que le futur roi Juan Carlos vienne pour la dernière fois à son chevet. Le dictateur agonisant déclara alors : « Sire (ce qui indique qu'il le considérait déjà comme souverain du pays), je n'ai qu'un conseil à vous donner. Le reste, vous le découvrirez par vous-même lorsque vous serez à la tête de l'Espagne. Parlez le moins possible, car on est toujours maître de ses silences et prisonnier de ses paroles. » Peut-être est-ce là une des raisons pour lesquelles Malraux avait parfois des moments de solitude, d'éloignement et de grand silence. Le choc qu'a représenté la perte de ses deux fils dans un accident de la route, les épreuves qu'il avait subies dans la vie en général l'avaient rendu solitaire. Mais il pouvait vivre également dans l'enthousiasme, dans la passion ou dans l'humour. Par exemple, après qu'il s'était séparé de sa femme, Madeleine, Tatouche lui demanda devant moi : « André, est-ce que vous voyez les Pompidou (alors président) ? » Réponse de Malraux : « Non, ils sont devenus beaucoup trop "madeleinisés". » Je l'ai vu également très décontracté chez Louise de Vilmorin, à Verrières-le-Buisson, où la conversation était à la fois légère, gaie et souvent très animée.

Une autre anecdote concernant Malraux, me semble très « typique » : à la fin de la première de *Norma*, à l'Opéra de Paris, en mai 1964, il entra dans la loge de Maria Callas (qui avait recueilli un triomphe inimaginable, avec cinquante rappels pendant plus d'une heure !) et se précipita vers moi en me demandant : « Alors, vous êtes fier ? » Ce à quoi je lui répondis : « Et comment ! » Il posa ensuite la même question à Maria, qui n'avait pas entendu celle qu'il m'avait adressée. Elle lui répondit : « C'était un public fantastique ! Mais il y a quand même eu des gens qui m'ont sifflée ! » Et Malraux de répondre : « Mais, madame, même le général de Gaulle est parfois sifflé ! »

Raymond Aron faisait partie des intimes de Tatouche. Lui aussi était un personnage tout à fait extraordinaire. Il avait la bonté de s'intéresser à ma famille. Un jour qu'il me demandait des nouvelles de l'une de mes nièces, je lui dis : « Elle commence un doctorat de sociologie. » Réponse de Raymond Aron, qui était un des grands sociologues de son temps : « Eh bien, en voilà une de plus promise au chômage ! » Et ceci se passait lorsque le chômage n'avait pas encore commencé ses ravages, dans les années 1967-1968...

J'ai connu toute la famille de Tatouche, je lui étais très attaché. Elle avait une sœur, Marguerite, avec laquelle elle travaillait, aussi bien pour les émissions de radio que pour des livres. Lorsque la liaison de Maria Callas et d'Aristote Onassis est devenue publique, Marguerite Alley me dit : « Mais il n'est pas beau du tout ! Qu'est-ce qui a pris à Maria ? » Et Tatouche lui répondit en un éclair : « Oh ! moi je le trouve plus beau qu'un pauvre ! » C'était une boutade de sa part, tout à fait dans son état d'esprit de gaieté permanente, étant donné son désintéressement inné. Je me souviens également d'une nièce de Tatouche, écrivain, qui nous dit un jour : « Je vais déménager dans un grand appartement boulevard Saint-Germain, comme cela je pourrai recevoir beaucoup et très mal ! » Tout cela représente pour moi toute une atmosphère, une époque, une vision à la fois profonde et humoristique de la vie et un grand amour de l'art.

Dans les dernières années de la vie de Tatouche, avant mon entrée chez Pathé Marconi EMI, je dirigeais une collection à la demande de mon vieil ami Robert Laffont, et avais choisi comme associé Claude Baignères, grand journaliste du *Figaro*. Nous avions demandé à un certain nombre de personnalités d'écrire divers ouvrages. L'un était consacré à la correspondance de Ravel. Un autre, écrit par Tatouche et sa sœur (qui m'était d'ailleurs dédié), un recueil de correspondance entre la femme de Schumann, la plus célèbre pianiste de son temps, et Brahms, avait pour titre : *Une amitié passionnée : Clara Wieck et Brahms*. Personne n'a jamais pu savoir d'une manière certaine si, après la mort tragique de Schumann, ils avaient eu ou non une liaison – et ceci n'a d'ailleurs aucune importance. Du moins leur relation intellectuelle et artistique se trouve-t-elle formellement prouvée par ce livre admirable, que je relis de temps à autre. Nous avons aussi, Claude Baignères et moi, écrit quelques petites plaquettes consacrées à de grands danseurs comme Serge Golovine, George Skibine, Alicia Markowa, Yvette Chauviré (la plus grande Gisèle française de tous les temps et le plus beau cygne dans *La Mort du cygne* depuis Pavlova et Markowa). Serge Lifar a participé à cette collection par un livre sur la danse. Tatouche lisait tout cela avec intérêt, amusement et une totale honnêteté de jugement, n'hésitant pas une seconde à commenter tel ou tel passage ou tel ou tel point de vue, avec un esprit parfois critique mais toujours positif. Elle était d'une intelligence et d'une indulgence que lui permettaient sa fabuleuse générosité d'esprit et le niveau supérieur où elle se situait sur le plan intellectuel et celui de la bonté.

Jusqu'à ce qu'elle disparaisse, à l'âge de quatre-vingt-quatorze ans, en tombant en arrière sur les quelques petites marches qu'elle avait à monter à la sortie de l'ascenseur pour rejoindre son studio de la rue des Saints-Pères, elle continua à ne vivre que de ses émissions de radio. C'était une femme admirable qui, née dans une famille bourgeoise très à l'aise, ayant, durant ses années de fortune, plus que généreusement aidé tous ceux qu'elle pouvait soutenir, a dû travailler pour gagner sa vie jusqu'à un âge aussi avancé et s'est éteinte à la suite d'un stupide accident... Dernier souvenir qui illustre sa générosité : à la mort de son mari, Tatouche avait découvert qu'il avait reconstitué une partie de sa fortune. Pendant les dernières années de sa vie, il avait été très malade et vivait avec une jeune femme qui s'occupait fort affectueusement de lui. Il avait négligé de faire un testament et Tatouche était donc son héritière naturelle. Elle fit venir la jeune femme et lui dit : « Vous avez eu les mauvaises années. Moi, j'ai eu les bonnes. L'argent que Simon a laissé est pour vous. » Tatouche n'avait alors pas un kopeck !

Marguerite Long

Mon adolescence fut marquée par la rencontre d'un personnage dont peu de gens aujourd'hui peuvent mesurer non seulement la notoriété alors, mais surtout l'extraordinaire personnalité. J'avais quinze ans en 1946 lorsque je me rendis pour la première fois aux cours publics de Marguerite Long, dont je devais vite devenir un habitué. Quand je quittais le boulevard Saint-Michel, où nous habitions, pour la rue Molitor, où elle donnait ses leçons, je me trouvais dans un état d'excitation peu commune, certain de beaucoup apprendre de la vieille et noble dame et de retrouver chez elle cette petite communauté artistique, mondaine, cosmopolite et changeante qui, jusqu'après la Seconde Guerre, conservait quelque chose de l'univers proustien.

Après une célèbre liaison avec Gabriel Fauré, dont elle avait joué la *Ballade op. 19* sous sa direction en 1895 – deux ans avant la mort de Brahms –, Marguerite avait épousé le séduisant marquis Joseph de Marliave, ami intime de Fauré, qui fut le premier officier français tué en 1914. Elle avait une figure des plus ingrates, même jeune, au point que certains colportaient après la guerre cette histoire : après une alerte à la bombe, la foule sort du métro où Marguerite Long s'était réfugiée elle aussi et quelqu'un de lui dire : « Madame, vous pouvez retirer votre masque à gaz, l'alerte est passée... » Et je me souviens aussi de ce mot que Rubinstein me souffla à l'oreille en voyant entrer Marguerite, toujours très entourée, à un concert du Théâtre des Champs-Élysées : « Regardez ce Goya ! » Mais cette laideur était compensée par une intelligence si vive qu'on finissait très vite par l'oublier. La fascination qu'exerçait cette petite femme, déjà âgée lorsque je la connus, était alors celle que pouvait exercer sur de très jeunes gens un témoin privilégié d'une époque qui nous apparaissait comme très ancienne. Penser qu'elle aurait pu entendre Liszt ! Ce que, par coquetterie et avec raison, elle refusait d'ailleurs d'admettre... Je me rappelle une séance à laquelle j'ai assisté à l'École Long-Thibaud : Marguerite faisait répéter à Georges Solchany le *Premier Concerto* de Liszt en lui conseillant d'utiliser le trille de Thalberg. Auguste de Radwan, qui assistait Marguerite ce jour-là, se tourne vers elle et dit : « Tu as tout à fait raison ; d'ailleurs, la dernière fois que nous avons entendu Liszt jouer ce concerto, c'est ainsi qu'il faisait. » Et Marguerite offusquée : « Qu'est-ce que tu racontes, je n'ai jamais entendu Liszt ! », « Mais si, souviens-toi... » Elle nous prend alors à témoins : « Ne l'écoutez pas, il est gâteux ! » Et Radwan de conclure : « Je ne suis pas gâteux et je m'en souviens très bien ; tu avais ta petite robe rose. » Vivant encore à Nîmes à l'époque de la mort de Liszt en 1886 (elle avait douze ans), il est en fait bien peu probable que Marguerite l'ait jamais entendu. En revanche, elle avait été très proche de tous les grands créateurs de la musique de la fin du XIXe siècle et du début du XXe : Fauré, Ravel, Debussy, Falla, Albéniz, et l'était de Stravinski, Milhaud, Poulenc et bien d'autres. De plus, et depuis longtemps déjà, elle avait su s'imposer comme professeur, contre l'avis général de ses confrères misogynes du Conservatoire, Fauré en tête, qui déclarait que « biologiquement parlant » une femme ne pouvait pas faire une carrière de virtuose et encore moins devenir un professeur de haut niveau...

L'atmosphère qui régnait au rez-de-chaussée de ce bel hôtel particulier, siège de l'École Long-Thibaud, avait de quoi impressionner un garçon de quinze ans. L'immense intelligence, la culture musicale inouïe de Marguerite nous fascinaient tous, simples auditeurs comme moi, ou élèves tremblant d'essuyer une de ses remarques acerbes, qui pouvaient être parfois d'une rare férocité. Il fallait d'abord se plier à l'étiquette imposée par cette « grande dame » ; cérémonial désuet, survivance de ce qu'elle-même avait sans doute connu dans ses années d'apprentissage – vers 1890 et plus tôt – et qu'entretenaient, pour son plaisir, ses amies de l'aristocratie ou de la haute finance, à commencer par Mme de Jouvenel, pilier de sa cour. Ensuite, il y avait chez ce professeur remarquable de curieuses préférences, d'abord pour les garçons, et plus encore lorsqu'ils étaient beaux (chose curieuse venant d'une femme laide qui avait dû doublement se battre pour s'imposer), ou bien encore pour ceux de ses élèves dont les parents fortunés savaient la gâter ; car Marguerite Long, âgée, adorait les cadeaux, les attentions et sortait beaucoup, même avec de parfaits imbéciles dont, au concert, elle devait subir les jugements péremptoires (« Cela m'est parfaitement égal, du moment qu'ils ont un chauffeur pour me raccompagner », m'a-t-elle avoué un jour), connaissait tout le monde et acceptait très bien d'être hautement et justement considérée. Ce qui ne l'empêchait cependant pas de savoir reconnaître le talent vrai lorsqu'il venait à elle – quelques exemples viendront le démontrer : Samson François, Jacques Février, Jean Doyen, Nicole Henriot, plus tard Philippe Entremont, Bruno Leonardo Gelber, Gabriel Tacchino, Youri Boukoff et d'autres. En revanche, certains de ses « chouchous » n'avaient pas d'autres atouts pour faire carrière, hormis leur joli minois ou la fortune de leurs parents ; autre survivance probable de ce qui se pratiquait au début du XXe siècle !

À force d'assiduité de ma part, Marguerite Long, à qui j'avais été présenté, s'intéressa à mon modeste cas, m'offrant d'accompagner au second piano certains de ses élèves pour un concerto, par exemple, et surtout m'admit chez elle, avenue de la Grande-Armée, seul ou au sein d'un petit groupe de privilégiés. Il m'arrivait souvent d'arriver bien avant l'heure, pour avoir le plaisir de l'entendre me jouer quelque page de Chopin, les *Nocturnes* de Fauré, des *Préludes* de Debussy ou du Ravel, que je goûtais avec un bonheur rare dont il ne fallait pas perdre une note. Cette idylle connut de nombreux orages, dès lors que je me crus autorisé à la contredire. Je me souviens en particulier de notre première brouille sérieuse à propos d'une réserve que j'avais émise après un concert de Samson François. Une affection très particulière liait Marguerite au jeune pianiste qui avait été, en 1943, à l'âge de dix-neuf ans, le premier lauréat du Concours Long-Thibaud. Je lui présentai vite mes excuses et l'affaire fut oubliée.

Cependant, quelque temps plus tard, vers 1955, décidé à travailler, d'une manière ou d'une autre, pour la musique, j'avais eu l'idée d'une série d'entretiens radiophoniques avec Marguerite Long, que je commençais à bien connaître et dont les histoires m'avaient passionné. Ce projet lui plut tout de suite et je me rendis à l'ORTF, avenue de Friedland, pour le proposer au directeur des programmes qui l'accepta sans discussion. Je travaillai donc d'arrache-pied, préparant avec Marguerite le plan, les questions, mettant de l'ordre, non sans difficulté, dans la masse de souvenirs qu'elle révélerait au micro. Nous enregistrâmes chez elle le premier entretien, et, le lendemain, je reçus un coup de téléphone du directeur des programmes de la radio qui me demandait de rapporter mon contrat pour y apporter quelques modifications « techniques ». Naïvement, je m'exécutai.

Deux jours plus tard, nouveau coup de fil :

— Nous avons bien réfléchi ; vous êtes un peu jeune, le ton des entretiens devrait être plus vivant ; il devrait peut-être y avoir deux ou trois autres personnes avec vous. J'aimerais y participer également. Bien sûr, cela n'enlèvera rien à votre collaboration, mais nous appellerons cela plus simplement *Entretiens avec Marguerite Long*, et vous serez compté parmi les auteurs.

— C'est très gentil de votre part, lui répondis-je, mais je n'ai pas autant travaillé à la préparation de ce programme pour que nous soyons quatre ou cinq à faire un tour de table avec Mme Long. Cette idée m'appartient, Mme Long y a souscrit, nous avons signé des accords et nous continuerons comme cela était prévu. D'ailleurs, je vous serais obligé de me retourner mon contrat.

— Quel contrat ? fit la voix au téléphone.

Fou de rage, je me précipitai chez Marguerite, persuadé qu'elle n'aurait aucun mal à remettre les choses en place. Grande fut ma surprise de l'entendre me répondre que ces gens de la radio savaient ce qu'ils faisaient, que j'étais effectivement un peu jeune et que, de toute manière, il était indiscutable qu'à plusieurs ces entretiens seraient plus vivants, avant de conclure, d'un ton protecteur :

— Ne faites donc pas tant d'histoires, mon petit Michel. L'expérience vous apprendra qu'à votre âge mieux vaut ne pas faire de vagues.

J'en fus soufflé. Trahi, le « petit Michel » n'allait certainement pas se laisser faire, ni par des hommes de radio sans scrupules, ni par une vieille dame si infidèle à ses engagements. Je lui dis son fait avec un aplomb et une insolence qui m'étonnèrent moi-même. Nous étions fâchés...

Je n'ai revu Marguerite Long qu'un an ou deux plus tard. Mes nouvelles fonctions chez Pathé-Marconi, dont elle était une artiste exclusive, pouvaient lui être utiles, et des amis communs nous avaient réconciliés. Mais quelque chose avait été brisé dans notre relation et rien ne fut plus comme avant ; mes rares visites étaient de pure courtoisie et passablement fades. Parfois elle avait besoin de moi professionnellement, pour les problèmes d'enregistrement, et je lui rendais visite.

Personnalité tout à la fois généreuse et avare, bienveillante et cynique, exclusive et indifférente, Marguerite Long pouvait également se montrer capable de méchanceté. Quelques semaines après la mort tragique de Jacques Thibaud, au début du mois de septembre 1953, elle reçut la visite du violoniste Joseph Calvet, le premier violon du célèbre quatuor du même nom, qui lui demandait de le soutenir dans sa candidature au poste de Thibaud à l'École Long-Thibaud. D'abord implorant, Calvet se fit ensuite menaçant : « C'est très simple, déclara-t-il, si je n'ai pas la classe de Thibaud, je démissionne. » Marguerite fit alors pivoter son fauteuil, porta son face-à-main au bout de son nez et lui lança froidement : « Je veux bien, Joseph, mais de quoi ? Vous n'êtes rien. » Ce fut finalement Gabriel Bouillon, grand ami de Jacques, en qui Marguerite avait toute confiance, qui fut nommé.

Je me suis longtemps étonné de l'amitié qui liait Jacques Thibaud à Marguerite Long, tant leurs caractères étaient opposés. Jacques était généreux, attentif et, selon Marguerite, beaucoup trop indulgent avec ses élèves. Il avait un côté méridional spontané, un rien désinvolte dans sa manière de jouer d'une extrême élégance et qui me touchait beaucoup ; ce qui ne l'empêchait pas de me donner de petits coups d'archet sur l'épaule lorsque je faisais des fautes en jouant avec lui de la musique de chambre et de me lancer un bienveillant : « Espèce de cochon ! » Quelles merveilleuses vacances nous avons passées ensemble près de Saint-Jean-de-Luz, à Saint-Pée-sur-Nivelle, ce fatal été 1953 ! Sa femme et lui se montraient toujours très attentifs. Il m'apprit à respecter les artistes, même les plus humbles. Un jour que nous étions à une terrasse de café, j'ironisais, assez bêtement, sur un violoniste qui nous infligeait son crincrin ; Jacques se tourna vers moi et, avec un regard noir, me jeta cette phrase que je n'oublierai jamais : « Ah ! ça non ! On ne se moque pas devant moi de quelqu'un qui essaye de gagner sa vie en faisant de la musique... On ne sait jamais rien des circonstances qui peuvent vous amener à cela, et j'aurais très bien pu finir comme lui. » La leçon a porté et, depuis lors, je ne crois pas avoir sifflé un seul artiste – sauf une fois, à Bayreuth, et pour certaines de ces mises en scène lyriques absurdes ou misérabilistes ou les deux, fréquentes de nos jours.

La bonté de Jacques était telle qu'il lui est arrivé plus d'une fois de s'encombrer de personnages sans scrupules, mais dont il arrivait à se débarrasser avec humour et élégance... Il nous raconta que durant l'entre-deux-guerres, alors qu'il formait avec Cortot un duo mondialement connu, le critique et compositeur Gustave Samazeuilh[1] faisait littéralement son siège pour qu'il jouât sa *Sonate pour violon et piano*. Finalement, Thibaud et Cortot, par amitié, l'inclurent dans un programme en province et Samazeuilh était aux anges. Quelque temps plus tard, la mère du compositeur-critique meurt. Jacques lui envoie un mot de condoléances, et Samazeuilh lui répond en précisant : « Ton petit mot, mon cher Jacques, m'a beaucoup touché. Ma mère en mourant ne m'a fait qu'une seule recommandation : que Cortot et toi, jouiez ma Sonate le plus souvent possible. » Ce qui, évidemment, ne se reproduisit plus... À la mort de la mère de Jacques, mot de condo-

---

1. Gustave Samazeuilh (1877-1967) : il étudia avec Chausson et d'Indy à la Schola Cantorum, puis avec Paul Dukas. Son œuvre, assez abondante et de bonne facture, est rarement jouée. Critique musical reconnu, il laissa une littérature intéressante sur la musique française du début du siècle.

léances de Samazeuilh et réponse de Thibaud : « Mon cher Gustave, ton petit mot m'a beaucoup touché. Ma mère, en mourant, ne m'a fait qu'une seule recommandation : ne jamais plus jouer ta Sonate... » Jacques Thibaud fut, pour toute la première moitié de ce siècle et longtemps après sa mort, l'exemple même du talent, de la bonté et de l'extraordinaire simplicité qui sont fréquemment le signe des très grands artistes.

Pour en revenir à Marguerite Long, cette fâcherie à propos de la radio avait ruiné la confiance que j'avais en elle, même si, par la suite, nous nous sommes souvent revus. Notre relation reposait à présent sur des rapports de force et moins sur cette admiration et cette espèce de tendresse que j'avais éprouvées pour elle. Cependant, il m'est impossible d'oublier l'importance qu'a eu pour moi cette rencontre, venue à point nommé et sans nul doute décisive pour ma « carrière ». Marguerite Long m'avait appris le piano de l'intérieur, m'avait fait pénétrer un milieu artistique auquel je n'aurais probablement jamais eu accès sans elle – un milieu enthousiaste et savant. Elle m'a rendu intime Ravel, Fauré, Debussy, ou les Espagnols Falla, Albéniz et Granados. Par elle, j'ai connu Jacques Février puis Poulenc (dont je suis devenu l'ami très proche), Darius Milhaud, Georges Auric et d'autres.

Des années plus tard, lorsque je devais diriger des enregistrements de ce répertoire, je me suis souvenu de certaines de ses réflexions sur les nuances, les *tempi* ou certains doigtés, témoignage irremplaçable de l'amie d'un si grand nombre de compositeurs de premier plan. Elle m'avait aussi appris à combattre les faux accents. « La voix humaine est un instrument presque parfait, me disait-elle, parce que naturellement elle ignore les faux accents. Quand vous avez un doute sur un phrasé, chantez la phrase et tentez de la reproduire au piano... » Cela m'est toujours resté à l'esprit et me fut fort utile dans mon métier de directeur artistique.

La richesse de sa vie d'artiste avait été telle, jusqu'à un âge avancé, qu'il lui arrivait souvent d'oublier les limites de la vie humaine. Elle venait d'avoir quatre-vingt-dix ans quand elle rencontra des problèmes avec son propriétaire, lassé sans doute d'entendre jouer du piano à longueur de journée. Un des amis de Marguerite, grand avocat de la place de Paris, intervint pour obtenir que son bail, qui allait expirer, soit prolongé de dix ans. Tout heureux, il lui apporta cette bonne nouvelle, et elle de s'inquiéter aussitôt : « Tout ça, c'est très bien, mon cher Roger, *mais après* [1] ? »

L'influence de ce personnage parfois anachronique mais toujours fascinant, capable, à un âge où tant de grands noms sont oubliés, de réunir autour d'elle une jeunesse avide de cette intelligence et de cette mémoire exceptionnelle – elle connaissait admirablement le répertoire et même ce qu'elle n'avait pas joué en concert (tout Brahms, par exemple, à une époque où la France l'ignorait, ou encore les concertos de Bartók qu'elle faisait travailler à ses derniers élèves) –, fut sans égale. Sans être une vraie théoricienne, elle connaissait parfaitement la technique de son instrument et savait d'instinct nous transmettre un héritage musical exceptionnel.

---

1. Marguerite Long est morte à Paris, le 13 février 1966, dans sa quatre-vingt-douzième année.

Nous avons beaucoup appris d'elle, et même ce qui aujourd'hui peut, à l'écoute de certains de ses disques, paraître démodé ou maniéré nous révèle les secrets oubliés d'une époque qui garde à travers les ans un charme, une élégance et un raffinement incomparables.

À l'instar de chaque voix humaine, tout instrumentiste de talent a son propre son qui meurt avec lui et qu'il convient de connaître. Par chance, le disque a permis la transmission de cet héritage. En ce qui concerne l'art de Marguerite Long, je suis persuadé que son enseignement a fait partie de cette arche portée entre la fin du XIXe siècle et le milieu du XXe, tout autant que celui d'un Isidore Philipp, d'un Cortot, d'un Lhévinne, qui ont laissé une très profonde empreinte dans notre manière de percevoir et de jouer la musique aujourd'hui. Il ne fait aucun doute que, parmi les plus originaux des interprètes, ceux qu'on croit jaillis de nulle part et qui ne semblent pas avoir eu d'héritiers ou de prédécesseurs entrent dans ce mouvement et font en sorte que la chaîne n'est jamais vraiment brisée.

J'avais gardé de Marguerite Long le sentiment d'une très grande pianiste et d'une très grande artiste. C'est ainsi, du reste, que l'avaient perçue ses contemporains. Mais des réflexions de jeunes artistes, des « modernistes », de ceux qu'Alexis Weissenberg appelle les « pas d'accord », ou les soi-disant puristes et naturellement ceux qui n'avaient pas fait partie du cénacle, se répandaient çà et là, expliquant ou laissant comprendre que Marguerite Long ne représentait qu'une certaine école isolée, démodée et typiquement française dans un sens péjoratif. Il n'empêche : son enregistrement du *Troisième*

Concerto de Beethoven avec Weingarten, son *Concerto* de Chopin *en fa mineur*, le *Concerto* de Milhaud, le *Concerto en sol* de Ravel (qui lui avait été dédié et qui avait été écrit pour elle), la *Ballade* de Fauré sous la direction de Cluytens correspondaient parfaitement à mon souvenir et à l'image artistique que j'avais d'elle.

Était-ce, de ma part, repliement sur une époque révolue ? Je ne crois pas, et un événement est venu me rasséréner. Un de mes amis m'a apporté un disque paru à Londres sous l'étiquette Biddulph : *Marguerite Long plays Fauré*. Il s'agit d'enregistrements gravés sur cire, mais remasterisés en compacts disques et qui datent des années 1930. Marguerite Long y joue notamment le *Deuxième Quatuor (op.45)* avec Jacques Thibaud, Maurice Vieux et Pierre Fournier, la *Ballade* sous la direction de Philippe Gaubert, plusieurs *Nocturnes*, dont le sixième qui lui est dédié : ce sont des interprétations envoûtantes, malgré une fausse note par-ci, par-là (tel était le lot des enregistrements sur cire dont on ne refaisait pas les montages, comme aujourd'hui, pour un petit accident passager si l'ensemble était pur et d'une belle coulée).

Je fus enchanté de ce que j'entendais. Certes, il y a là une sorte de maniérisme, mais je ne vois pas en quoi ce serait un défaut : Proust n'est-il pas souvent maniéré lui aussi ? Et à côté de cela, un tel raffinement de sonorité, un jeu si perlé, une telle science de la pédale, des sonorités si contrastées, du *pianissimo* au *fortissimo*, c'est-à-dire très exactement ce que l'on appelle maintenant la dynamique, que j'arrivai à la conclusion que le souvenir et le temps ne m'avaient pas trahi et ne m'avaient pas fait embellir mes souvenirs.

J'étais tellement heureux de cette redécouverte et

de cette confirmation que j'envoyai ce disque à mon ami Alexis Weissenberg pour avoir son sentiment. Dans ces moments de doute, Alexis Weissenberg représente pour moi une sorte de pierre de touche au jugement absolument sans faille. S'il n'était l'illustre pianiste que nous connaissons, Alexis aurait pu être un grand critique. Il écouta le disque et lui aussi fut immédiatement enthousiasmé et enchanté. Il m'écrivit que non seulement il n'y avait pas de raison de douter, mais que c'était l'exemple même de ce que le raffinement français et la beauté du phrasé fauréen avaient apporté à l'interprétation musicale en général, et qu'il serait bon que de nombreux « broyeurs d'ivoire », qui sortaient des différents concours avec des octaves tonitruantes, écoutent ce disque afin de découvrir ce qu'étaient la vraie finesse et la vraie aristocratie musicale. Fauré peut donc être heureux là où il se trouve. Lui qui avait horreur d'être joué « sous un abat-jour » voit ici sa musique s'éclairer comme un merveilleux paysage provençal dans la lumière de la fin de l'après-midi.

Ce temps de l'apprentissage « sur le tas » auprès de Marguerite Long fut pour moi comme un âge d'or, celui des découvertes. Accompagné à présent des nombreux jeunes musiciens que j'avais connus par elle, je hantais tous les concerts de la capitale avec une insatiable gourmandise. Me fichant un peu, par ailleurs, de la licence de lettres que je préparais en Sorbonne (sur le roman breton et sur Stendhal), je fus cependant amusé de constater que certains cours se tenaient dans la « bibliothèque Gustave Glotz », lequel n'était autre que mon grand-père paternel [1].

---

1. Disciple de Fustel de Coulanges et célèbre helléniste, Gustave Glotz, auteur de *La civilisation égéenne*, est toujours considéré comme le plus grand historien de la Grèce pré-hellénistique.

Aldo Ciccolini, Daniel Wayenberg, merveilleux pianiste et clown irrésistible, Nicolaï Gedda ou Youri Boukoff se retrouvaient souvent chez nous le dimanche, à l'issue des concerts en matinée. Après le dîner, nous discutions et faisions de la musique jusqu'à des heures indues. Marguerite venait parfois et nous faisait crouler de rire. Leurs propos à tous me passionnaient, qui auraient dû résoudre si bien les problèmes techniques et esthétiques que je rencontrais au piano. Incapable de consacrer huit heures par jour à un instrument toujours plus résistant à mesure qu'on croit mieux le maîtriser, j'avais depuis longtemps admis que je ne serais jamais un virtuose.

Un jour que j'accompagnais mon ami Aldo Ciccolini à Londres pour un récital qu'il devait y donner, je rencontrai l'attaché culturel de l'ambassade de France, André Meyer, avec lequel j'eus une longue conversation sur la musique française. Surpris par mes connaissances, que je devais pour beaucoup aux souvenirs de Marguerite Long, il me proposa de donner des conférences sur ce sujet. Je n'y avais jamais songé. « C'est une idée formidable ! intervint Aldo. Tu feras les conférences et je les illustrerai au piano. » Le sort en était jeté, et grâce aux interventions diplomatiques d'André Meyer et à l'extrême générosité d'Aldo, nous nous produisîmes ainsi à l'Institut français d'Édimbourg, puis à Glasgow, à Londres et enfin à Oxford, consécration insigne pour le jeune homme que j'étais encore. Ce premier travail me plut. Non seulement il me donnait l'oc-

---

Comblé d'honneurs de son vivant, il fut académicien et président de l'Institut en 1929. Je garde de lui, même si je ne l'ai connu que dans ma petite enfance, un souvenir précis et ému.

casion de voyager, ce que j'ai toujours aimé, mais surtout il me permettait de gagner (modestement, il va sans dire) ma vie en parlant de ce qui me passionnait plus que tout. Par les Affaires culturelles j'ai ainsi découvert, outre l'Angleterre, Israël, les États-Unis, le Canada ou la Turquie...

En France, je parlais volontiers de Jacques Thibaud, que j'avais si bien connu, et également de l'art de la mélodie française. Je devais aussi ces conférences à ma grande amie Hélène Bouvier, le plus grand mezzo français de son époque, interprète incomparable de Duparc et Fauré, parmi d'autres. Il m'arriva aussi d'entretenir mon auditoire provincial ou étranger des *aspects* théoriques de la danse, art qui m'avait toujours intéressé et où je comptais de nombreux amis, en particulier dans la troupe du marquis de Cuevas. C'est à cette époque que Robert Laffont nous confia, à Claude Baignères, critique au *Figaro*, et à moi-même une petite collection de monographies sur les danseurs célèbres. Je fus chargé d'écrire quelque chose sur Marjorie Tallchief, George Skibine et enfin sur Serge Golovine, avec lequel j'étais très lié. Ce fut ma première expérience d'« écrivain » !

En 1956, j'avais vingt-cinq ans, mes conférences commençaient à attirer du monde, et mes parents avaient accepté de me voir renoncer à une carrière universitaire, tradition familiale que l'on portait comme un titre de noblesse. Cependant, et malgré ce petit succès d'émancipation, j'étais loin de pouvoir subvenir à mes besoins. Nicolaï Gedda, avec qui je m'étais lié d'amitié quelques années plus tôt, me proposa un jour, de but en blanc, de l'aider à le lancer aux États-Unis. Je n'avais alors aucune idée de ce que pouvait être le travail d'imprésario. Porté par l'enthousiasme d'un ami mélomane

qui vivait à Montréal, Jean de Rigault, je me suis jeté à
l'eau en toute innocence, sans projet d'en tirer le
moindre profit. Pour l'amour de l'art ! Naturellement,
je ne pouvais pas organiser cette tournée avec ma seule
bonne volonté et le téléphone de mes parents : Gedda
et Rigault me firent prendre contact avec un important
agent américain, Ronald Wilford, qui allait devenir l'un
de mes plus fidèles amis durant plus de trente ans.

Par Wilford j'ai connu Dimitri Mitropoulos, le
grand chef grec naturalisé américain en 1946, qui était
alors le directeur du prestigieux Orchestre Philharmonique de New York et le conseiller musical du Metropolitan Opera, dont le redoutable Rudolf Bing était le
patron. Mitropoulos avait dirigé Nicolaï Gedda en
Europe dans le *Requiem* de Berlioz et il se proposa d'intervenir pour lui faire passer une audition au Met avec
un air de *Don Giovanni* et un air de *Faust* – épreuve
réussie, puisque Bing engagea Gedda pour de nombreuses saisons. Le séjour, les rencontres que je fis aux
États-Unis cette année-là allaient à jamais influencer
ma carrière, dont j'ignorais qu'elle allait prendre dans
le temps un double aspect qu'elle a toujours gardé. Fort
de l'exemple de Wilford, de tout ce que j'avais pu observer et du succès de cette tournée, j'admis qu'il me serait
peut-être possible de poursuivre dans cette voie, et d'y
gagner honorablement ma vie. J'avais conscience du
fait que tout ce que je ferai se rapportant à la musique
inclurait une gestion morale, musicale et personnelle
de la carrière de mes artistes, que ce soit à travers le
disque (qui allait occuper ma vie) ou dans mon futur
métier d'imprésario.

Ce premier voyage m'avait révélé combien la promotion des artistes classiques était négligée par les mai-

sons de disques (en l'occurrence Angel, la branche américaine de His Master Voice, la maison de disques de Gedda), au profit de l'immense publicité accordée aux enregistrements de variétés. L'idée était alors si bien répandue (mais cela a-t-il beaucoup changé ?) que le public de la musique « sérieuse » ne comptait pour rien ou presque, parce que réduit aux seuls amateurs des concerts, qu'il semblait normal, à de rares exceptions près, de n'accorder aucun crédit financier pour promouvoir les jeunes musiciens qui en avaient pourtant le plus besoin. Agacé par les maladresses et l'indolence d'Angel en Amérique, à peine rentré à Paris, je me rendis aux bureaux de Pathé Marconi (l'antenne française de la même HMV londonienne, future EMI), pour y rencontrer son directeur des services « classique et variétés », Peter de Jongh, que je connaissais un peu pour l'avoir croisé dans les studios où j'accompagnais mes amis Aldo Ciccolini et André Cluytens, et lui faire part de mes observations à ce sujet.

Cette visite fut le point de départ de ma vie de producteur de disques, profession à part entière dont Peter de Jongh m'ouvrit les portes de la manière la plus royale et la plus amicale qui se puisse concevoir. Quelque temps après notre entretien, me voyant fréquemment lors des enregistrements des uns et des autres de mes amis, Peter de Jongh me convoqua et me demanda si j'étais intéressé à devenir son assistant comme directeur des services artistiques classiques et variétés d'EMI Pathé Marconi – qui à l'époque n'en faisaient qu'un.

De ce jour, ma passion de la musique passa du stade de l'écoute personnelle, de la passion d'amateur (au meilleur sens du terme), à une vie active dédiée tout entière à la musique, aux artistes, au service des compositeurs et de leurs interprètes, avec toute mon âme et cet enthousiasme qui, près de cinquante ans plus tard, ne s'est pas éteint.

La danse

Ma famille n'avait jamais été « ballettomane » et ce n'est qu'assez tardivement, vers le début des années 50, que je me suis intéressé à la danse, grâce à mon ami Serge Golovine qui était Étoile de la troupe du marquis de Cuevas. Mon amour de la musique m'aida évidemment à pénétrer ce monde singulier, qui se révéla à moi comme un univers fascinant où la plus grande exigence physique était la base d'une expressivité unique. Comment faisaient ces danseurs, gymnastes de haut niveau, pour communiquer une si grande émotion sans autre outil que leur corps ? Ce langage, qui ne devait rien à la parole et qui pourtant me parlait tant, me bouleversa. Très vite, je fus un adepte fervent non seulement des spectacles – où je me rendais trois ou quatre fois par semaine –, mais, lorsque cela était possible, des séances de préparation, des répétitions et des cours que donnait Olga Preobrajenska dans son studio de la place de Clichy. À défaut d'être moi-même un petit rat, je jouais ainsi les souris, discret et attentif à suivre des heures d'exercices où la psychologie des rôles était abordée avec une intelligence et une science peu communes. Mme Preobrajenska, avait été une des gloires du Ballet impérial de Saint-Pétersbourg, adulée aussi bien par les foules que par l'aristocratie de la vieille Russie. Elle avait fui au moment de la révolution et, comme d'innombrables Russes, s'était retrouvée à Paris où elle avait ouvert un cours de danse par lequel sont passés tous les grands interprètes, jusqu'à sa mort. Elle incarnait la véritable tradition vivante de la danse romantique et classique. Elle avait une connaissance incomparable de la technique, de la gestique, des caractères des innombrables personnages de chacun des grands ballets depuis *Gisèle* jusqu'aux ballets du XXe siècle, incluant toute la période Diaghilev. C'est dire qu'elle était la mémoire vivante de son art. À la fois inflexible et extrêmement attentive, elle avait pour tous et toutes – étoiles, sujets, premiers danseurs, premières danseuses, chaque coryphée – les plus grands égards et une grande affection. Elle restera une pierre de touche de toutes les générations de danseurs qui se sont succédé à Paris, et notamment aux Ballets de Cuevas, à l'Opéra, aux Ballets de Monte-Carlo, et une légende.

Ce début des années 1950 a sans doute été parmi les plus passionnantes époques de l'histoire de la danse : sur l'héritage de la grande école franco-russe initiée du temps de Tchaïkovski par Marius Petipa, puis prolongée par Diaghilev au début du siècle, venait se greffer une modernité qui, pour une grande part, par effet de boomerang, nous revenait d'Amérique. Pourquoi l'Amérique ? Parce que George Balanchine, qui fut l'un des grands chorégraphes de notre siècle, s'était installé à New York. À la suite de Balanchine, qui a été le véritable initiateur de la danse moderne en s'appuyant sur la vieille tradition chorégraphique du xixᵉ siècle dont il avait été un des grands interprètes, se sont révélés de nombreux chorégraphes américains, puis européens.

C'est sur cet axe Saint-Pétersbourg – Paris – New York que fut fondé le ballet moderne qui émancipa la danse de son rôle divertissant pour en faire un art majeur et total. Cet axe devait à son tour essaimer et susciter les Jérôme Robbins, John Taras et, plus proches de nous, tous les chorégraphes de la fin du xxᵉ siècle. À cette notion d'héritage, de transmission de relais, qui m'est si chère, s'ajoutaient des ruptures passionnantes, intellectuellement très stimulantes, qui incitèrent les grands compositeurs de notre temps à composer des partitions de premier ordre et parfois géniales pour des chorégraphes et des danseurs qui suscitaient des enthousiasmes et des passions comparables à ceux provoqués par certains grands chanteurs.

Le romantisme et Théophile Gautier firent de la ballerine une étoile, une cristallisation légère de la musique, un être supraterrestre, immatériel, qu'on ne pouvait évoquer sans un luxe de métaphores et d'entrechats littéraires. Le danseur, en revanche, était réduit à un simple rôle de satellite et dut attendre l'arrivée de Diaghilev pour trouver un éclat comparable à celui de sa partenaire. Ainsi, peu à peu, les grands serviteurs de la danse entraient dans le cœur du public que divas et ténors du théâtre lyrique occupaient encore exclusivement – à l'exception de la danseuse étoile. Avec Diaghilev, le monde de la danse devenait un foyer privilégié

pour l'avant-garde de l'époque où tous les arts pouvaient trouver à s'exprimer, jusqu'aux arguments livrés
par de grands écrivains, jusqu'aux décors et costumes
créés par de grands peintres, comme Benoit, Bakst,
Chagall, Picasso... Pour moi, le ballet a vraiment été un
des arts capitaux du xxe siècle, celui qui s'autorisa, avec
la plus sûre intelligence et d'une manière totalement
cohérente, des avancées stylistiques et rhétoriques
qu'aucune époque antérieure n'avait seulement pu imaginer.

Après avoir joué les figurants qui sautillaient gentiment durant les inévitables ballets de l'opéra (puisqu'à
l'époque de Verdi, Gounod et bien d'autres, il n'était pas
question qu'un opéra ne comporte pas de ballet), les
danseurs étaient devenus en quelques années des
artistes à part entière et les plus grands d'entre eux
étaient à présent capables d'adjoindre à un sens travaillé de la beauté plastique une expressivité violente et
une prétention louable à universaliser et intellectualiser
le langage du corps. C'est avec Balanchine que le renouveau de la chorégraphie, par des attitudes modernes en
adéquation parfaite à la musique, sans s'inspirer de
livrets, contes de fées ou synopsis, s'est développé. Il
exprimait par ses ballets les sentiments que lui inspirait
directement la musique, sans aucune sorte d'intermédiaire : ses oreilles dictaient à ses yeux et à son intelligence l'expressivité corporelle. Il a dirigé l'admirable
New York City Ballet où il a créé toute sa vie, jusqu'à sa
mort, des œuvres extraordinaires et des danseurs ayant
parfaitement intégré la danse classique et sa modernité.
C'était, si l'on veut, la transition parfaite du xixe siècle
et de la première partie du xxe vers la seconde moitié
de celui-ci.

J'ai parlé – et je le referai – des exigences de vie extrêmes des grands interprètes musicaux, mais qu'est-ce en comparaison de celles des danseurs dont l'existence quotidienne se doit d'être plus que monacale ? Sait-on seulement la souffrance des pieds meurtris dans des chaussons plus douloureux à l'usage qu'un cilice ? Peut-on imaginer les réponses irradiantes de ces corps pliés jour après jour à une idée, et combien le souci de la perfection devient une obsession accablante ? Et tous ces sacrifices consentis pour des carrières d'une vingtaine d'années au mieux ! Comment pourrais-je oublier ces admirables danseurs et les étoiles comme Serge Golovine, George Skibine, Rosella Hightower, Marjorie Tallchief qui dansèrent parfois dans des conditions incroyables de souffrance physique, avec le sourire et la transfiguration que leur communiquait leur flamme intérieure... J'ai suivi, durant les années 50, tous ces amis, tous ces artistes, avec passion à travers l'Europe, en Angleterre, en Espagne, en Italie et bien entendu pendant toutes leurs saisons parisiennes du vivant du marquis de Cuevas. Le sortilège de cette troupe inoubliable ne s'est estompé qu'après la mort du marquis, lorsque sa femme, née Rockefeller, a, hélas, décidé d'y mettre fin. Il y avait eu pendant cette époque Cuevas des rires et des larmes. Les larmes, lorsque Rosella Hightower dansait à Londres le *Cygne noir*, si difficile, avec un abcès monstrueux à l'orteil, des larmes lorsque les intrigues inhérentes à tous les milieux artistiques (mais est-ce vraiment l'apanage du monde artistique ?) brouillaient les cartes et retiraient à tel artiste un rôle qu'il convoitait et qui lui avait été promis, pour le donner à la favorite ou au favori du moment. Là comme ailleurs, les influences plus ou moins occultes

et parfois franchement négatives allaient à contre-cou-
rant de l'art. Mais des sourires et des fous rires aussi,
lorsque le marquis faisait du charme à Mme de Cuevas
pour obtenir un peu plus d'argent nécessaire à une
création, ou lorsque Cuevas, en accord avec Serge Lifar,
avait présenté au Théâtre des Champs-Élysées, pour
l'ouverture d'une nouvelle saison, un programme qui
commençait par son ballet *Suite en blanc* et que, Lifar,
estimant que ses instructions n'avaient pas été suivies
ou que tel mouvement n'avait pas été respecté, vint
gifler le marquis dans la loge de corbeille centrale en
présence du Tout-Paris. Cet incident eut pour conséquence, vers 1955 ou 1956, le duel le plus médiatique
et le plus incongru du siècle, qui eut lieu au bois de
Boulogne. Une mince estafilade suffit à réconcilier les
deux adversaires qui n'avaient, ni l'un ni l'autre, envie
de perdre la vie ou d'être sérieusement blessés. Mais
aussi le couple extraordinaire que formaient George
Skibine et Marjorie Tallchief, avec leur sens de l'humour, leur merveilleuse union et les innombrables
moqueries de George à l'égard de sa femme (admirable
danseuse et sœur d'une des grandes danseuses américaines, Maria Tallchief, idole du New York City Ballet
et l'une des sept femmes de George Balanchine). Il lui
disait : « Marjorie, peut-être tu pourrais faire attention !
Ce soir, c'était merveilleux la manière dont tu as dansé :
tes équilibres faisaient irrésistiblement penser à un palmier dans un ouragan... » Elle éclatait de rire, l'écoutait
et se remettait à travailler pour faire mieux la fois suivante !

J'étais tellement passionné par cet art et ses interprètes que j'ai passé ma vie auprès d'eux, le soir après
le bureau, lorsque les enregistrements, les concerts ou

les opéras auxquels je devais assister me laissaient une soirée libre. Bien entendu, ceci avait commencé bien avant mon entrée chez Pathé Marconi EMI en 1957, car ce travail, très prenant et assidu, avec les enregistrements, les concerts ou les opéras, me laissait peu de loisirs. Toutefois, chaque fois que je le pouvais, je me glissais dans une soirée de danse chez Cuevas. À ce jour, c'est toujours une très grande joie pour moi de pouvoir me rendre aux ballets de l'Opéra de Paris dont on peut dire, après la période Lifar et celle de Noureev, que la troupe et les étoiles sont devenus véritablement une des meilleures compagnies du monde, si ce n'est la meilleure. Ils tendent à éclipser les grandes troupes traditionnelles du Ballet de Copenhague, du Bolchoï, du Kirov et même des deux grandes troupes américaines que sont le New York City Ballet et l'American Ballet Theatre auxquels s'est attaché l'extraordinaire danseur Mikhaïl Barychnikov. La troupe de l'Opéra de Paris est maintenant célèbre dans le monde entier. Il n'y a pas un grain de sable dans l'ensemble des danseurs, de l'immense répertoire, des somptueuses productions et éclairages qui ont été soit maintenus soit recréés, tels le *Capricio* de Balanchine, mais aussi les grands ballets classiques : *La Belle au bois dormant*, dont la reprise en 1999 m'a totalement bouleversé, *Le Lac des cygnes, La Bayadère, Gisèle, La Sylphide* et tant d'autres, dont une très récente et charmante création : *Le Rire de la lyre*. Grâce aux soins de Hugues Gall et de Brigitte Lefèbvre, grâce aussi au travail inouï de Claude Bessy avec l'école de danse de l'Opéra, dans les dix dernières années, chaque apparition de la troupe, que ce soit à l'Opéra Garnier, à l'Opéra Bastille ou dans des tournées à l'étranger – en Amérique, au Japon, en

Chine, et même en Angleterre (domaine réservé du Royal Ballet) –, devient un événement. Je regrette que les Français, parfois si chauvins, n'en soient pas assez conscients. Pour ma part, je leur rends un vibrant hommage. Il faut ajouter que leur gloire se trouve mise en valeur, pour beaucoup des nouvelles productions, par un écrin absolument admirable que Frigerio, avec sa complice Franca Squarciapino et les incroyables lumières de Vinicio Cheli ont su créer pour notre émerveillement et pour l'épanouissement de l'expressivité de l'ensemble. Du reste, le public très spécial du ballet, lui, ne s'y trompe pas, qui se précipite littéralement pour admirer chacune de ces créations.

L'un des aspects qui me fascine le plus dans le monde de la danse est la notion de transmission orale d'un héritage culturel. De tous les arts occidentaux, seule la danse se réclame encore de cette conception archaïque de l'échange du savoir. Aucune tentative d'écrire la danse n'a jamais convaincu : marquer des pas, noter des attitudes est aussi abstrait et vain que de tenter de figurer une interprétation musicale qui ne serait pas basée sur une partition. Si l'on y réfléchit, il est extraordinaire que la chorégraphie – qui signifie étymologiquement « écriture de la danse » – n'ait précisément jamais trouvé son *écriture*. Cette transmission d'une génération à l'autre est l'exemple parfait de la continuité de l'art et de l'interprétation à travers les interprètes, et plus largement à travers les re-créateurs, interprètes et grands artistes, que ce soit pour la musique, la peinture, l'architecture, bref tous les arts. Partition ou pas, écriture de la danse ou non, cela témoigne à l'envi du rôle de l'interprète. Karajan disait :

« Si les interprètes n'existaient pas, les compositeurs resteraient lettre morte. » Car une partition de musique peut devenir un objet de musée si elle ne trouve pas des interprètes à sa mesure. C'est dans cette transmission que résident le mystère et la beauté de la danse. Cette science qui repose sur la mémoire n'est heureusement pas une science exacte (bien que la télévision constitue maintenant un immense support de mémoire), mais tels ces chantres grecs qui écrivirent, année après année, les épisodes de *l'Iliade* et de *l'Odyssée*, les chorégraphes et les danseurs héritent, adaptent, augmentent en puissance de créativité par des détails infinis la beauté héritée du passé depuis maintenant un siècle et demi.

Et si aujourd'hui la vidéo est devenue d'une importance capitale pour les générations futures, il ne fallait compter jusqu'alors que sur le passage du fameux flambeau d'une génération à l'autre de chorégraphes, comme d'une génération à l'autre d'interprètes, et sur la mémoire de ceux, si scrupuleux, qui ont appris aux générations qui les observaient ce qu'était vraiment le ballet à l'origine, avec les quelques altérations que la modernité et le talent de tel ou tel interprète avaient ajoutées à la conception originale.

Je n'oublierai jamais la sublime Alicia Markowa, à laquelle j'étais lié non seulement par l'admiration mais par l'amitié et que j'ai eu tant de joie à accompagner quelquefois chez Mme Preobrajenska lorsqu'elle répétait *Gisèle* et la *Sylphide* avec Serge Golovine pour les Ballets de Cuevas, en invitée exceptionnelle. Alicia venait des Ballets russes de Diaghilev, vers 1930, et fut l'exception de la longévité artistique. Je l'ai rencontrée à l'Opéra avec sa sœur (par pure coïncidence nous occupions des fauteuils d'orchestre voisins). Le premier ballet de la soirée était *Les Sylphides* de Fokine (à ne pas confondre avec *La Sylphide*), qu'elle avait interprété après qu'il avait été créé pour Nijinski. J'ai le souvenir d'Alicia Markowa se tournant vers moi, en 1962, et me disant : « C'est très beau, c'est merveilleusement dansé, mais ce n'est absolument pas ce que Fokine avait créé. » Je m'entends encore lui répondre : « Mais il faut absolument que le directeur de l'Opéra le sache ! » Georges Auric présidait alors aux destinées de l'Opéra. Je l'informai des propos de Markowa, qui fut immédiatement invitée à rétablir la chorégraphie originale des *Sylphides* de Fokine, telle qu'on la voit désormais interprétée à l'Opéra de Paris lors des spectacles consacrés aux ballets que Fokine avait tous conçus pour Nijinski : *Les Sylphides, Le Spectre de la Rose, L'Après-midi d'un faune* et *Petrouchka*.

Tous les chorégraphes qui se sont succédé au XXᵉ siècle, que ce soit l'extraordinaire Maurice Béjart (*Bolero* de Ravel), Roland Petit, Martha Graham, Carolyn Carlson et tant d'autres, ont été inspirés par quelques-uns des plus grands chefs-d'œuvre musicaux de notre siècle, depuis Stravinski *(Petrouchka, L'Oiseau de feu, Le Sacre du printemps),* Prokofiev *(Cendrillon, Roméo et Juliette)* et, plus proches de nous, Georges Auric *(Les Forains, Mirages)*, toute l'œuvre chorégraphique de Serge Lifar dont *Suite en blanc, Namouna* de Lalo, Balanchine pour *Le Palais de cristal* sur la symphonie de Bizet, Roland Petit pour *Le Jeune Homme et la Mort* (sur la musique de Bach), dont personne n'a oublié le génial créateur, Jean Babilée, les innombrables versions de *Carmen*... dont celles de Roland Petit ou de Carlos Saura, entre autres.

Richesse du ballet qui rappelle la richesse des œuvres musicales, surtout si l'on pense que la danse à proprement parler – c'est-à-dire les danses autres que de divertissement telles qu'elles étaient conçues dans l'opéra-ballet des xviie et xviiie siècles – ne date que d'un siècle et demi. On peut dire que la danse a vraiment rattrapé le temps perdu par rapport aux autres arts. Bien qu'ayant une immense, profonde et assez lointaine tradition, elle est cependant un art relativement neuf qui, en cent cinquante ans, s'est constitué un répertoire égal aux grands répertoires symphonique, instrumental, religieux et lyrique.

Il existe un don exceptionnel chez les danseurs, qui n'est pas seulement le résultat du travail, mais qui est dû à une morphologie tout à fait particulière, et qui constitue les fondations de ce que deviendra un danseur, homme ou femme : une certaine longueur des bras, une forme des mains. Parmi ces fantastiques impondérables de la nature, on peut citer l'exemple de Nijinski. On savait que son élévation (« ballon », en langage de ballet) hors du commun était due partiellement à une conformation physique tout à fait extraordinaire : la distance entre son talon et sa cheville représentait un tiers de la longueur de son pied. Il semblait voler à travers l'espace, comme l'ont fait quelques grands danseurs après lui, tels Serge Golovine et Mikhaïl Barychnikov parmi d'autres.

Ce qui est vrai pour les danseurs, qui pratiquent un art très physique, l'est également pour les pianistes, les violonistes, les violoncellistes et autres. C'est une condition *sine qua non* de leur don, puis de leur réussite. De la même manière, la formation et la nature des cordes vocales, des résonateurs sont l'élément déterminant des chanteurs. Ce sont les impondérables de la nature, à partir desquels s'établit le travail et se développe l'art.

Comme on le voit, ma passion pour la danse ne s'est jamais éteinte. Elle a constitué une sorte de contre-point à la musique. Lorsque récemment j'ai vu sur Arte un film dédié à la grande danseuse russe Vyroubova, j'ai été très ému par ses souvenirs, par « son souvenir », car c'est une artiste que j'ai infiniment admirée. Me sont alors revenus les souvenirs de ce temps extraordi-naire passé à travers l'Europe auprès de mes amis Golo-vine, Skibine au sein de la troupe du marquis de Cuevas, puis les moments inoubliables que m'a pro-curés Alicia Markowa, peut-être la plus belle Gisèle de notre temps avec Yvette Chauviré et Margot Fonteyn.

Tout au long de ma vie professionnelle, je n'ai jamais oublié la grâce divine de ces êtres de chair et de poésie qui donnent le sentiment que le vol dans l'espace et le temps sont, comme dirait Lamartine, suspendus.

Tant et tant de grands danseurs : Mikhaïl Barychni-kov, le si merveilleux Noureev dont j'aurais voulu avoir la place de raconter non seulement l'art mais l'extraordi-naire destin lorsqu'il a échappé au KGB au Bourget pour rester en Europe et y apporter tant de merveilles. L'Opéra de Paris, qu'il a si bien servi en y renouvelant le répertoire et le style, garde le souvenir impérissable de tous les bal-lets qu'il a fait renaître, comme *La Bayadère, le Lac des cygnes, Raimonda, Les Sylphides*, et tant d'autres. Il a renouvelé l'école de danse de l'Opéra. Il nous a légué un testament artistique qui ne périra pas.

La danse ajoute à la musique et à la peinture une dimension particulière, abstraite et linéaire, transforme le corps humain en un arc virtuel qui dessine, à travers l'espace, une magie et une transcendance de la beauté. Son mystère n'en est que plus émouvant et demeure à l'esprit comme un « horizon chimérique ».

Chez Pathé Marconi-EMI

Lors de notre premier rendez-vous en mai 1956, Peter de Jongh m'avait écouté avec bienveillance ; mon enthousiasme, mes emportements et l'assurance de la jeunesse semblaient l'amuser. Nous eûmes, les semaines suivantes, l'occasion de nous revoir et de revenir sur l'épineux sujet que j'avais rapporté d'Amérique. Son rôle au sein de Pathé Marconi était non seulement de superviser les enregistrements classiques réalisés à Paris pour la société britannique, mais aussi – et cela me surprit un peu – de diriger les carrières des grands noms français de la variété depuis Edith Piaf jusqu'au jeune et « électrique » Monsieur 100 000 volts, Gilbert Bécaud.

Au printemps 1957, il me proposa d'entrer dans son service, dans un premier temps comme « observateur privilégié », puis, dès que Londres aurait donné son accord et débloqué un budget, comme son assistant. Une fois encore, les choses s'enchaînaient sans que je les eusse forcées ; ou si peu que je puis encore une fois parler de chance.

Tandis que l'aide que j'avais apportée à des amis artistes dans leur carrière n'était encore qu'amicale et circonstancielle, Pathé Marconi allait m'offrir mon premier « poste » officiel avec contrat et fiche de salaire. Ce fut fait le 1er septembre 1957, grâce à l'appui de Peter de Jongh et à la bonne volonté du président d'EMI de l'époque.

La sympathie générale de l'équipe et l'acharnement que je mettais à chacune de mes tâches – j'avais tout à prouver ! – m'ont permis une adaptation rapide et la titularisation que j'espérais. Je ne saurais résumer mieux mon travail qu'en définissant ainsi ma fonction par une plaisanterie : « Faire tout ce qui ennuyait Peter de Jongh. » Je dois bien reconnaître que ce qu'il me laissa défricher comme paperasse ce premier été pouvait en décourager plus d'un. Et le travail qui nous attendait, ma secrétaire, Thérèse Barret (bientôt Thérèse Darras), et moi, n'avait rien de réjouissant puisqu'il consista, notamment, à répondre à une pleine armoire de courrier demeuré sans réponse... Je me fis une raison, certain qu'après avoir, non sans mal, remis de l'ordre, il me serait donné d'aborder à ses côtés, ce qui, bien évidemment, me passionnait autant que lui : « révéler les dieux »[1].

Par un merveilleux sixième sens, Peter de Jongh m'avait choisi comme assistante une jeune secrétaire tout à fait mal employée dans un service de fonctionnaires dans le domaine des variétés. Ce choix devait s'avérer si judicieux que non seulement nous formâmes

---

1. Michel Glotz, imprésario : *Révéler les dieux* (Paris, Robert Laffont, 1981 – épuisé).

une paire complice sur le plan musical et personnel comme sur celui du travail quotidien, mais que, à l'heure où j'écris ces lignes – c'est-à-dire quarante-cinq ans plus tard –, Thérèse est mon associée dans notre affaire commune, Musicaglotz. Elle avait pour elle une grande distinction physique et intellectuelle, une qualité de jugement musical appuyé par de sérieuses études de contrepoint, d'harmonie et de solfège, et une rigueur dans le travail qui en faisaient un modèle de secrétaire, appelée à l'évidence à se développer d'une manière spectaculaire. Les décennies qui ont suivi l'ont amplement démontré.

Peter de Jongh était alors un personnage exceptionnel dans la vie musicale classique, non seulement chez Pathé Marconi à Paris, mais dans l'ensemble du monde artistique. Extraordinairement atypique, il donnait parfois l'impression d'être un peu « toqué ». Passant de l'hilarité la plus totale à la fureur incontrôlable (j'en ai fait souvent les frais !), il était une des personnalités les plus attachantes, les plus intelligentes que j'ai connues. Il avait une grande connaissance de la musique ainsi qu'une mémoire personnelle et musicale, un sens de l'interprétation, un raffinement et – atout très rare pour un haut responsable dans le monde de la musique – le respect inné des grands artistes. Rien n'était jamais trop beau pour les artistes qu'il admirait, et cela ne valait pas seulement pour les vedettes reconnues : il possédait également une étonnante perception des jeunes talents et leur donnait toujours leur chance, son appui et celui de la maison Pathé Marconi tout entière, grâce à son autorité personnelle et aussi à celle qu'il avait en tant qu'Anglais auprès du centre EMI Londres, propriétaire de Pathé Marconi.

Un chapitre entier ne suffirait pas à évoquer les aspects absolument hors du commun de ce personnage, qui allait laisser une empreinte et un souvenir impérissables longtemps après sa mort prématurée. Pour ceux qui l'ont connu et qu'il a aidés, il est devenu le « bon fantôme » de Pathé Marconi. Il avait parfois des colères telles qu'il lui est arrivé de me brutaliser, mais aussi un charme et une imagination surprenants. Il se souvenait des numéros de matrices inscrits sur les disques en vinyle – les 78-tours – de ses enregistrements préférés, c'est-à-dire tous les Rachmaninov, Heifetz, Toscanini et beaucoup d'autres. Lorsque nous partions le soir très tard, Thérèse et moi, et que nous prenions un taxi, il nous accompagnait jusqu'à la station et il nous est arrivé de nous retrouver dans un endroit extravagant de Paris qui ne correspondait absolument pas à notre destination. Lorsque je demandais au chauffeur : « Mais pourquoi nous conduisez-vous là ? », il me répondait : « Le monsieur qui vous accompagnait m'a demandé de vous amener à la gare des Batignolles » !

Un jour de colère contre Londres, il a déchiré avec ses dents son passeport anglais. Il a ensuite dû le faire refaire en prétendant l'avoir perdu... alors qu'il l'avait « avalé » puis craché dans sa corbeille à papiers ! De même, lorsque le téléphone le dérangeait au milieu d'une conversation qui l'intéressait, il lui arrivait fréquemment de jeter l'appareil dans la même corbeille à papiers !

Mais lorsqu'il venait au studio pour un enregistrement qu'il aimait, c'était un tout autre homme : recueilli, ému, timide. Il s'épanouissait dans l'admiration, dans cette musique qu'il aimait tant. Et la musique le lui rendait bien. Il a indiqué à des artistes très célèbres des œuvres qu'ils ignoraient et qu'il connaissait, lui, parce qu'il était passionné par la vie des grands artistes du passé et qu'il avait entendu, lorsqu'il était très jeune, tout ce qui pouvait refléter la grandeur des compositeurs et des interprètes. Bref, il était un *Monsieur Pickwick* auquel tous ceux qui l'ont connu vouaient une affection indéfectible.

Parce que Peter de Jongh n'était pas attiré naturellement par les variétés, qu'il était pourtant censé superviser au même titre que le répertoire classique, c'est dans ce domaine qu'il me confia le soin de « faire mes armes », tout en me laissant le seconder activement dans la production classique. J'eus ainsi l'occasion de me frotter à ce milieu que je ne connaissais pas vraiment. J'ai fréquenté professionnellement et avec grande joie, je dois le dire, des personnages aussi divers que les Compagnons de la Chanson, Barbara, Yvette Horner ou Richard Antony, pour lesquels, en raison de ma fonction d'« administratif », je devais préparer les contrats. Je devais également superviser le travail de mes collaborateurs qui veillaient à l'organisation et au bon déroulement des séances d'enregistrement, de la promotion, etc. J'ai bien connu Barbara. Elle n'était pas encore devenue la grande vedette qu'elle fut par la suite et la pauvre avait souvent besoin d'avances sur royalties. La direction me les accordait à force de gémissements et de coups de griffe. Ces avances lui étaient alors bien nécessaires et l'avenir montrerait qu'elles n'avaient pas été perdues.

Deux artistes ont particulièrement marqué mon incursion dans les variétés : Édith Piaf et Gilbert Bécaud. J'ai très bien connu Édith Piaf. Elle me demanda notamment de faire un enregistrement en Amérique, ce qui, à une époque de contrôle des changes, soulevait de nombreux problèmes administratifs et financiers, que nous résolûmes. Des mois plus tard, la célèbre éditrice Mme Salabert demanda ce qu'était devenue la chanson *Milord* (précisément enregistrée en Amérique) qu'elle avait confiée en exclusivité à Édith Piaf ; elle s'étonnait que le disque ne soit pas sur le marché. Lorsque j'interrogeai la personne chargée des enregistrements d'Édith Piaf sur la raison de cette absence du catalogue et de ce délai, elle me répondit : « Édith Piaf n'aime pas ce disque fait en Amérique. » Je demandai à ce qu'une copie me soit communiquée et l'écoutai immédiatement. Grande fut ma stupéfaction en découvrant la beauté, l'expressivité, bref, la réussite totale de cet enregistrement, mais voilà : Piaf ne l'aimait pas... Nous voilà nous transportant avec un appareil phono (c'était l'expression de l'époque) à l'Hôpital américain où elle était hospitalisée. Je m'étais également muni d'un document qu'elle n'avait plus qu'à signer, nous autorisant à mettre *Milord* sur le marché mondial. Nous écoutâmes la chanson ensemble ; elle n'était pas contente, m'opposa des quantités d'objections, répétant que la chanson ne reflétait pas sa personnalité. Je réussis tout de même à lui arracher, sans scrupules, sa permission écrite de publier *Milord*, qui devait connaître le succès que chacun sait.

L'autre artiste de variétés à m'avoir marqué est Gilbert Bécaud, dont j'ai été le directeur artistique pendant plusieurs années et avec lequel j'ai vite entretenu des relations d'amitié et d'admiration, intactes jusqu'à sa mort. La personnalité de Gilbert Bécaud m'a conquis et attaché d'emblée par son orgueilleuse intelligence, sa générosité instinctive, cet étonnant mélange d'humour sarcastique et d'affection sincère, une fois qu'il l'avait donnée. Chez lui, et c'est loin d'être toujours le cas, l'homme et l'artiste ne faisaient qu'un. Ce qu'il nous offrait sur le plateau de « coups de gueule » brutaux suivis du sentiment le plus vrai, je devais, lorsque nous fûmes plus intimes, le retrouver dans la vie. Il y avait chez lui une si grande anxiété, qu'elle n'avait trouvé à mieux se libérer (et le libérer !...) qu'en demandant chaque jour plus à la vie ; ce que d'aucuns qualifieraient d'« impatience philosophique » et qui n'est finalement pas sans rappeler les caprices de l'enfant. C'est d'ailleurs un de ses « caprices » qui nous lia, puisque, à mon arrivée chez Pathé, Gilbert était prêt à ne pas renouveler son contrat, alléché par une proposition concurrente de Barclay. Il me fallut des trésors de persuasion et surtout faire admettre à Londres l'intérêt essentiel à mes yeux qu'il y avait à garder au sein du groupe cet artiste en pleine ascension, quitte à mettre la main à la poche. Contre toute attente, le grand patron de His Master Voice, M. Lockwood[1], me reçut, m'écouta et m'entendit. J'avais marqué là un fameux point qui allait consolider ma position française, mais aussi m'apporter beaucoup de joies, que ce soit dans la musique ou l'amitié, grâce à Gilbert, à sa famille, à ses paroliers Louis Amade et Pierre Delanoe, ainsi qu'à son entourage. J'ai passé des semaines entières avec Gilbert, non seulement en studio mais aussi en tournée, particulièrement l'été dans le Midi, notamment à Saint-Jean-Cap-Ferrat

---

1. M. Lockwood était en fait le *chairman* du *Board* d'EMI, c'est-à-dire le patron suprême du groupe.

d'où nous rayonnions en voiture les jours de gala. Des moments inoubliables de drôlerie ! L'un des jeux préférés de Gilbert, qui avait une caméra ultra-performante, était de me voir dévaler dix fois l'immense toboggan de la piscine de l'hôtel sous prétexte que les prises de vues n'étaient pas satisfaisantes... alors qu'il savait que je détestais avoir la tête sous l'eau ! Mais aussi quelle tendresse, quelle solidarité dans les épreuves que je connus sur le plan personnel ! Cela, comme le reste, je ne l'oublierai jamais.

La production classique de Pathé Marconi-EMI reposait alors essentiellement sur les épaules de René Challan et du jeune Éric Macleod qui étaient en principe, selon l'organigramme, sous mon autorité, puisque d'assistant de Peter de Jongh j'étais devenu, en 1957, directeur adjoint des services artistiques classiques et variétés. Il n'était pas question dans mon esprit de leur arracher leur territoire, mais de créer le mien sans leur porter ombrage, en découvrant de nouveaux artistes et en maintenant le contact avec tous les artistes appartenant déjà à la maison. Parmi les nouveaux artistes qui devaient faire des carrières tout à fait exceptionnelles, il y avait Georges Prêtre, Régine Crespin, Rita Gorr. Le hasard fit que mon premier enregistrement classique fut des extraits de *Tosca* en français avec Régine Crespin sous la direction de Georges Prêtre, qui vient d'ailleurs d'être réédité quelque quarante-deux ans après.

Il était alors si bien répandu qu'une chanteuse française devait être directement « entendue » du public, c'est-à-dire comprise, que ce disque dut être fait en français. J'avais beau essayer de montrer combien cela me paraissait une aberration, voire une grave faute de goût, on me rétorquait que le marché l'exigeait et que le disque ne rencontrerait, auprès de l'acheteur potentiel français, aucun succès si ce n'était pas le cas. C'est pour le même motif que la direction commerciale de Pathé Marconi refusait encore d'importer les premiers enregistrements de Maria Callas ! Et j'ai dû, avec l'aide de quelques rares collègues perspicaces, batailler ferme pour introduire les disques de Maria en France et obtenir pour cela qu'elle fasse ses débuts à l'Opéra de Paris. Chacun a en mémoire les images de cette soirée historique du mois de décembre 1958, à laquelle assistait le président Coty et que la télévision eut l'heureuse initiative de proposer en Eurovision. À cette date, les Français ne connaissaient de Maria Callas que sa vie mondaine rapportée par les journaux à scandales, et en particulier le fait qu'elle avait abrégé *Norma*, lors de l'ouverture de l'Opéra de Rome, en se retirant à la fin du premier acte.

Le concert de début qu'elle assura à Paris fut un succès absolument retentissant. Il existe un film de cette soirée inoubliable.

En France, où les disques de Callas étaient introuvables, il y avait tout à faire pour l'imposer. Ce gala au profit des œuvres de la Légion d'honneur était une excellente opportunité. Toujours soucieux d'imposer les disques de « la » Callas contre l'avis des directeurs commerciaux d'EMI-France, j'obtins qu'un exemplaire gratuit du récital Verdi qu'elle venait d'enregistrer soit glissé dans chaque programme vendu à l'Opéra. Forts de ce « test » et rassurés par l'immense retentissement qu'eut ce concert à la télévision (on rapporte que la circulation routière européenne fut, durant ces trois heures de retransmission en Eurovision, considérablement diminuée...) et dans la presse, dès le lendemain, nos « commerciaux » se décidèrent à importer en urgence les premiers disques de Maria.

Il y avait alors en Angleterre un personnage singulier, aristocrate au propre comme au figuré, dépositaire d'une immense fortune personnelle (qui permit à Covent Garden de fonctionner pendant des années !), et la plus grande personnalité musicale britannique du moment : sir Thomas Beecham. Cet immense chef d'orchestre, qui vendait ses disques dans le monde entier, était un des fleurons d'EMI international. Il avait exprimé le désir de se rendre à Paris. Peter de Jongh reçut un télégramme du *chairman* d'EMI Londres lui annonçant que sir Thomas Beecham venait à Paris pour écouter des voix françaises en vue de divers projets qu'il avait, et sur lesquels je reviendrai. Il fallait le traiter comme un « dieu vivant » et par ailleurs lui adjoindre une personne du choix de M. de Jongh, faisant partie de sa jeune équipe, qui puisse le guider vers des interprètes français et ce qu'il y avait d'intéressant dans le monde de la musique française de l'époque. Je fus l'heureux élu, peut-être à cause de ma connaissance de la langue anglaise...

Habitué des studios d'Abbey Road, je n'aurais sans doute jamais rencontré Thomas Beecham s'il n'avait souhaité enregistrer des opéras français, et donc entendre des chanteurs français. On m'avait chargé de lui présenter une liste possible d'interprètes pour *Carmen, Werther* ou *Roméo et Juliette*. Dès notre première rencontre, sir Thomas me manifesta une bienveillante amitié, ce qui surprit mes supérieurs habitués à essuyer l'humour mordant du grand chef. Cela les fit me regarder, du jour au lendemain, avec un œil neuf. Peut-être fallait-il accorder un peu plus d'importance à ce petit Français qui avait si bien su séduire le vieux lion...

Son humour tout britannique se doublait d'une très vive intelligence qui se traduisait par les reparties les plus cinglantes. Vers 1958, lors d'une séance de l'enregistrement de *Carmen* avec Victoria de Los Angeles, Nicolaï Gedda et l'Orchestre national, salle Wagram, à Paris, Beecham avait souhaité (autrement dit : ordonné) avoir les chanteurs derrière lui, parce que cela l'agaçait de « voir leurs têtes ». Ce qui, pour les chanteurs, il faut le reconnaître, n'était pas très commode... Lors de la première prise d'un air célèbre, Beecham remarqua un certain décalage rythmique entre l'orchestre et une cantatrice. Il se retourna, dédaigneux mais affable : « Madame, vous n'avez jamais appris le solfège ? » « Certainement si, répliqua la cantatrice, mais puisque nous en sommes aux vérités, je n'ai jamais eu l'occasion de chanter sous la direction d'un chef dont je n'aperçois que le derrière ! » Et Beecham, avec un charmant sourire : « Madame, mon derrière est plus musical qu'aucun chanteur sur terre ! »

Tous ces épisodes se déroulèrent de 1957 jusqu'à la mort de Beecham en 1961. Une autre fois, alors qu'il effectuait une tournée en France avec le Royal Philharmonic, il décida d'enregistrer salle Wagram, qu'il aimait beaucoup, deux ou trois symphonies de Haydn qui compléteraient son anthologie commencée à Londres. Beecham exigea de se faire envoyer un exemplaire de travail du précédent enregistrement pour retrouver à Paris une acoustique et une balance compatibles avec celles de Londres. Malheureusement, en raison du brouillard, l'avion qui devait apporter l'enregistrement ne put arriver à temps. Beecham ne voulut rien entendre et, puisque son orchestre était déjà en place, il décida, pour le seul plaisir des techniciens et le mien, de leur demander de nous jouer « quelque chose de distrayant » : des valses de Vienne !

Cet humour pouvait quelquefois choquer, mais il était irrésistible. Après l'enregistrement de *Carmen*, il était parti diriger une série de représentations au Teatro Colon à Buenos Aires et sa femme de l'époque, alcoolique au dernier degré, était morte là-bas. Après Buenos Aires, il était allé au Metropolitan de New York pour diriger une série de *La Bohème*, avec Victoria de Los Angeles en Mimi et Björling en Rodolphe. Il existait à l'époque en Amérique un show télévisé à une heure de grande écoute, qui s'appelait le *Ed Sulivan Show*. Ed Sulivan y interviewait des célébrités appartenant notamment au monde de la musique classique (ce qui n'existe plus de nos jours). Parmi ses invités, il y avait ce jour-là sir Thomas Beecham et Maria Callas. Mal « briefé » par ses assistants, Ed Sulivan s'adresse, au beau milieu du show en *live*, à sir Thomas : « Quelle joie de vous recevoir à New York pour vos spectacles au Metropolitan, dont tout le monde se réjouit, d'autant plus que le Metropolitan va être au centre de l'actualité des semaines à venir, entre vous et Maria Callas ! Et comment va lady Beecham ? » Pour bien comprendre l'extraordinaire réplique de sir Thomas, il faut savoir que le grand compositeur Vaughan Williams était mort, à un jour près, à la même date que lady Beecham. Sans un froncement de sourcils, il répondit très aimablement : « Elle va bien, je vous remercie. Elle fait actuellement un grand voyage avec Vaughan Williams. »

Il existe tant d'anecdotes que je n'en retiendrai que quelques-unes. Un jour, je rendis visite à sir Thomas à Londres à propos d'un festival Berlioz, autour de son orchestre, le Royal Philharmonic Orchestra (qu'il subventionnait personnellement), et à la direction duquel il voulait m'associer. Il me proposa d'en parler en faisant une promenade dans Londres. C'était une très belle journée de printemps. Comme il prenait un gros manteau, je lui fis remarquer : « Sir Thomas, il fait chaud dehors », mais il me répondit que cela n'avait pas d'importance. Au bout de quelques pas, il se rendit compte que le manteau était lourd et inutile. Hélant un taxi, il ouvrit la porte arrière, déposa son manteau sur le siège, referma la portière et ordonna au chauffeur : « Suivez-nous ! »

Nos pas nous menèrent ensuite au Grill du Savoy où, en principe, le service était tout à fait exceptionnel, particulièrement lorsqu'il s'agissait d'une personnalité aussi charismatique et aristocratique que sir Thomas Beecham. Mais ce jour-là, nous restâmes de longues minutes sans apercevoir un serveur ou un maître d'hôtel. Soudain, je vis sir Thomas rassembler trois ou quatre assiettes posées sur une table, les empiler et, sans interrompre notre conversation, lâcher la pile d'assiettes qui se brisèrent dans un bruit assourdissant. Effet immédiat : nous fûmes entourés d'une dizaine de serveurs et maîtres d'hôtel venus s'enquérir des motifs de l'incident. Et sir Thomas, absolument sans l'ombre d'une surprise, se tourna vers moi et me dit : « J'ai pensé que ce serait le truc. »

Un autre jour, sir Thomas allait discuter avec M. Bicknell, le chef de tous les enregistrements classiques d'EMI-monde, et me demanda de venir assister à cet entretien. Afin de me faciliter les choses, puisque je reprenais l'avion pour Paris en fin d'après-midi, le lieu du rendez-vous se trouvait à mi-chemin entre la ville et l'aéroport. C'était une très belle journée d'automne et nous déjeunions dans le jardin, sous un superbe pommier. À un certain moment, une pomme se détacha de l'arbre et atterrit exactement sur le crâne de M. Bicknell. La situation était déjà suffisamment comique, et Beecham de se tourner vers moi et de me dire avec un parfait détachement : « Je vous ai toujours dit que la moitié de son cerveau ne sait pas ce que l'autre fait. Maintenant, vous savez pourquoi ! »

Sir Thomas Beecham était invité à diriger à Los Angeles. Il fut reçu avec tous les honneurs possibles et imaginables ; le maire de Los Angeles donna une réception à la mairie avec la presse et les grands dignitaires de la ville et un déjeuner de presse. Auparavant, son adjoint lui fit visiter tout ce qui pouvait l'être dans cette mégalopole qui s'étend sur plus de cinquante kilomètres et qui donne une impression de banlieue interrompue. À son retour, le maire lui demanda, devant toute la presse et son staff personnel, un peu fébrile : « Alors sir Thomas, comment avez-vous trouvé notre ville ? » Sir Thomas lui répondit : « Oh, ce sera très joli lorsque ce sera terminé ! »

Un soir, au Metropolitan de New York, Victoria de Los Angeles avait été remplacée par une soprano américaine de bonne qualité mais qui n'était pas du goût de sir Thomas. Il avait l'habitude, lorsqu'il dirigeait un chanteur qui n'était pas à la hauteur de ses espérances, de chanter lui-même très fort en dirigeant, ce qu'il fit durant toute la soirée pour le rôle de Mimi. Au rideau final, sir Thomas baisa la main de la chanteuse (car il était toujours d'une grande courtoisie), reçut une ovation, et la soprano, belle joueuse, lui dit : « Oh ! Sir Thomas, vous étiez dans une voix merveilleuse, ce soir ! » Et lui : « Il fallait bien que l'un de nous deux le soit, madame ! »

Une dernière anecdote : un jour, à dix heures du matin, lors de l'enregistrement de *Carmen*, il avait demandé de répéter tous les airs et Victoria de Los Angeles n'était pas arrivée à l'heure. Il se tourna vers moi et me dit : « *Votre* soprano espagnole n'est pas là ! » Je répondis : « Je suis désolé, elle va arriver d'un instant à l'autre. » Il s'adressa à l'orchestre : « Messieurs, on commence ! » Il entama la habanera de *Carmen*, et me jeta : « Vous, chantez ! » C'est ainsi que je chantai la habanera, puis la séguedille, puis le début du duo du deuxième acte entre Carmen et Don José : tralala la la la ! Ce que j'ignorais, c'est que mes amis de la cabine son, Paul Levasseur, le merveilleux ingénieur du son, et André Hennenfant, le technicien, avaient immédiatement branché les micros et les magnétos ! De sorte que j'ai gardé le souvenir de ces trois extraits de *Carmen*, chantés par moi en voix de mezzo-soprano, sous la direction de sir Thomas Beecham qui eut l'obligeance de me dire à la fin de la habanera : « *Right* », d'approuver également la première strophe de la séguedille incluant le *si* final, mais me reprit vivement pour une question de solfège dans le duo avec Don José en me demandant de recommencer ! L'orchestre était littéralement écroulé de rire. J'étais partagé entre la stupéfaction, l'amusement et l'horreur lorsque enfin Victoria de Los Angeles arriva et reprit son rôle.

Thomas Beecham était d'une merveilleuse élégance, jusque dans sa battue. Sa direction était souple, instinctive plus que rigoureuse, et faisait passer le charme et le raffinement avant tout, au plus grand plaisir du public qui se délectait de ses interprétations de Mozart, de Sibelius, de Haydn [1] ou des musiques de ballet du *Faust* de Gounod. Sa popularité en Angleterre était immense, comme je l'ai déjà indiqué, au point que la consigne d'EMI Londres à nos bureaux parisiens était de le considérer comme « *a living God* » ! Aussi ai-je été très flatté d'avoir approché ce « dieu » et d'avoir partagé avec lui, jusqu'à sa mort en mars 1961, de beaux moments d'amitié ainsi que des heures joyeuses dans sa maison de Beaulieu-sur-Mer.

L'ayant quitté la veille de sa mort, je suis retourné à Londres le surlendemain pour l'accompagner jusqu'à sa dernière demeure, dans un très beau cimetière de la campagne anglaise.

Ces neuf années d'EMI furent sans doute lourdes de contraintes, mais la vie inouïe du studio et toutes les joies que m'ont apporté les inoubliables enregistrements que j'ai effectués compensaient largement les inconvénients et firent de ces neuf années une période enthousiasmante.

Parmi ces enregistrements, tous effectués salle Wagram, il y a bien entendu ceux de Maria Callas, mais aussi tous ceux de Georges Prêtre, Régine Crespin, Rita Gorr et Nicolaï Gedda et bien d'autres, qui ont constitué la base sur laquelle j'ai pu m'appuyer, les fondements mêmes de la profession qui devait être l'épine

---

1. Sir Thomas Beecham a laissé, parmi tant de merveilles, une *Flûte enchantée* et un *Enlèvement au Sérail* absolument uniques.

dorsale de ma vie, c'est-à-dire celle de producteur de disques (ou de ce que l'on appelait alors de directeur artistique). Plus de cent séances d'enregistrement avec Maria Callas, dont deux opéras (*Carmen* avec Gedda et d'autres merveilleux artistes sous la direction de Georges Prêtre, et *Tosca*, également sous la direction de Georges Prêtre, avec Carlo Bergonzi, Tito Gobbi), d'innombrables récitals d'airs français, d'airs italiens, d'airs de Beethoven (*ah ! perfido...*) ou d'airs de Mozart, l'admirable disque Wagner enregistré par Régine Crespin dans lequel elle chante notamment les *Wesendonck Lieder*, et combien de disques superbes avec Georges Prêtre ou André Cluytens (lorsque René Chalan ne pouvait pas le faire), la vie permanente du studio, les montages, l'atmosphère de chaude amitié et d'irréprochable camaraderie et la franchise – tout cela devait marquer à tout jamais mon existence.

Si je ne parle pas d'Alexis Weissenberg ou de bien d'autres artistes, c'est que les chapitres futurs m'en offriront l'occasion et que ces inoubliables enregistrements – effectués toujours à Wagram, chez EMI – se situent après mon départ de Pathé Marconi, c'est-à-dire après 1966, lorsque je devins producteur de disques indépendant. En revanche, un personnage a été prépondérant sur le plan du chant : il s'agit de Nicolaï Gedda, dont j'ai réalisé les premiers disques d'airs d'opéra avec orchestre. Karajan avait une passion pour l'un d'eux, qui vient d'ailleurs d'être republié, et dans lequel Gedda chantait des airs d'opéras français du XIXe siècle, notamment *Le Postillon de Longjumeau*, que Karajan écoutait avec extase, car les contre-ré, qui fascinent les *aficionados* du chant, n'étaient pas non plus pour lui déplaire.

Karajan se tenait très au courant de ce que nous

faisions et écoutait très attentivement les enregistrements les plus marquants, sur lesquels il se renseignait
par ses propres soins ou que je lui signalais. Je dirai
plus tard les raisons de mon départ de Pathé à la fin
de l'année 1965. Cette décision ne fut pas prise sans
d'immenses regrets, mais elle allait me permettre de
donner à ma vie une nouvelle direction, tout en me libé-
rant autant qu'il était possible des obligations administratives et en gardant pour le futur le meilleur des
acquis. Mon regret était tempéré par le fait que je res-
tais en contact permanent avec la compagnie EMI, à
laquelle j'étais profondément attaché et qui m'avait
demandé de conserver, sur le plan international, un
contrat de conseiller artistique et de producteur indépendant, ce qui me procurait à la fois la liberté et le
port d'attache, et me permit de mettre en place mon
bureau d'imprésario et ma collaboration avec Herbert
von Karajan.

J'ai gardé en mémoire une conversation avec un
homme merveilleux, F. Minchin (qui fut président de
Pathé Marconi), qui, voyant mon exaspération devant
les éternels « c'est impossible, c'est trop tard, c'est trop
court », etc., m'avait dit, avec infiniment de patience et
de gentillesse : « Michel, une grande maison comme la
nôtre est pour vous l'équivalent d'un orgue. Vous ne
pouvez pas penser que cet instrument ne marche pas
tant que vous ne vous êtes pas servi de tous les claviers,
de tous les boutons et de toutes les voix, ainsi que du
pédalier. Vous verrez, si vous avez la patience de le
faire, que la machine répondra. » Effectivement, cela
avait marché.

J'allais donc garder le contact aussi bien avec mes
collègues qu'avec les enregistrements et, bien entendu,
les artistes qui m'étaient chers.

Incidemment, j'étais le premier cadre supérieur de Pathé Marconi à partir de son plein gré, au point que le président de l'époque, incrédule lorsqu'il reçut ma lettre de démission en décembre 1965, me fit venir dans son bureau pour me demander ce que je désirais. Je lui répondis : « Rien du tout, je veux ma liberté. Je ne veux pas me retrouver, à quarante ans, cadre d'une société où je ne me sentirais pas en parfaite adéquation avec la politique artistique choisie. » En revanche, la réponse du président d'EMI Londres ne se fit pas attendre. Il me demanda – et j'acceptai – de maintenir une collaboration qui devait se poursuivre pendant plus de quinze ans, sous une forme contractuelle mais harmonieuse, en tant que producteur et conseiller.

La légende selon laquelle existait rue Lord-Byron (siège de Pathé Marconi) un groupe de lions qui ne se nourrissaient que des cadres remerciés par la maison m'a toujours fait sourire. En tout cas, je n'ai pas fait partie de leur gibier et ma décision avait été mûrement réfléchie.

Poulenc

C'est par Marguerite Long, chez qui j'avais déjà rencontré Jacques Février, que je fis la connaissance de Francis Poulenc vers 1950. Le milieu musical est un microcosme ; le pied posé dans la place, il est finalement assez facile d'y connaître tous ceux qui comptent et qui ne sont pas des ours sauvages. Très réservé au premier abord, Poulenc, une fois apprivoisé, devenait un type charmant, plein d'humour, parfois franchement comique, tout à la fois ce moine bourru, cet excentrique et ce jeune trublion de bonne famille que l'on a décrit.

Pendant une période – trop courte à mon gré –, je l'ai beaucoup vu, aussi bien dans les concerts à Paris qu'avec des amis, et souvent durant les vacances ou les week-ends, lorsqu'il m'invitait dans sa propriété ravissante de Noizay, proche d'Amboise où mes parents avaient eux-mêmes une propriété. Il venait souvent y faire des courses, nous aussi, et c'était l'occasion de charmantes et agréables conversations entre deux magasins, dans la rue ou en faisant nos achats respectifs. Mais ce n'est qu'en 1957, chez Pathé, que je me suis véritablement lié avec lui, à l'époque où la maison de disques décida de graver (ou de regraver) ses partitions majeures avec sa bénédiction et en étroite collaboration avec lui ; il s'agissait d'une sorte de testament musical raisonné. À cette époque, le musicien pratiquait essentiellement son dernier style d'écriture : profond, sévère, religieux, qui donnera certaines de ses grandes œuvres chorales, le *Gloria* et l'admirable *Dialogues des carmélites*, qui n'avaient plus rien à voir, ou presque, avec les excentricités du groupe des Six... Belle période à l'austérité ronde, de style roman. De la « musique en plein cintre », pourrait-on dire, et qui avait quelque chose de cette religiosité de l'époque qui toucha aussi, dans un autre domaine, un Le Corbusier – dont la musique religieuse de Poulenc me semble très proche.

Pour comprendre l'importance de l'enregistrement de cette œuvre, il faut savoir que rares sont les compositeurs qui ont été presque intégralement enregistrés de leur vivant et ont connu, sur scène ou à travers le disque, un succès populaire et international. Poulenc, en ce sens, ne peut être comparé qu'au seul Stravinski.

Je parle évidemment d'un temps où les maisons de disques disposaient de ressources considérables pour les enregistrements, d'une grande flexibilité et, dans le cas de Pathé Marconi EMI, d'une véritable volonté politique et artistique, initiée par Peter de Jongh qui voulait que le monument de l'œuvre de Poulenc demeure pour l'éternité.

D'une manière générale, il y eut très peu de problèmes économiques ou d'objections à l'intérieur de la compagnie sur le plan international pour les enregistrements projetés ou à accomplir, d'autant qu'ils étaient en général couronnés de succès presque dès leur sortie. Il y eut cependant une exception, que je n'ai jamais bien comprise, après la création du *Gloria* avec Rosanna Carteri et Georges Prêtre au Théâtre des Champs-Élysées, qui avait été accueilli d'une manière assez mitigée alors que cette œuvre devait connaître peu de temps après un succès considérable et une extrême popularité.

Nous avions longuement discuté avec Poulenc de l'œuvre qu'il désirait voir accompagner le *Gloria*, et le choix s'était porté tout naturellement sur le *Concerto pour orgue et orchestre*. Pour cette œuvre, il avait choisi ses interprètes et Georges Prêtre, son chef d'orchestre préféré, qui lui apportait à la fois sa sensualité et sa pureté, mélange auquel Poulenc tenait particulièrement et qui était la caractéristique même de son œuvre. Pour l'orgue, il avait une passion pour Maurice Duruflé qui, outre qu'il était l'organiste titulaire de l'église Saint-Étienne-du-Mont, entre le Panthéon et le lycée Henri-IV, était aussi un compositeur d'un immense talent, qui a laissé notamment un célèbre et somptueux *Requiem*. Poulenc me disait toujours que Duruflé avait compris tous les registres, au sens propre et au sens figuré, de sa partition et qu'il savait exactement allier les sons et illustrer toutes les innombrables possibilités de son instrument.

Mais cette fois-ci, il y eut deux difficultés : d'abord, pour une raison que je n'ai jamais comprise, lorsque nous consultâmes les autres compagnies sur la faisabilité économique de ce disque, peut-être à cause du succès mitigé du *Gloria* et des coûts de l'enregistrement de deux œuvres – le *Gloria*, d'un côté, et le *Concerto pour orgue*, de l'autre –, certaines compagnies, dont notre antenne américaine, renâclèrent. Nous en arrivâmes à une situation de crise. Comme je l'avais fait auparavant pour Gilbert Bécaud, avec l'accord de Peter de Jongh, je consultai le chairman d'EMI, sir Joseph Lockwood, et lui assurai que, malgré les prévisions de vente très faibles indiquées par notre société américaine, j'étais absolument convaincu, pour des raisons qui tenaient plus à l'instinct qu'à un raisonnement strictement financier, qu'il deviendrait un très grand succès commercial. Et de la même manière qu'il s'était prononcé en ma faveur pour le renouvellement du contrat de Gilbert Bécaud, sir Joseph fit savoir qu'il donnait son feu vert à cet enregistrement.

L'aspect économique résolu, demeurait le second, d'ordre tactique. Si le *Gloria* devait être enregistré salle Wagram, notre studio habituel, avec chœur et orchestre et la merveilleuse soprano Rosanna Carteri, admirable *Traviata* et choix personnel du compositeur, le *Concerto pour orgue* posait d'autres aspects. Pour Maurice Duruflé, il était exclu d'enregistrer ailleurs que sur son orgue, ce que Poulenc désirait aussi absolument. Je fis appel à mon grand ami Louis Amade, le « parolier-poète » de Gilbert Bécaud, qui était aussi directeur du cabinet du préfet de police de Paris. Louis Amade nous accorda l'extraordinaire privilège, presque invraisemblable aujourd'hui, d'interdire la circulation tout autour du Panthéon : la rue de la Montagne-Sainte-Geneviève et toutes les rues environnantes – le soir, bien entendu. Et nous procédâmes à l'enregistrement du *Concerto pour orgue* avec l'Orchestre national de France, sous la direction inspirée de Georges Prêtre, à Saint-Étienne-du-Mont, deux soirs consécutifs.

Lorsque nous enregistrions ses œuvres, Poulenc refusait d'assister aux séances dès lors que la confiance entre lui et ses interprètes et les responsables de la maison de disques était totale, profonde et sans réserve. Et lorsque j'insistais, il me répondait : « Non, non, faites-moi une merveilleuse surprise ; c'est tout ce que je vous demande. » Il avait fait cependant, à ma demande, une petite exception à cette règle, en venant soutenir le moral de Rosanna Carteri pendant quelques minutes à la salle Wagram. La tessiture du rôle de soprano dans le *Gloria* est en effet particulièrement difficile sur le plan de la justesse. Rosanna Carteri, bien qu'ayant une voix admirable, était à juste titre angoissée par ce problème d'intonation. La présence de Poulenc à ses côtés pendant quelques minutes la libéra de son trac et elle nous donna un superbe enregistrement.

L'église Saint-Étienne-du-Mont se trouve à un kilomètre de l'appartement qu'occupait Poulenc, rue de Médicis. Pour autant, il ne dérogea pas à sa règle habituelle de l'amour de la découverte. Cette anecdote est significative de son état d'esprit en général, et me fait penser à Diaghilev disant à Stravinski au moment de la composition du *Sacre du printemps* : « Étonne-moi ! »

Aussitôt le disque sorti, il remporta un succès musical et commercial considérable. En l'espace d'un an, il se vendit plus de 150 000 exemplaires du *Gloria* et du *Concerto pour orgue*, rien qu'aux États-Unis – sans parler des pays d'Europe et du Japon. Contre toutes les prévisions des « commerciaux »...

Toute cette période a été pour moi riche d'enseignements, non seulement sur la manière très libre qu'avait Poulenc de laisser interpréter sa musique, mais sur son goût musical concernant les autres compositeurs. Je me souviens d'un effroyable esclandre entre Poulenc et Février à la sortie du Théâtre des Champs-

Élysées, où Michelangeli et Fricsay avaient donné le *Concerto en sol* de Ravel lors du Festival du XXe siècle. Jacques, qui se prétendait, avec Marguerite Long, et à juste titre d'ailleurs, l'héritier direct et « référentiel » de l'art et de la manière de jouer Ravel, poussait des hauts cris après avoir écouté la vision très libre et, pour tout dire, assez romantique, de Michelangeli dans ce concerto. Poulenc, lui, ne trouvait pas de mots pour exprimer son admiration pour le pianiste italien, et finit par jeter à Février : « Tu n'es qu'un imbécile de pianiste, tu ne comprends rien à la musique ! Et Toscanini avait bien raison de revoir le tempo du *Boléro* ! » La dispute fut telle qu'ils ne se parlèrent plus pendant au moins trois jours – ce qui, pour ces deux inséparables, équivalait à une éternité.

Lors de l'enregistrement des *Biches* vers 1960, je lui avais fait parvenir une copie du montage, et je reçus de lui, le lendemain à huit heures du matin, un coup de fil : « *Les Biches*, c'est absolument extraordinaire : c'est beaucoup trop vite, et c'est exactement ce qu'il fallait ! »

Il y avait un enregistrement qui n'appartenait pas à Pathé Marconi, mais qui a été racheté ensuite par EMI : il s'agit de *La Voix humaine* avec son adorée Denise Duval, qui a été vraiment, avec Georges Prêtre, l'incarnation de la pensée musicale de Francis Poulenc. Poulenc, pour une fois, s'était déplacé pour vérifier... les silences ! C'est que, dans cette superbe œuvre sur un texte de Cocteau, les silences ont une importance dramatique essentielle. Après avoir vérifié que les silences en question correspondaient bien à sa pensée et à son rythme interne – et ils avaient été trouvés tout naturellement par Denise Duval et Georges Prêtre –, Poulenc s'en alla, parfaitement rassuré.

Parmi d'innombrables projets, nous avions l'intention de procéder à l'enregistrement du *Concerto pour deux pianos* qu'il devait interpréter lui-même avec Jacques Février et Georges Prêtre. Je me souviens d'avoir « tanné » Poulenc des mois durant pour qu'il se décide à travailler son piano. J'avais une telle peur qu'il arrive à la séance d'enregistrement insuffisamment préparé, que je dus me livrer à un véritable marchandage, au sens propre du terme, en lui offrant des disques en « échange » de sa promesse d'étudier sérieusement sa partie du *Concerto pour deux pianos*. Il arrivait à l'improviste dans mon bureau au 19, rue Lord-Byron. Il se faufilait dans les couloirs du cinquième étage, frappait discrètement à la porte de mon bureau et glissait son visage à la fois charmeur et tout à fait extraordinaire, avec son nez bourgeonnant et ses yeux pétillant d'intelligence, un grand sourire aux lèvres. Il déposait en face de mon bureau un énorme cabas, pratiquement introuvable de nos jours, qu'il appelait lui-même son « cabas de bonne sœur », une sorte de grand sac en moleskine noire muni de deux énormes poignées, d'une matière fort résistante si l'on en juge par le poids des disques qu'il venait chercher après avoir fait ses courses dans le quartier de l'Étoile. Avant de partir, il se penchait vers moi avec un air ironique et me disait : « Je vais bien voir si vous êtes généreux aujourd'hui ! »

Poulenc, nous le gâtions, nous l'admirions, nous l'aimions tous. Il nous faisait rire et pleurer d'émotion. C'était alors une époque faste, mais aussi de grand respect pour le génie des interprètes et des compositeurs ; ceux-ci profitaient d'un sentiment de faveur dû aux moyens financiers, mais surtout à l'immense respect que Peter de Jongh leur portait. C'est ainsi que certains d'entre eux, comme Marguerite Long, Herbert von Karajan, Francis Poulenc, possédaient des appareils que l'on appelait alors « hi-fi », qui leur avaient été offerts par Pathé Marconi sur les instructions de de Jongh. À un certain moment, Francis Poulenc s'était beaucoup plaint du fait qu'il entendait mal sur son appareil et Peter de Jongh lui avait promis de le lui remplacer. Pour des raisons techniques, le nouvel appareil avait un peu tardé à venir. Aussi eus-je droit, le 8 février 1962, à une lettre dans laquelle il me faisait des recommandations pour envoyer un exemplaire du *Gloria* à Francesco Siciliani, à la Scala de Milan, ainsi que *Les Mamelles de Tirésias*. Et il ajoutait, en soulignant : « *C'est très important* », puis : « Quand j'ai quitté Paris, je n'avais pas encore mon nouveau phono. Dites à M. de Jongh que c'est très vilain de sa part ! ! ! »

En attendant des nouvelles des lieu et dates de l'enregistrement du *Concerto pour deux pianos*, je continuais à le tarabuster pour qu'il se décide enfin à travailler. Par la même occasion, je lui avais demandé son accord – comme je le faisais systématiquement – sur la présentation de l'un de ses disques et il m'écrivit les mots suivants[1] en décembre 1961 :

> *Ze sui d'acor pour tou-tou.*
> *Bien le bonjour*
> *Titis* (c'était un des noms qu'il s'était attribués)
> *Se matain ze n'é fé qu'une fosse note.*
> *Prévenez Steinway pour* mon *piano pour le 7 itou*

---

1. Cette lettre, comme les suivantes, et leurs incongruités typiquement Poulenc, sont ici reproduites telles quelles.

Cette brève missive reflète parfaitement les diverses facettes du personnage : dans un même courrier, il pouvait faire mille plaisanteries et être tout à fait sérieux lorsqu'il préparait le choix de son piano.

Le même mois, il m'envoya le mot suivant :

Ze travaye mais games. Ze croi que vous seré contan de moi. N'oubliai pas mon Staba mataire. Bon Noël. Ze viendré biento cherchai mes disque dans vautre cheminai.

Ze vous embrass
Titis

Le 21 février 1962, je lui avais demandé de faire une présentation des *Biches* et de raconter dans quelles circonstances il avait écrit cette partition pour les ballets de Diaghilev. Son appareil « hi-fi » tardait à venir et il m'écrivit la lettre suivante :

Ci je né pas un bon fono je ne parleré pas des Biche.
Ten pi pour vous et mais admirateur
Bonjour chair Moncieu
Titisse

Alors qu'il craignait que j'oublie de contacter Duruflé, il m'avait écrit également, le 16 décembre 1962 :

Chair Michel Glotz Ze vous demende pardon. J'avais oubliez d'ecrir à Duruflé. Je le fé. Je rantre d'Itali. Ne me puinisé pas pour ma negligans car j'avé demandai au Paire Noël la Pacion selon St Matieu dans mon soulié.
Bon Noël.
Je vous ambrace.
Titis

Il m'avait également envoyé pour Noël 1961 une carte postale irrésistiblement drôle, de parfait mauvais goût, représentant un enfant avec skis et bâtons de ski devant un sapin de Noël dans toutes les couleurs possibles et imaginables : un parfait chromo sous-titré « Bonne année ». Elle était adressée, selon sa bonne habitude, à « *Moncieur Michel Gloss, directeur de Paté Maconerie 17 rue Laure Byron, Paris* » (alors que mon bureau se trouvait au 19. Je ne sais pour quelle raison, il indiquait systématiquement 17 au lieu de 19). Il y avait quelquefois un petit retard, compte tenu de la difficulté des postiers à lire ses plaisanteries sur les enveloppes, concernant mon nom, l'adresse, l'orthographe, et il m'est souvent arrivé de devoir prendre quelques minutes pour déchiffrer cette fantaisie insensée qu'il adorait utiliser dans ses lettres et qui était la preuve de sa bonne humeur et de sa joie de vivre. Le texte de la carte était le suivant :

On a du goût ou on n'en a pas ! ! !
Sur cette ravissante carte, je vous envoie, cher enfant, mille vœux de bonheur et de gloire !
Je vous embrasse.
Francis Poupoule

Il aimait recevoir ses amis chez lui, en Touraine. Un week-end, nous y sommes allés avec Gabriel Tacchino, qui joue si bien les œuvres de Poulenc ; et je comptais bien profiter de ce moment pour, une fois de plus, le supplier de travailler son concerto. Ce furent deux journées délicieuses et les dîners furent très agréables. Chaque soir, je voyais Francis Poulenc sortir dans le jardin, ce qui m'intriguait. Il me répondit placidement : « Mon cher petit, il y a des traditions que je respecte, et l'une d'elles est de toujours, avant de me coucher, faire pipi sur le même arbre et lâcher au même endroit mon pet vespéral ! » Après ce merveilleux séjour à Noizay, Poulenc m'a envoyé le 5 octobre 1962 la lettre suivante :

Cher jeune homme,
Voici des souvenirs de Noizay en attendant le week-end de rêve avec chanteur ou chanteuse à votre choix.
Sœur « Françoise du vieux cabas » a eu tort par vertu de ne pas accepter votre honnête proposition pour la passion de Bach ! Un extrait entendu à la radio lui fait réviser son refus. Hélas, je quitte lundi une campagne magnifique sous le soleil.
Mille affections
Francis

Les souvenirs en question étaient toute une série de photos qu'il avait prises et qu'il nous envoyait. Il m'adressa également la partition du *Gloria* avec la dédicace suivante :

Pour Michel Parrain du Gloria.
En souvenir de Noizay où il a désormais « sa » chambre, celle d'un butler modèle.
Francis Poulenc 16/9/62

Par le même courrier je reçus en outre la partition du *Stabat Mater* avec ces mots :

Pour Michel, avant les fonts baptismaux de St Pathé et la bénédiction du Prêtre de la paroisse.
Fr. Poulenc. Noizay 16/9/62

J'étais fier et heureux d'être, de sa propre écriture, le « parrain » du *Gloria* et de recevoir, pour le *Stabat Mater*, sa bénédiction ! Pour une fois, il avait écrit Pathé Marconi comme il le fallait. Bien entendu, la majuscule qu'il avait mise au Prêtre de la paroisse était une allusion directe à Georges Prêtre.

Arriva enfin le jour de l'enregistrement du fameux *Concerto pour deux pianos*. Ce que je redoutais arriva : Poulenc joua très mal. À un certain moment, ce fut un amoncellement de fausses notes dans des traits tellement exposés qu'il n'était pas possible de les laisser passer, malgré toute la bonne volonté de Georges Prêtre, de Jacques Février et de moi-même. Je lui dis par téléphone : « Francis, ce n'est pas possible. » Il entra en fureur et me répondit, avec une parfaite mauvaise foi : « Ce n'est pas moi, c'est Jacques Février », dénonçant allégrement son collègue et ami de toujours. Malheureusement pour lui, nous enregistrions en stéréophonie, et à chaque piano correspondait une piste spéciale. Je priai Poulenc de monter dans la cabine d'enregistrement, demandai au technicien de neutraliser le haut-parleur correspondant au piano de Jacques Février et lui fis jouer le passage aux fausses notes. Il était pris comme une souris dans une trappe. Furieux, Poulenc nous dit alors : « Merde ! Après tout, c'est moi le compositeur et je peux bien faire ce que je veux ! » Situation inextricable... jusqu'au moment où j'eus l'idée de lui dire, le plus calmement du monde : « Si vous voulez que ce soit ça qui soit imprimé, très bien, on expliquera dans le livret que cette "nouvelle version" du concerto a été voulue par le compositeur lui-même... » Dès cette minute, il s'appliqua et nous avons pu conclure l'enregistrement dans d'assez bonnes conditions.

Il eut tout de même de petits doutes après l'enregistrement et, avant que le montage ne lui parvienne, il m'écrivit une lettre, au ton général sérieux, qui se terminait par ces mots : « *Je vous embrasse sur l'œil gauche, côté cœur. Poupoule* » et en postcriptum : « *Est-ce que le Concerto par Titis (prononcez Titisse) est possible ?* »

Poulenc était d'un éclectisme musical époustouflant, qui me rappelle celui de Karajan. Outre la collection de disques qu'il constituait peu à peu – ou plutôt beaucoup à beaucoup ! – et qu'il écoutait avec passion, de Monteverdi aux compositeurs contemporains, il avait une grande diversité de passions, qui est parfaitement illustrée par ce qu'il a écrit sur la partition des *Dialogues des carmélites* en 1956, peu avant la première mondiale de cet ouvrage, le 26 janvier 1957 à la Scala, et le 21 juin 1957 à l'Opéra de Paris :

À la mémoire
de
MA MÈRE,
qui m'a révélé la musique,
de
CLAUDE DEBUSSY,
qui m'a donné le goût d'en écrire,
de
CLAUDIO MONTEVERDI
GIUSEPPE VERDI
MODESTE MOUSSORGSKI
qui m'ont servi ici de modèles.
Francis Poulenc
1953-1956

Et c'est vrai que ces grands modèles l'ont inspiré, mais il y a aussi, par exemple dans le duo entre Blanche et son frère, le chevalier de la Force, venant la supplier de le suivre afin d'échapper à la Terreur pendant la Révolution française, une inspiration directement puccinienne qui est parfaitement décelable. Autre influence, Chabrier, que Poulenc adorait et à qui il a d'ailleurs consacré un livre qu'il m'avait offert avec cette dédicace : « *À Michel, qui ira tout droit au Paradis, parce qu'il a fait la part belle à un des compositeurs que je préfère au monde* » (en référence au disque Chabrier que j'avais produit avec Pierre Dervaux). Un indélicat amateur d'autographes m'a, depuis, volé ce livre...

Combien d'histoires drôles pourraient être racontées sur lui... Je me souviens d'un récital de Gabriel Tacchino auquel nous assistions en compagnie de Jacques Février, très peu avant sa mort. En bis, Gabriel Tacchino donna la *Pastourelle*, une œuvre ravissante mais qui présente, à peu près en son milieu, une modulation extrêmement difficile pour la mémoire et qui, si on la manque, conduit invariablement à reprendre le morceau du début, jusqu'au moment où le pianiste retrouve la sortie du labyrinthe. Et Poulenc de se pencher vers moi et de me dire en riant : « Je me demande combien de fois il va répéter le début ! » Mais Gabriel Tacchino évita le piège et nous rîmes tous de bon cœur lorsque, à la fin du concert, je racontai l'anecdote.

Issu d'une famille bourgeoise très aisée et fabuleusement bohême et organisée, à la fois, le personnage était très grand, carré, imposant. Son visage intrinsèquement laid, avec une peau quelque peu couperosée et un immense nez bourgeonnant, respirait la drôlerie que lui conférait son intelligence pétillante. Ses yeux, malicieux, interrogateurs et très bienveillants, se promenaient sur les êtres, sa personnalité très contrastée de drôlerie, d'humour et de piété mystique qu'il cachait se reflète, d'une manière saisissante, dans son œuvre qui va de la franche bouffonnerie à la profondeur religieuse la plus émouvante. Bref, son personnage humain avec ses colères et ses bonheurs devient le miroir absolu de l'éclectisme de son œuvre. Bourgeois très distingué, il avait par ailleurs la gouaille d'un titi parisien.

La popularité de Poulenc est un fait très rare chez les compositeurs modernes, en dehors des « cas » Ravel et Stravinski. Il a connu de son vivant une vraie reconnaissance du public mondial, et l'année 1999, centenaire de sa naissance, a confirmé ce phénomène ; il n'y a qu'à voir le nombre d'éditions discographiques réalisées pour célébrer cet anniversaire, sans parler de tous les concerts qui ont émaillé la vie musicale cette saison-là. Ce succès me semble dû à cette merveilleuse alchimie entre une musique savante mais sans prétention, et une essence vraiment populaire – au sens ethnologique du terme –, qui puisait dans la mémoire collective d'un peuple paysan. Il est devenu un classique, interprété à travers le monde entier.

La mort subite, totalement inattendue, de Francis en 1963, bouleversa le monde de la musique et tous ses amis et interprètes. Ce fut un vrai deuil mondial. Mais je suis heureux qu'il n'ait pas connu – ou du moins pas longtemps – la douleur et les affres de la maladie, bref qu'il n'ait pas eu la mort que, consciemment ou inconsciemment, il redoutait lorsqu'il écrivait et composait celle de Madame de Croissy, la première prieure, dans les *Dialogues*.

Je reçus de sa sœur la carte suivante, très touchante et qui en dit plus que toute autre épitaphe :

Cher Monsieur et Ami,

Quel souvenir nous garderons de ce week-end qui fut si gai et qui maintenant nous bouleverse totalement. Vous aviez pu juger de notre adoration réciproque. Comment pourrais-je vivre sans mon Francis... Je ne le prévois pas.

Il était ma fierté, ma tendresse, ma joie, ma gaieté. Je suis brisée.

Poulenc Manceaux

Mais, après sa mort, sa musique l'a fait continuer d'exister parmi nous et son retentissement ne s'est jamais démenti. La présence des *Dialogues des carmélites* sur presque toutes les grandes scènes du monde – au printemps 2000 à la Scala sous la direction de Riccardo Muti, après tant d'autres théâtres comme le Metropolitan Opera de New York, l'Opéra de Vienne (choix de Karajan lorsqu'il en était directeur), et récemment l'Opéra de Paris – l'atteste suffisamment, tout comme la présence permanente de sa musique à travers le monde, que ce soit ses œuvres religieuses ou symphoniques, sa musique de chambre et son florilège de mélodies, le *Concerto pour deux pianos*, le *Concerto pour piano*, le *Concert champêtre* (qu'il avait dédié à Wanda Landowska), les *Litanies à la Vierge noire*, le *Stabat Mater*, le *Gloria*, le *Concerto pour orgue*. Bref, son œuvre vit et resplendit. Cent ans après sa naissance, Francis Poulenc est plus vivant que jamais.

Enregistrer

En un siècle d'histoire de l'enregistrement, beaucoup de choses ont évolué : du rôle même de ce témoignage qu'est le disque, aux conditions techniques de sa réalisation (des rouleaux pour pianola, en passant par le 78-tours au montage impossible et à la durée contraignante, aux plus récentes améliorations stéréophoniques et digitales). N'étant pas de l'ère du pianola, et ayant commencé ma carrière de producteur de disques avec le LP (*long playing*, c'est-à-dire le 33-tours), j'ai eu la chance de pouvoir me consacrer davantage à la musique et moins aux problèmes purement techniques, bien que ceux-ci viennent toujours nous rappeler leurs contraintes et les difficultés spécifiques à chaque nouvel enregistrement. Certaines personnes, craintives de nature, désespérément inquiètes de l'avenir, prévoient déjà la mort de l'artiste et la consécration de l'informatique. Nous n'en sommes pas encore là ; et si l'ordinateur nous aide indiscutablement dans notre travail de post-production, il ne remplace encore ni les artistes (leurs qualités et leurs défauts), ni nos oreilles qui les guident avec cet objectif commun de réaliser ensemble un bel « objet d'art ». Jusqu'à présent, on n'a jamais fait d'une voix laide une voix belle, d'un toucher de piano ou d'un vibrato de violon laids, un toucher et un vibrato beaux. Mais, il nous est permis d'améliorer, de rendre *encore plus* belle, *encore plus* parfaite, une interprétation.

Je n'ignore pas le travail considérable fait en studio dans le domaine de la variété et de la musique pop, rock ou techno... Mais lorsqu'il s'agit d'enregistrer une œuvre classique, deux règles d'or au moins nous interdisent le « bidouillage » : la partition, d'une part, et, d'autre part, la personnalité des artistes, trop habitués à un travail acharné pour accepter de tricher ; c'est leur noblesse et un code d'honneur inflexible pour qui veut percer et durer dans ce métier. Bien sûr, il y a des modes esthétiques, des partis pris techniques qui évoluent et changent, dans ce domaine comme ailleurs, mais en fin de compte la vérité triomphe (presque) toujours. Je me souviens de l'exemple de Boris Christoff découvrant avec émerveillement sa voix enregistrée et demandant aux ingénieurs de la porter le plus possible en avant. Le retour de bâton n'a pas tardé à se faire sentir, puisque son public, habitué à une présence si forte mais artificielle, se demanda pourquoi en scène il ne faisait plus que « marquer » (comme on dit pour désigner le chant tout juste émis en répétition pour ne pas fatiguer la voix) son rôle, quand on l'entendait au disque si fort et si puissant (et pourtant Christoff n'avait pas une petite voix !). Même chose pour certains pianistes, violonistes ou violoncellistes dont on a capté le jeu par des micros trop proches par rapport à celui de l'orchestre ; ce qui, d'une certaine manière, pouvait les flatter mais ne respectait ni la partition (concerto signifiant « ensemble »), ni la réalité du concert.

La mode actuelle prône – et dans une certaine mesure, j'y souscris – le *live* comme seul capable de rendre la « magie » du concert ou de l'opéra. C'est oublier toutefois la réalité du disque et ce pour quoi il est fait. Ainsi, dans les derniers enregistrements de Karajan, si nous fûmes d'accord de privilégier les prises de concert, plus libres, plus spontanées, que celles de studio, c'était en prenant bien soin de limiter les risques au maximum, notamment en enregistrant les répétitions ou plusieurs concerts si le programme était donné plusieurs fois, et surtout en planifiant ces séances pour préparer l'orchestre le mieux possible. Pas plus qu'une pièce de théâtre ne gagne au bafouillage d'un acteur, une partition musicale n'a à s'encombrer de fausses notes. Le disque n'est pas un concert, et ce qu'on oublie dans l'instant devient une obsession à la redite ; or, un disque est fait pour être réécouté, il est donc inutile – il serait même « criminel » – de gâcher le plaisir de l'auditeur simplement par souci de « faire vrai ». Pas plus qu'on ne lirait Proust avec plaisir sur son manuscrit raturé et biffé, on n'écoutera une symphonie avec des couacs. C'est aussi simple que cela : le disque est un produit fini et présentable qui doit refléter, le mieux possible, la personnalité d'un interprète, en même temps qu'il doit donner l'illustration la plus exigeante qui soit de la musique. Chacun y gagne, l'œuvre d'abord, l'interprète et l'auditeur ensuite.

Certains « puristes », de la race des acharnés, s'imaginent que le « sublime » est impossible à recréer en studio. Et pourtant, nombreux, dans l'histoire du disque, sont les enregistrements proprement miraculeux.

Certains instants magiques ressortent d'un état de grâce inexplicable et cependant si perceptible aux êtres sensibles et ouverts. D'autres génies après Chopin, Debussy, les ont appelés si poétiquement « la note bleue ». Nous touchons là au mystère de l'art, à l'ineffable, d'où le titre de ce livre. La « note bleue » s'invite au cœur de ceux prêts à la recevoir[1] !

Je me souviens de la première fois, en 1969, où je produisais l'Orchestre philharmonique de Berlin avec Karajan dans un programme consacré aux dernières symphonies de Mozart. Il s'agissait de la symphonie *Jupiter*. Le maestro avait demandé quelques minutes pour pouvoir répéter avec l'orchestre, temps que les techniciens mettraient à profit pour les réglages. Nous faisons quelques essais, Karajan nous rejoint dans la cabine, écoute et donne son accord. Après une longue pause, il décide d'attaquer le premier mouvement directement et dans sa totalité. Ne parlant pas l'allemand, je crois comprendre qu'il souhaite revoir certains détails avec l'orchestre avant d'enregistrer. Je demande donc à mon ami Wolfgang Gülich, notre ingénieur du son, d'arrêter les machines, en précisant : « Inutile de gaspiller de la bande pendant les répétitions. » Nous écoutons donc ce premier mouvement qui nous semble à tous

---

1. Duke Ellington a mentionné cette fameuse « note bleue » tout au long de sa vie. Cette allusion poétique est, me dit-on, fréquemment utilisée dans le monde merveilleux du jazz.

d'une beauté inouïe de phrasé, de sonorité et de grandeur, certains qu'il n'y aura aucun problème lorsque nous ferons tourner les magnétophones. Pour saisir toutes les corrections que Karajan indiquait à l'orchestre – il y avait en effet beaucoup plus d'indications verbales de Karajan que d'exécutions orchestrales –, nous décidons cependant de « capter » cette répétition passionnante. C'était vraiment le type même d'une répétition fascinante, de celle à laquelle tous les jeunes chefs d'orchestre, tous les musiciens rêveraient d'assister. Puis Karajan pose sa baguette et libère ses musiciens après leur avoir donné rendez-vous pour l'après-midi. Il se change et nous voilà repartis tous deux pour l'hôtel, lorsque je l'entends avec horreur me dire : « Vous êtes content, n'est-ce pas, de l'enregistrement de ce matin ? » Il a bien fallu que je lui avoue notre malentendu... Il avait considéré que l'enregistrement était terminé ; nous avions considéré que nous avions enregistré une extraordinaire répétition et que l'enregistrement à proprement parler aurait lieu l'après-midi. Pendant quelques secondes, nous avons éprouvé, l'un et l'autre, un sentiment assez proche du désespoir absolu, qui pour moi se doublait de honte. Mais il prit la chose avec élégance, me rassura, et à notre retour au studio nous recommençâmes tout, dans les mêmes conditions de perfection magique qu'il nous avait été donné d'entendre le matin. Preuve que, avec certains artistes, la prétendue froideur du studio ne pose aucun problème... À toute chose malheur est bon, car cette répétition imprévue devint effectivement un enregistrement qui fut publié des années plus tard, avec l'autorisation de Karajan. Il fait partie des rarissimes répétitions de Karajan avec la Philharmonie de Berlin qui ont fait l'objet d'un enregistrement commercial et qui appartient donc maintenant au public.

Pour le grand public, l'enregistrement est un mystère que je voudrais ici dévoiler un peu.

En ce qui concerne la partie technique du rôle de producteur de disques, entre le moment où un artiste et son producteur se mettent d'accord sur un programme et la sortie du disque en magasin, le parcours est long et souvent compliqué. Après les discussions préalables, il convient d'arrêter une date qui convienne à la fois au(x) musicien(s), et, lorsqu'il s'agit d'un opéra, d'un oratorio ou d'une messe, d'accorder les plannings de l'orchestre, du chœur, des solistes, du chef et de la production... sans parler de la location de la salle, souvent extérieure au studio (théâtre, église, etc.), qu'il faut réserver pour un certain temps et donc forcément longtemps à l'avance... Cela paraît simple, mais organiser cette conjonction peut exiger jusqu'à un an de démarches. Parfois plus !

Le jour dit, l'artiste et le producteur se retrouvent au studio en compagnie d'une équipe technique composée d'un ingénieur du son, d'un ou plusieurs techniciens et souvent d'un régisseur. Je passe sur le travail de préparation purement musical qui précède l'enregistrement, où le producteur et l'artiste passent souvent plusieurs séances à choisir et déterminer une démarche commune et des choix autant artistiques – lecture et discussion autour de la partition – que techniques (le choix du piano pour un récital, par exemple). Parfois, il faut concocter une distribution lyrique complète et, en ce cas, ce qu'on nomme un « découpage » de l'œuvre, lequel consiste à établir un programme souple, par séquences, de ce qui sera enregistré, afin de grouper au maximum les interventions communes des solistes – de manière à gagner du temps (et de l'argent !) et à éviter qu'un artiste n'attende une journée entière sans avoir à intervenir. Presque aucun opéra n'est enregistré de manière chronologique, de la première à la dernière note. Et cependant, malgré tant de bonne volonté, les impondérables sont nombreux ; le respect du programme établi sur le papier dépend de l'humeur de chacun, de l'atmosphère générale, de la forme physique, psychique et technique des artistes, aussi bien que d'un imprévu matériel, une panne de micro, une machine défaillante, une coupure de courant. Un violent orage ou le passage d'une sirène de pompier peuvent également retarder et même faire annuler une séance.

Le producteur doit rassurer, amuser les artistes et remplacer, en confesseur complice, un public absent et donc cette cage de résonance dont l'artiste est privé dans un studio. Il faut être à l'écoute de l'artiste et lui faire impérativement passer le message, lui donner confiance et gaieté, ne jamais apparaître comme un juge mais comme un ami qui lui rappellera constamment, si nécessaire, qu'il est entouré d'admiration, que l'affection de l'équipe lui est acquise et qu'au besoin on peut tout effacer et recommencer de zéro. Bref, faire régner, dans la cabine comme dans le studio, une atmosphère de bonheur partagé, tout en faisant miroiter – ce qui est vrai – que l'enregistrement apporte le luxe suprême du choix, qu'il n'est jamais irréversible.

Toutes sortes de petits détails comptent : l'accueil, le fait d'avoir des rafraîchissements dans le studio, des petits gâteaux, des sandwichs, du café, du thé, ne jamais donner l'impression, même si cela est souvent le cas, notamment avec un orchestre, que le producteur regarde sa montre avec anxiété. De même, à la fin des enregistrements, lorsque l'orchestre était parti, je veillais à ne jamais donner aux musiciens le sentiment que j'étais pressé de quitter les lieux. J'ai toujours essayé de faire en sorte que les artistes puissent venir s'entendre, que les entractes soient un moment de relaxation et que, à la fin des enregistrements, ils puissent écouter, dix fois s'ils le désiraient, tel ou tel phrasé musical avant le choix final.

Cela étant acquis, l'interprète commence à jouer, chanter ou diriger, pour « se chauffer ». Généralement, nous utilisons ce temps pour disposer les micros, déjà préparés, et faire les essais techniques auxquels l'ingénieur du son et le producteur ont déjà réfléchi en fonction de l'acoustique de la salle (qu'ils connaissent ou non), des effectifs instrumentaux et, en ce qui concerne les œuvres lyriques, des effets de plans à donner dès l'enregistrement (effets qui pourront, dans une certaine mesure, être soulignés ou atténués lors de la post-production par les ingénieurs). Il convient de disposer les micros le plus judicieusement possible, afin d'établir un équilibre général harmonieux, ainsi que la possibilité de capter une intervention d'un soliste ou d'un groupe tels que premiers violons, celli, petite harmonie, etc... Il faut savoir être fidèle à l'esprit de l'œuvre ainsi qu'à la personnalité – au *son* – de l'artiste, et faire en sorte que cette conjugaison donne au final un résultat artistique optimal, qui satisfera chacun. Cette mise au point est à la fois compliquée et simplifiée par les possibilités techniques modernes, les prises de son sur seize, vingt-quatre, trente-deux pistes, et l'arsenal des moyens de manipulation du son apportés par les ordinateurs, et dont il est impossible de donner ici une explication simple et exhaustive. Mais il est un fait que, entre l'immense cornet dans lequel Caruso devait chanter, les premiers enregistrements de la fin des années 1920 (de quatre minutes par face de 78-tours : soit de nombreux disques pour la *5ᵉ Symphonie* de Beethoven, et des dizaines pour la *Walkyrie* !), l'arrivée du LP et enfin l'enregistrement digital de nos modernes CD, il s'est produit en moins d'un siècle une révolution technique absolument extraordinaire.

Je n'oublierai jamais ce jour de novembre 1977 où nous avons entendu pour la première fois le « son digital ». Chaque année, ou presque, Karajan et l'Orchestre de Berlin faisaient une tournée au Japon. Je les accompagnais souvent et nous avions l'habitude d'être reçus par le fondateur de Sony, Akio Morita, ingénieur génial et passionné de musique. Or, quelques semaines plus tôt, nous avions fini d'enregistrer à Berlin, pour EMI, un *Trouvère* de Verdi avec Leontyne Price (vingt ans après celui, légendaire, que Karajan avait gravé avec Maria Callas, qui venait tout juste de nous quitter). Lors de ces séances, Morita nous avait demandé la permission de placer quelques micros supplémentaires afin d'essayer une nouvelle machine. Fou de technologies nouvelles, Karajan donna son accord et la direction d'EMI laissa faire, étant entendu que ces prises parallèles ne feraient bien évidemment l'objet d'aucune publication. Arrivés au Japon, quelques semaines plus tard, nous fûmes donc, comme de coutume, invités le soir de relâche à souper chez les Morita. Il y avait là, entre autres invités, Herbert von Karajan et sa femme, Eliette, Alexis Weissenberg (qui était le soliste marathonien de cette tournée), Peter Andry, le patron d'EMI, et moi, et enfin le bras droit de Morita, M. Ohga. Avant de passer à table, Morita nous pria de prendre place dans une petite salle magnifiquement équipée pour écouter les disques. Quelle ne fut pas notre surprise en entendant « notre » *Trouvère*, monté et dans une qualité de son extraordinaire de finesse, de précision et d'« objectivité », entachée d'aucun souffle... Très fier, Morita dévoila sa nouvelle machine, et nous dit en substance : « Vous venez d'entendre le premier grand enregistrement en digital ! », avant de nous en expliquer toutes les caractéristiques techniques. Karajan fut totalement bluffé par ce résultat et nous dit aussitôt que jamais plus il n'enregistrerait autrement, dès que les premières machines seraient disponibles. Évidemment, toute la conversation du dîner qui suivit tourna autour de cette révolution culturelle et technique, dont nous imaginions déjà les fabuleuses possibilités. Je suis rentré à l'hôtel encore sous le choc, en compagnie de Peter Andry qui me stupéfia en me disant : « Je ne vois vraiment pas ce que vous avez tous à vous enthousiasmer pour ce matériel qui ne marchera pas et dont le son est si froid... » Le lendemain je rapportai ce propos à Karajan. Il me regarda, haussa les épaules et me répondit que, si les gens d'EMI étaient incapables de comprendre à quel point ce nouveau mode d'enregistrement allait bouleverser notre écoute, il terminerait son contrat et irait voir ailleurs... Ce qu'il fit, puisque la Deutsche Grammophon, pour laquelle Karajan enregistrait, fut une des premières firmes à s'équiper. Pour convaincre le public autant que les professionnels, il fallait graver une œuvre particulièrement spectaculaire, propre à mettre en avant les atouts sonores de la technique de l'enregistrement numérique, et c'est ainsi que Karajan et l'Orchestre philharmonique de Berlin enregistrèrent cette superbe version de la *Symphonie alpestre* de Richard Strauss. Par la suite, la direction d'EMI fut bien obligée d'admettre son erreur et de rattraper un retard de plusieurs années, si tant est que cela se puisse faire...

L'intervention de l'informatique dans la production discographique a été une avancée considérable, principalement lors des montages et du mixage, permettant d'obtenir très précisément ce que l'on veut en matière de couleur du son, de profondeur des espaces, de réverbération, etc., indépendamment de l'acoustique de la salle d'origine. Voulez-vous plus de premiers violons, plus de contrebasses, moins d'instruments à vent, de bois ou de cuivres ? Faut-il qu'un chanteur s'approche ou s'éloigne, qu'il se fasse entendre à droite ou à gauche, qu'il recule, qu'il donne l'impression de chanter d'en haut ou d'en bas ? Rien n'est plus simple aujourd'hui... Mais ces facilités compliquent l'enregistrement dans la mesure où, comme toujours lorsque l'instrument devient plus perfectionné, on en exige davantage. L'artiste et le producteur peuvent ainsi être tentés d'attendre que la machine fasse « elle seule » des merveilles ! Une chanteuse entend qu'un catarrhe dans sa voix disparaisse par les miracles du montage ; un chef d'orchestre s'inquiète moins si les bassons ont joué un peu trop haut, parce qu'on pourra les baisser au mixage final. Peu importe si Mme X ne peut se déplacer en chantant, parce que, trop grosse, elle serait essoufflée : on recréera artificiellement ses mouvements au mixage, alors qu'elle aura enregistré assise devant une table, etc.

Ainsi, si les problèmes semblent se réduire comme peau de chagrin, le travail se trouve augmenté durant le montage final du disque par toute cette série de modifications à apporter : l'idéal, bien sûr, se situe entre les deux, non seulement pour faciliter la post-production, mais aussi pour essayer de conserver au maximum l'apparence du réel et de la spontanéité, gage absolu d'une certaine magie qu'aucun ordinateur ne saurait pour l'heure « réinventer » de toutes pièces. La technique au service de l'œuvre et non pas l'inverse, tel reste le credo du producteur de disques scrupuleux.

Entre les puristes qui rejettent avec indignation ces manipulations techniques et ceux qui sont toujours prêts à « se débrouiller », le rôle du producteur est d'ordre éthique.

Mon principe a toujours été le suivant : ne jamais accepter un compromis qui consisterait à produire artificiellement un phrasé ou une version musicale que l'artiste ne pourrait accomplir dans son état de grâce naturel.

Un producteur qui se permettrait, en jouant avec la technique, de faire une opération frauduleuse sur le dos de la musique serait, à mes yeux, aussi coupable que l'artiste qui l'accepterait ; et l'on sait des sonates ou des concerts enregistrés presque note à note par un instrumentiste incapable de jouer l'œuvre dans son ensemble : le résultat abuse peut-être le néophyte, mais jamais l'expert qui flairera la supercherie. On supprimera une fausse note non parce que l'artiste ne peut interpréter ce passage sans accroc, mais parce que, si l'on a obtenu une très belle prise avec une magnifique atmosphère, on ne va pas la gâcher à cause d'une scorie qui, sans importance au concert, deviendrait insupportable dans le cas d'un disque : vous attendriez cette fausse note, le dos tendu comme une corde prête à claquer ; vous n'entendriez qu'elle, et tout l'enregistrement, malgré ses qualités, en serait taché. Il faut constamment garder à l'esprit l'histoire de *l'Apprenti sorcier*. Mais un montage n'est pas un péché.

Je rappellerai cependant que ce métier doit rester au service de l'artiste, qu'il ne faut jamais ni craindre ni mépriser (dans les deux cas : à quel titre ?). Ma règle a toujours été une franchise totale accompagnée de ce qu'il faut de diplomatie. La plupart du temps, l'artiste intelligent vous en sait gré. Et d'autre part, il faut toujours rester à sa place, en considérant qu'un artiste décidé à laisser une trace sait ce qu'il fait, a suffisamment travaillé l'œuvre qu'il a décidé d'enregistrer et que les goûts personnels ne doivent pas entrer en ligne de compte. Bien sûr, le directeur artistique peut et se doit de suggérer certaines choses, mais c'est à l'artiste de décider et de prendre ses responsabilités en toute conscience, et après discussion s'il y a lieu. Son interprétation prévaut sur toute autre considération.

En réalité, il m'est arrivé de faillir à cette règle à de nombreuses reprises après maintes réflexions, et notamment durant le dernier enregistrement de l'intégrale des symphonies de Beethoven par Karajan et l'Orchestre philharmonique de Berlin, au début des années 1980. Je ne sais pour quelle raison, Karajan avait pris le dernier mouvement de la troisième symphonie dite *Eroica*, dans un tempo que je trouvais bien trop lent. Je lui en fis la remarque à la pause, en lui proposant de refaire une prise plus rapide. De retour devant l'orchestre, le maestro annonça à ses musiciens : « Pour satisfaire au désir et au goût "très français" de M. Glotz, grand spécialiste de l'opérette et de *La Fille de Madame Angot*[1], nous allons reprendre le finale dans un tempo plus enlevé » ; ce qui fut fait. Je n'ai pas bronché et me suis contenté de le remercier de son attention (à ironie, ironie et demie...). Quelques jours plus tard, au moment du montage, je décide de prendre cette prise rapide, décidément plus convaincante. Le temps passe, le disque sort en avant-première au Festival de Salzbourg, et un musicologue célèbre fait remarquer à Karajan la beauté de ce finale. Et le maestro de lui répondre que, en effet, c'était au cours d'une promenade en forêt qu'il s'était dit que cela sonnerait bien, etc. Je lis l'interview avec stupéfaction et me rends chez lui où j'avais été invité à dîner, bien décidé à remettre les pendules à l'heure et à lui rappeler que c'était contre son avis que nous avions fait cette prise rapide et que la forêt n'avait rien à voir là-dedans. Il éclate de rire et m'avoue n'avoir gardé aucun souvenir de cet « accrochage ». C'était très caractéristique de la personnalité de Karajan qui désencombrait sa mémoire du superflu et vivait en permanence dans l'avenir. Ne m'avait-il pas téléphoné un jour pour me demander où en était le montage des symphonies de Brahms qu'il ne devait enregistrer que six mois plus tard !

Depuis maintenant plus d'un siècle, le disque retrace l'histoire de l'interprétation musicale. Il illustre d'une manière unique cette longue tradition, cette chaîne ininterrompue qui touche un très grand nombre de musiques, que les interprètes, par leur travail

---

1. Charles Lecocq (1832-1918) : *La Fille de Madame Angot* (1872).

acharné et leur culture, perpétuent de la source jusqu'à notre époque. Même lorsque cela ne semble pas évident, qu'il peut y avoir une impression de fracture énorme et de définitif oubli, on trouve ici un phrasé, là un doigté qui a miraculeusement perduré depuis l'époque du compositeur jusqu'à nos jours. Il y a là quelque chose de fascinant et de très émouvant lorsqu'on prend le temps de s'y pencher d'un peu près. On me parlera de traditions musicales totalement oubliées, comme celles de l'antiquité... Mais le sont-elles vraiment ? Et un certain folklore n'y puise-t-il pas ses racines ? Qu'on songe, par exemple, à l'apport indiscutable de la musique celtique – pourtant orale de tradition et bien abîmée par les invasions romaines et le christianisme – sur le fond culturel breton, sa musique populaire et sa musique savante ! Et cela n'est qu'un exemple parmi cent autres, comme si, en matière culturelle comme en tout, la génération spontanée était une incongruité. Or, l'apparition de l'enregistrement a totalement imposé ce fait, en conservant des données musicales dans leur absolue vérité. On eût pu craindre une certaine fossilisation et l'avènement du règne du plagiat ; c'est exactement le contraire qui s'est produit. Plus les interprètes avaient de témoignages « vivants » de leurs grands aînés, plus ils se sont surpassés pour inventer quelque chose de neuf, et affermir leur propre personnalité. Je parle bien entendu des grands interprètes. Pour les autres, le risque de l'imitation, voire de la mauvaise copie, est réel. Ainsi nous avons assisté à une profusion de « sous-Rubinstein » dans Chopin, juste après la guerre ; pianistes médiocres qui avaient été élevés dans le respect et la règle de cette école et qui n'avaient pas les moyens de s'en émanciper... Il est bien

évident qu'un Weissenberg, une Argerich, un Pogorelich, ou aujourd'hui un Kissin, tout en connaissant parfaitement la « manière » d'un Rubinstein ou d'un Arrau,
nous ont livré des interprétations personnelles de haute
valeur. Cocteau dit quelque part qu'il faut s'asseoir
devant un chef-d'œuvre et essayer de le reproduire, précisant que « pour quelqu'un qui a quelque chose en lui,
il lui est impossible de copier et il ne peut faire alors
qu'une œuvre personnelle » (je crois que c'est à propos
de Radiguet, de son *Bal du comte d'Orgel*, et de *La Princesse de Clèves* de Madame de La Fayette... mais cela
s'applique aussi bien à un Picasso revisitant Vélasquez,
ou à un Pogorelich ou un Weissenberg aucunement
intimidés par l'interprétation des sonates de Scarlatti
par Horowitz, tout en les adorant !...). Je ne crois, ni en
l'égalité des talents, ni en une quelconque démocratie
en matière d'art, et je ne crois pas non plus qu'on puisse
tricher avec la vérité. Prétendre le contraire, c'est céder
à la médiocrité. Là comme ailleurs, une sélection naturelle rétablit un jour ou l'autre les vraies valeurs, même
si l'on peut toujours citer de rares contre-exemples d'artistes de génie qui n'ont pu faire la carrière qu'ils eussent méritée... Mais, si dans cette affaire de la
surproduction tout le monde est coupable, je serais
tenté de charger davantage l'éditeur que l'artiste, qui
n'est pas forcément le meilleur juge de son talent et de
ses limites. Pascal ne notait-il pas que, dans sa grande
bonté, Dieu a donné au crapaud la joie d'entendre son
propre coassement ?

Mais il y a aussi un avantage du disque, dont l'exac-
titude reflète le meilleur comme le pire d'une « tradition », d'une mode interprétative, et évite, par le biais

des comparaisons salutaires, à bien des interprètes de cultiver ce que Cortot appelait « une suite de mauvaises habitudes ». Et qui dira que la musique des compositeurs du XXe siècle ne doit pas, à l'enregistrement du grand répertoire et à sa connaissance autre que livresque, une part de son originalité ?

Disque miroir, disque mémoire d'une époque, des styles et des vues mêmes d'un auteur ! Il n'y a qu'à constater à quel point nos contemporains – disons depuis Ravel, Poulenc et Stravinski – se sont sentis concernés par l'enregistrement de leurs œuvres, qu'ils aient été capables de les réaliser eux-mêmes ou qu'ils se soient contentés de les superviser. Et je ne parle pas du soin maniaque, mais compréhensible, des compositeurs actuels à suivre au plus près les réalisations discographiques de leur musique... Bref, tout cela pour redire combien l'arrivée du disque a profondément modifié la matière musicale, suscitant autant dans le public que chez les interprètes une exigence nouvelle. Le revers de cette médaille est le risque, que nous avons tous vérifié, de s'attacher à une interprétation mille fois réécoutée et d'avoir les plus grandes difficultés à en entendre une autre. Combien de fois ai-je entendu cela au concert, d'un mélomane moyen qui « savait par cœur » telle symphonie, telle sonate, dont il n'avait qu'une seule version en disque, et qui se retrouvait alors totalement incapable de goûter cette autre interprétation, « endoctriné » qu'il était par l'enregistrement de M. X ou de Mme Y. Aussi me semble-t-il indispensable, dans la mesure du possible, de posséder deux ou trois bonnes versions d'une œuvre, comme de continuer à éduquer son oreille au concert, d'en accepter les risques inévitables, mais aussi l'immédiateté, la magie de l'im-

prévu. Il n'y a pas de meilleure école que l'écoute diver-
sifiée en assistant à un maximum de concerts et de
transmissions radio.

On imagine encore mal – et les historiens et ethno-
logues des siècles à venir seront peut-être seuls
capables d'en évaluer l'impact – la portée réelle sur la
culture et l'évolution de la pensée que représentent la
photographie, le cinéma ou l'enregistrement sonore.
Cette accumulation encyclopédique, facilitée encore
par l'informatique, a très certainement modifié en profondeur notre approche de l'histoire, de la mémoire
– du temps, même ! Pensez que lorsqu'un Liszt décida
de transcrire pour piano les symphonies de Beethoven
ou la *Fantastique* de Berlioz, c'était avant tout pour
assurer à ces œuvres, que bien peu de monde avait pu
entendre, un peu moins que l'oubli. La révolution de
l'imprimerie ne fut pas plus importante, et l'on sait
combien la diffusion des textes majeurs, mis à la portée
de tous ou presque, changea l'histoire de l'humanité.
On ne saurait non plus négliger le rôle de la télévision
sur la culture musicale du plus grand nombre, même
si, à l'heure où j'écris ces lignes, la part laissée à la
musique par les chaînes non câblées est tragiquement
congrue et presque toujours renvoyée au milieu de la
nuit, aucune loi ne pouvant rien contre un Audimat dictateur. Restent les chaînes spécialisées et thématiques,
mais intimidantes pour le « profane », et surtout noyées
dans un « bouquet satellitaire » (le beau mot !) de plus
de cent chaînes ! L'abondance est l'un des maux de
notre époque. De même que « trop d'impôt tue l'impôt », un marché éditorial (livres ou disques) démesuré
nuit à tous ; au produit de qualité comme à la médiocrité. Je reste absolument abasourdi lorsque j'erre dans

les rayonnages des grands magasins culturels par la quantité astronomique des publications. On nous dit le marché du disque en crise, mais à qui la faute ? Qui fera son tri entre les cent cinquante ou deux cents disques « classiques » qui déboulent chaque mois en France aux rayons « nouveautés » – même en tenant compte des rhabillages, compilations et rééditions) ? Quoi et comment choisir ? Combien de fois ai-je vu un acheteur potentiel hésiter entre trente versions de la même œuvre, et pour finir reposer le tout dans les rayons et repartir dégoûté... Tout le monde pâtit de cette hémorragie, dont les premiers responsables sont les artistes et surtout leurs maisons de disques.

La plupart des grands instrumentistes, chanteurs ou chefs que j'ai rencontrés, et avec qui j'ai eu la chance de travailler, se sont souvent montrés d'une réelle exigence artistique, ne prêtant, avec sagesse, aucune attention au chant de sirènes médiatiques ou de retombées économiques escomptées. Ainsi, Maria Callas refusa d'enregistrer des chants populaires grecs, qui eussent été une excellente vente, par simple souci d'éthique personnelle. De même, Karajan, avec la *Symphonie* de Bizet, qu'il ne pensait pas pouvoir diriger mieux que d'autres... Alexis Weissenberg refusa les deux concertos de Liszt, et j'en passe. Christa Ludwig m'a raconté comment elle avait souhaité chanter Brunehilde sur scène. Sa sagesse fut d'aller voir un éminent médecin ORL de Vienne qui lui conseilla de chanter chez elle intégralement le rôle et de revenir le voir ensuite ; ce qu'elle fit. Le médecin lui assura que sa voix ne supporterait pas longtemps cette épreuve sans risquer de s'abîmer irrémédiablement : elle refusa alors ce rôle magnifique pour une chanteuse de sa trempe, à regret sûrement, mais avec cette intelligence qui conduit les grandes carrières jusqu'à un terme glorieux. Hélas, tous n'ont pas eu cette attitude aristocratique ni atteint ce degré d'autocritique ! Il y a une non-nécessité à produire certains disques, comme à écrire certains livres ou réaliser un nombre considérable de films ; tout est trop simple, et cette facilité engendre une profusion qui devient une confusion. C'est le problème principal de l'industrie qui s'occupe de matière artistique. Nous ne sommes pas loin de la grande distribution et de la qualité des produits alimentaires... Le parallèle est aisé et hautement significatif.

Je ne voudrais pas terminer ce chapitre sans évoquer deux épisodes qui me tiennent particulièrement à cœur. Lorsque Rostropovitch quitta la Russie soviétique vers le début des années 70, ses premières apparitions en Occident furent à Berlin, dans trois concerts d'abonnement avec la Philharmonie dirigée par Karajan. Il interpréta le *Don Quichotte* de Richard Strauss, qui fut également enregistré pour un disque et un film. J'ai dit qu'il y avait trois concerts. Les trois soirs, la Philharmonie de Berlin ne put accueillir les milliers de spectateurs qui auraient voulu y entrer... J'avais laissé ma place pour le premier concert à quelqu'un qui mourait d'envie d'y assister, ayant moi-même l'occasion d'entendre le programme lors des répétitions et des enregistrements. Mais j'avais gardé des places pour les deuxième et troisième concerts. Une demi-heure avant le premier concert, Karajan me téléphone dans ma chambre et me dit : « Alors, vous êtes prêt ? On part ! » Je lui réponds : « Mais j'ai donné ma place. Je viendrai demain et après-demain. » Réponse cinglante de Karajan : « Il n'est pas question que vous ne veniez pas à ce premier concert ! Vous imaginez ce que penserait Slava ? Ce serait bien la première fois que vous n'assisteriez pas à un concert alors que vous êtes avec nous ! C'est moi qui m'occupe des places ! » Je descends rapidement, vêtu d'un pantalon de laine gris, d'un veston de soie bleu acier et d'une cravate, je rejoins Karajan et insiste : « Tout cela, c'est très joli, mais où allez-vous me mettre ? » Réponse de Karajan : « Ne vous en préoccupez pas, c'est mon affaire ! » Nous arrivons à la Philharmonie et Karajan me confie au régisseur de l'orchestre (un homme merveilleux, en qui il avait une confiance absolue), qui m'emmène ni plus ni moins sur scène et m'installe derrière un pupitre de musicien, juste en dessous des cors ! Sur le plan acoustique ce n'est pas, à vrai dire, la meilleure place, car vous avez le sentiment d'avoir une corne de brume dans les oreilles, du début à la fin du concert (je plains beaucoup les musiciens qui s'y trouvent habituellement car je me suis rendu compte que l'idée qu'ils ont de la musique n'est pas précisément celle que le spectateur ou l'auditeur d'un disque peut en avoir – et il s'agit là d'un euphémisme !).

Inutile de dire que j'essaye de me cacher de mon mieux derrière mon pupitre, sur lequel avait été posé une partition. Rostropovitch arrive enfin sur scène. Je ne sais si ce fut un acte spontané ou une diablerie de Karajan, mais, alors que le public était en train de hurler une formidable ovation, Slava se précipite sur moi, me prend dans ses bras et me dit : « Micheltchik, quelle joie de te voir là ! », et entame une petite conversation, sous l'œil amusé de Karajan, les bras croisés, observant la scène tandis que l'orchestre hurle de rire et que le public continue d'ovationner Rostropovitch, qui lui-même poursuit sa conversation avec moi ! J'étais rouge comme trois kilos de framboises, j'aurais voulu tomber dans une trappe, m'eût-elle conduit en enfer ! Puis j'ai supplié Slava d'aller à sa place et de saluer le public, ce qu'il fit enfin ! Je n'oublierai jamais le sentiment d'horreur et de honte que j'ai éprouvé lors de cette soirée ! Bien des années plus tard, Karajan et Rostropovitch me rappelaient l'anecdote à laquelle ils avaient pris un plaisir non dissimulé.

Autre épisode qui a beaucoup compté dans ma carrière de producteur de disques. J'ai connu quelques années de bonheur intense, compte tenu de ma passion pour la musique russe, en me lançant avec Emil Tchakarov dans une aventure slave d'enregistrements réalisés dans des conditions tout à fait idéales dans les années 1980 à Sofia, en Bulgarie, pays de voix, de musique et de chœurs, et dont les habitants et les paysages sont à la fois extrêmement attachants et beaux. J'avais été invité par le vice-premier ministre de l'époque, Gyorgi Yordanov, également ministre de la Culture, passionné de musique, à produire avec Emil Tchakarov, qui en avait eu l'idée, une fantastique série d'enregistrements. Le Palais des congrès de Sofia avait été mis à notre disposition pour des semaines entières. Nous avons travaillé avec les plus beaux chœurs bulgares et les plus grands chanteurs bulgares, russes, américains, russo-suédois, comme Nicolaï Gedda, etc.

Je passe rapidement sur les enregistrements dits traditionnels : le *Requiem* de Verdi avec Freni, Obraztsova et Ghiaurov, *Tosca* avec Tomowa-Sintow, Gedda, Wixell, *Norma* avec la grande Dimitrova, Agnès Baltsa et Ghiaurov, les quatrième, cinquième et sixième symphonies de Tchaïkovski, la *Neuvième Symphonie* de Beethoven, le *Concert du Nouvel An*, que sais-je encore... Tous les interprètes et toutes les fantaisies nous étaient permises. L'orchestre avait été constitué par Emil Tchakarov, qui avait choisi les meilleurs éléments de tous les orchestres bulgares, celui de la radiotélévision, de l'Orchestre national de Bulgarie, de l'Opéra de Sofia et même de certains orchestres de grandes villes de province, afin de réunir un ensemble absolument digne des grands orchestres internationaux. De plus, nous avions la formidable possibilité d'enregistrer l'après-midi et le soir dans un silence absolu, sans avoir à nous préoccuper des horaires, des règles syndicales et des humeurs des uns et des autres, dans une tranquillité, une sérénité et une gaieté qui auraient fait pâlir de jalousie n'importe lequel de mes collègues producteurs de disques.

Mais le cœur et l'apothéose de ces enregistrements ont été indiscutablement ce qui reste le testament musical de l'immense chef d'orchestre qu'était Emil Tchakarov, malheureusement disparu si jeune, sous la forme de six opéras russes, distribués par Sony dans une collection superbe, présentée avec des livrets de toute beauté, aux illustrations magnifiques. On peut y trouver les deux chefs-d'œuvre de Moussorgski, *Khovanchtchina* et *Boris Godounov*, ceux de Tchaïkovski, *Eugene Oneguine* et *La Dame de Pique*, *La Vie pour le tsar* de Glinka (père, en quelque sorte, de la musique classique russe) rebaptisé sous le régime communiste *Ivan Soussanine*, et *Le Prince Igor* de Borodine avec des corrections effectuées par Rimski-Korsakov, le grand génie de l'orchestration et spécialiste du chatoiement et de la brillance des couleurs de l'Orient, qui rappellent irrésistiblement Tachkent et la route de la soie.

Cette série de six opéras demeure au catalogue de Sony et a reçu un accueil absolument extraordinaire, aussi bien des spécialistes de musique russe que de la presse, mais surtout du public. Cela constitue une sorte de trésor à part, qui m'est resté particulièrement cher, d'autant plus que chacune de ces six œuvres m'était proche et que j'avais toujours rêvé de pouvoir un jour les enregistrer. Grâce à Emil Tchakarov et à la protection de Gyorgi Yordanov, grâce aux somptueux chœurs, à l'orchestre bulgare et à des distributions exceptionnelles, je pense que nous avons rempli nos devoirs et le tribut dû à ces compositeurs de génie.

Je ne risque pas non plus d'oublier tous les disques effectués avec Giulini, la série Verdi au Metropolitan Opera sous la direction de James Levine, la série Puccini avec mon ami de toujours Lorin Maazel, et de centaines d'autres disques avec les plus grands chefs, orchestres ou pianistes – Bernstein, Anne-Sophie Mutter, Yo-Yo Ma – ou chanteurs tels Domingo, Carreras, Ricciarelli, Freni, Capuccilli, Ghiaurov, Baltsa, Christa Ludwig, Leontyne Price, Kurt Moll, Caballé, Renée Fleming, J. Vickers, Victoria de Los Angeles, et tous les autres dont beaucoup réapparaîtront plus loin.

Je ne sais pas pourquoi, à notre époque, la musique dite « classique » intimide toujours à ce point, alors que tout un chacun peut se rendre au concert en jean et pull-over, que l'on trouve de très bons disques à cinquante francs et qu'il n'a jamais été plus facile de se faire une culture. Guindée, la musique ! Idée absurde, et cultivée par qui et dans quel but ? Ce n'est pas parce que quelques snobs verbeux déclinent sur tous les tons des banalités à l'entracte qu'il faut se sentir complexé de quoi que ce soit. Comme s'il était nécessaire de savoir peindre pour aimer la peinture ou d'avoir le style d'un grand écrivain pour en apprécier l'originalité... Pourquoi, alors qu'elle est, de tous les arts, le plus immédiatement accessible, faudrait-il savoir lire la musique pour la goûter et en parler avec sincérité ? Je reste persuadé qu'une très grande part du répertoire couramment joué et enregistré ne demande aucune formation particulière ; au contraire même, car finalement qui, dans une salle de concert, en sait assez pour en déchiffrer toutes les subtilités techniques ? Certainement pas celui qui a fait dans sa jeunesse quatre ou cinq ans de piano et, pour cela, se croit autorisé à aligner les pires des lieux communs. Ce qu'il y a de formidable dans la musique, c'est justement qu'elle ne demande presque jamais d'avoir été formé à son langage pour en saisir les impressions vibrantes et durables. J'ai souvent consolé les artistes en leur disant que, dans une salle, s'il n'y avait eu qu'une, deux ou trois personnes sensibles à leur interprétation ou bouleversées par la découverte d'une œuvre, cela valait la peine qu'ils s'étaient donnée. Je crois beaucoup en l'instinct qui guide le mélomane novice, et aussi à cette envie de découvrir un univers sonore nouveau pour lui, ce qu'aucun savoir livresque ne lui donnera jamais. Faut-il connaître la vie de Bach, de Monteverdi ou de Wagner pour goûter aux enchantements de ce qu'ils ont produit de meilleur ? Certainement non ! Chacun connaît l'anecdote de cet anthropologue inspiré faisant entendre du Mozart à des tribus ignorant la civilisation européenne et qui manifestèrent une émotion et un enthousiasme extraordinaires. C'est difficilement explicable, mais cela démontre de façon probante combien l'approche musicale doit se faire sans arrière-pensée, le plus simplement du monde, et rejoindre cette idée simple d'un émerveillement universel devant un paysage grandiose ou un coucher de soleil, ou la gourmandise instinctive devant un fruit mûr... L'important est de se laisser aller, sans jamais freiner ses émotions ; ce n'est qu'ensuite, à force d'écoutes répétées et de découvertes, qu'il convient à chacun de se forger son goût et sa culture musicale. L'immensité du répertoire autorise tous les parcours, dans tous les sens, par n'importe quel chemin de traverse, à n'importe quel degré de difficulté (ou presque...). Car il y a ceci de merveilleux, c'est que la culture est et se doit de rester une affaire personnelle, presque intime, et refuser toute logique, toute chronologie, tout ordre ; on sait les désastres des « révolutions culturelles » et des « arts officiels »... C'est le hasard des rencontres, leur magie : on musarde, on s'arrête, on explore un auteur en profondeur, on le délaisse pour un autre, on y revient... Je suis souvent surpris par mes désirs de réentendre telle œuvre oubliée au fond de ma mémoire depuis de nombreuses années et d'en éprouver parfois une déception, parfois un plaisir neuf. Et là encore, on ne soulignera jamais assez l'importance bénéfique du disque.

Concours

Parce que j'ai connu, souvent apprécié, parfois aimé, nombre de jeunes artistes et que mes deux métiers ont aussi consisté à être, en permanence, à l'écoute et à l'affût des nouveaux talents, j'ai assisté à un grand nombre de concours internationaux et, à quatre reprises, il m'a été demandé d'être membre des jurys. Pour Marguerite Long tout d'abord, de son vivant, puis après sa mort, pour les Masters de Monte-Carlo, et enfin comme président de la présélection française du premier Concours de chant Placido Domingo. C'est un honneur et une responsabilité, et l'on verra plus loin que, malgré bien des aléas, les succès ou les échecs à ces performances continuent à influer sinon sur une carrière, du moins sur l'accélération ou le ralentissement de celle-ci. Qu'il suffise de repenser au cas Weissenberg qui, remportant deux prestigieuses épreuves américaines, s'est vu catapulté en quelques semaines au sommet de la gloire...

Les concours restent donc un élément déterminant

pour asseoir une réputation à l'aube d'une carrière ; ils servent de détonateurs, de révélateurs, ils sélectionnent et assurent du haut degré technique auquel un artiste doit prétendre avant d'aborder une vie faite de sacrifices et d'une exigence de chaque instant. Les jeunes musiciens affrontent une pression telle que rien ne révélera mieux leur capacité à contrôler ou non leur art et leurs nerfs ; car c'est une chose de bien jouer ou de bien chanter chez soi, et une autre que de se produire en public, devant des inconnus, dans les conditions d'une attente rarement aisée, surtout au début. C'est, j'en conviens, de l'ordre de la cruauté des jeux du cirque, et c'est sûrement injuste, mais le monde est ainsi fait qu'il n'éprouve aucune pitié pour ceux qu'il immole aux feux de la rampe. Aussi ne recommandera-t-on les concours qu'à une certaine catégorie d'artistes parmi les moins sensibles à une pression psychologique extrême, bien supérieure encore à celle du concert, puisqu'il faut supporter le jugement critique d'un jury dont le verdict, à tort ou à raison, servira de référence, et conditionnera les premiers engagements d'un musicien.

Tous les concours – et ils sont nombreux – n'ont cependant pas la même valeur aux yeux des professionnels qui abordent les plus prestigieux (Reine Élisabeth, Placido Domingo, Sarasate, Tchaïkovski, Chopin de Varsovie...) comme des viviers de la musique à venir. Qu'ils soient imprésarios, directeurs de festivals ou de théâtres, conseillers artistiques de maisons de disques... tous espèrent y trouver la perle rare qui leur assurera le succès par ricochet. Marché aux esclaves ? Le mot est beaucoup trop fort et péjoratif, car les « esclaves » se prêtent consciemment et complaisamment au jeu de ceux qui les aideront à percer là où la concurrence est féroce.

L'organisation est capitale dans le choix des membres d'un jury et dans sa politique de notation, puisque les concours se passent en général en trois épreuves : une épreuve éliminatoire, une deuxième épreuve et enfin l'épreuve définitive, à l'issue de laquelle le jury délibérera. Ils ont lieu en public et j'aurai l'occasion d'indiquer que les choix du jury ne coïncident pas forcément avec ceux du public. Après y avoir beaucoup réfléchi, et du vivant de Marguerite Long, j'avais obtenu d'elle, à la suite d'innombrables discussions, que soit adopté le principe selon lequel, lorsque les notes exprimées par les membres du jury – selon une fourchette allant, par exemple, de zéro à dix – font apparaître des écarts trop marquants (un membre du jury donnera deux et l'autre neuf), une explication ait lieu pendant les délibérations, explication que j'estime indispensable. Dans chaque notation, il existe une double appréciation qui se résume en un chiffre : d'une part, objective (qualités techniques, respect du texte) et, de l'autre, subjective (expressivité, musicalité, tempérament...). Les notations secrètes, qui sont censées assurer une certaine impartialité, me semblent une très mauvaise manière d'aborder un sujet qui n'est jamais mathématique. J'ai eu, et j'ai toujours, avec certains de mes grands amis tel Jean-Pierre de Launoit, président du concours Reine Élisabeth de Belgique (où aucune discussion n'a lieu à aucun moment des délibérations du jury), des débats extrêmement vifs sur le plus et le moins qu'un examen de contrôle oral entre les membres du jury pendant une délibération pouvait apporter d'intérêt musical à la décision finale. Délibérer c'est écouter, c'est refléter des nuances, c'est mettre sur la table des critères où l'expérience de chacun joue un rôle, c'est enfin ouvrir son jugement à d'autres valeurs. Bien sûr, cela est plus difficile que de mettre un petit papier anonyme dans une urne, mais je pense que la crédibilité du concours et sa notoriété y gagnent forcément. Je me souviens de cette session Long-Thibaud où un compositeur membre du jury passait son temps à marquer sur sa feuille de notes de petits bâtonnets, ce qui nous étonnait fort, Émil Gilels et moi : que pouvait donc signifier ce langage chiffré ? Nous allions percer ce mystère car, au moment de la délibération, nous nous étonnâmes d'un écart excessif de notes qui, dans l'ensemble, étaient bonnes pour une candidate qu'Henri Sauguet (c'était lui...) avait littéralement étrillée. Avec Émil Gilels et d'autres membres du jury, nous posâmes la question. L'explication allait nous plonger dans une perplexité plus grande encore. Sauguet nous expliqua que chacun des bâtonnets était une fausse note relevée et que sa notation reposait sur ce calcul ! La candidate en question, qui avait magnifiquement bien joué un *Prélude et Fugue* de Bach, une œuvre de Schumann, une *Étude* de Chopin et une *Étude* de Liszt, mais beaucoup moins bien l'*Étude pour les arpèges composés* de Debussy, avait été sanctionnée sur l'ensemble de sa prestation. Henri Sauguet nous expliqua qu'elle avait fait quatre-vingts ou quatre-vingt-quinze fausses notes dans la dite *Étude* de « Claude de France » (sic !). Cette façon de dire s'accordait mal avec la discussion technique entre membres du jury, et d'autre part nous nous sommes demandé comment, à ce niveau, on pouvait encore en être à relever de la personnalité d'un concurrent d'aussi piètres vétilles, qui n'intéressent – et encore... – que des professeurs de débutants qui pointent à une audition les fausses notes faites dans *Le Gai laboureur* ou la *Lettre à Élise* ? Nous en fûmes tous consternés...

Plus le concours est important, plus l'attente et l'attention sont grandes ; certains ont servi de jeunes artistes, d'autres pas, car les règles sont complexes – ou plutôt, il n'y a pas de règles. C'est aussi pour cette raison que ce type d'épreuve – au sens propre ! – est à prendre avec une certaine circonspection. On sait le cas de « bêtes à concours » brillantes, éblouissantes, galvanisées par l'esprit de compétition qui, après leur prix, n'ont jamais fait la carrière que cette réussite leur ouvrait. Comme si tout leur potentiel d'émotion, de séduction, d'étonnement, avait été jeté en une seule fois et qu'ensuite il leur était devenu impossible de se renouveler, d'approfondir leur art, d'élaborer une logique de carrière : c'est ce que j'appelle l'effet « feu de Bengale »... Cas nombreux de chutes magistrales qu'aucune bonne volonté, aucun courage, aucun sacrifice n'ont pu relever ; l'épreuve passée, la gestion d'une carrière dépend en effet de mille paramètres : le talent, certes, mais aussi le choix du répertoire, la bonne gestion des engagements, la publicité personnelle, la politique d'enregistrement, la capacité à trier entre ce qui est important et ce qui ne l'est pas, à ne pas accepter n'importe quel répertoire pour avoir un engagement de plus – bref, posséder une profonde et intelligente conception de la carrière musicale telle qu'elle sera dans le futur, savoir établir les fondements sur lesquels sera bâti l'avenir.

Il y a des réussites apparentes ou volatiles qui ne

conduisent nulle part et des échecs qui servent une carrière : je pense, par exemple, à une merveilleuse jeune
soprano que j'avais entendue au concours « Masters »
de Monte-Carlo et à qui on avait refusé le prix parce
qu'elle avait été physiquement paralysée lors des
épreuves, sans cependant que sa voix en pâtisse. Je me
souviendrai longtemps de son admirable interprétation
des *Violons* de Poulenc ! Pour finir, je l'ai engagée dans
mon bureau quelques années plus tard et, le travail
aidant, elle a vaincu sa phobie de la scène et est à présent une artiste accomplie, quand d'autres, mieux
notées ce jour-là, n'ont pu percer...

Autre cas, plus fameux et singulier, celui d'Ivo
Pogorelich, dont la personnalité hors norme, visionnaire, atypique, fut jugée trop fantasque et presque
scandaleuse aux yeux – ou plutôt aux oreilles – forma-
listes et, pour tout dire, académiques du jury du
Concours Chopin de Varsovie de 1980, qui refusa de le
laisser passer l'épreuve suivante. Martha Argerich, qui
participait au vote, se révolta ouvertement, prit le parti
de celui qu'elle qualifia, à juste titre, de « génie »,
démissionna bruyamment du jury et donna une conférence de presse pour justifier son choix et continuer
d'affirmer ses convictions. Il va sans dire que sa voix
allait porter plus que celles d'autres membres moins
éminents... Et Pogorelich, éjecté du concours, fut
immédiatement lancé et enregistré par Deutsche Gram-
mophon ; quant à celui qui remporta le prix cette
année-là, plus personne n'en parle aujourd'hui...

L'essentiel réside au fond dans une véritable intelligence, dans cet équilibre entre une vraie connaissance
(sans fausse modestie, déplacée à ce niveau) de son
talent et la lucidité et la capacité à faire les bons choix

(refuser ou saisir les occasions ; prendre son temps si nécessaire) : ce qui n'est pas toujours évident lorsqu'on est un jeune artiste. C'est là qu'interviennent ceux qui aideront de leurs conseils judicieux ou erronés – rôle généralement tenu par les professeurs ou chefs d'orchestre, les artistes plus âgés, les familles lorsqu'elles ne sont pas confites en admiration, les agents... sûrement pas les critiques musicaux !

J'éprouve, à l'égard du concours, à la fois une très haute estime et des sentiments mitigés. D'abord parce qu'un très grand talent peut passer totalement à côté d'un concours sans que cela signifie le moins du monde que sa carrière soit, à terme, compromise. Deuxièmement – et c'est le plus important –, parce qu'il peut y avoir une grande différence de jugement entre les jurés d'un concours, d'une part, et le public, d'autre part. En réalité, heureux sont les jurys qui ne se font pas conspuer et chahuter par le public à l'annonce du palmarès ! Et si certains concours se déroulent de façon harmonieuse, certains jurys ayant une identité de vue malgré leurs différences naturelles, d'autres fois c'est au contraire la discorde qui prévaut, quand ce n'est pas la méfiance.

Je me souviens, au début des années 60, de la finale avec orchestre d'un Concours Marguerite Long-Jacques Thibaud qui avait lieu au Théâtre des Champs-Élysées et dont la délibération finale se solda par une aventure qui m'a laissé, ainsi qu'à mon ami Philippe Entremont et à bien d'autres membres du jury, une marque indélébile. Le jury était présidé par Georges Auric. L'un des membres avait eu la permission exceptionnelle, ne parlant ni français ni anglais, d'avoir une traductrice.

Georges Auric mit au vote la première question : « Y a-t-il lieu d'attribuer un premier grand prix Marguerite Long ? » Réponse unanime et secrète du jury : non. Deuxième question : « Y a-t-il lieu d'attribuer un second prix Marguerite Long ? » Réponse unanime, et toujours secrète, du jury : non. « Y a-t-il lieu d'attribuer un troisième grand prix Marguerite Long ? » À ce moment, le membre du jury assisté d'une interprète fait dire qu'il est désolé mais que la délibération doit recommencer à partir de la première question, car il n'avait pas compris la signification des questions posées. Consternation, doute et suspicion ! Je supplie Georges Auric de ne pas accepter cette nouvelle délibération totalement contraire au règlement et d'autant moins acceptable que ledit membre du jury avait une interprète. Je tempête, je menace, avec Philippe Entremont, de sortir et dire la vérité. Mon amie Annie de Valmalète (qui, sans prendre part à la délibération, assurait l'organisation matérielle et le bien-être des membres du jury et des concurrents) me prend à part et me dit : « Surtout, pas de scandale ! Tu ne peux pas faire cela. Ce serait un terrible choc pour elle [Marguerite Long] et de nature à compromettre la bonne réputation et l'avenir du Concours. » Nous fûmes sensibles à l'argument, qui était effectivement de bon sens, même si la situation ne correspondait pas vraiment à ce que j'attendais du jury d'un Grand Prix international. Georges Auric céda et nous reprîmes au début. Aucun premier grand prix ne fut décerné, car le niveau du concours n'avait pas été suffisant et c'eût été dévaluer le Prix Marguerite Long que de l'attribuer à quelqu'un qui ne le méritait pas. Finalement, et toujours en secret, une majorité fort timide se dévoila subitement pour décerner un deuxième prix. Lorsque la question se posa « à qui dési-rons-nous attribuer le deuxième prix », une pianiste fut choisie, à la majorité la plus réduite qui soit. Les appa-rences étaient sauvées : la pianiste était deuxième prix, première nommée. Mais j'en gardais une extrême amer-tume. Comme par hasard, cette artiste s'était avérée être l'élève du membre du jury qui n'avait pas « com-pris » les deux premières questions. Si je raconte cette histoire, maintenant qu'il y a véritablement prescrip-tion (il y a plus de trente-cinq ans) et que je me suis gardé, dans ce récit, de donner la moindre indication sur l'identité des protagonistes, c'est pour montrer le fonctionnement, parfois totalement arbitraire, des jurys, et expliquer mon trouble.

Il m'est arrivé une aventure assez amusante après une délibération salle Gaveau, au cours d'un autre Concours Marguerite Long-Jacques Thibaud vers 1965. À l'issue de la première épreuve, nous avions entendu cinquante-quatre pianistes interpréter le premier et le quatrième mouvements de la *Sonate funèbre* de Chopin (qui était obligatoire), ainsi qu'un morceau de leur choix. Un jeune artiste, que je connaissais vaguement, m'avait déçu et je lui avais donné une note assez sévère, quoique proche de celles de mes collègues. Comme je l'ai dit, les délibérations sont absolument secrètes, sauf exception rarissime. Le jury était isolé du public et pro-tégé – à l'époque, du moins – par les gardes républicains qui bloquaient les entrées de la salle de délibération à Gaveau. Le jury se trouvait géographiquement au pre-mier balcon de face, sans personne derrière, mais la salle était pleine par ailleurs. Comment, dans ces condi-tions, une fuite a-t-elle pu se produire ? Je n'en saurai

jamais rien, mais s'il y avait une explication raisonnable, je l'aurais trouvée depuis belle lurette. En tout
état de cause, lorsque le jury sortit de la salle de délibération, une dame, qui se trouvait derrière le cordon des
gardes républicains, s'approcha et me flanqua une paire
de gifles ! Il s'agissait de la mère de ce jeune pianiste
qui n'avait pas été retenu par le jury pour franchir le
stade suivant du concours. Elle fut immédiatement
écartée par les gardes républicains. Bien entendu, je
demandai à ce qu'elle ne soit pas bousculée ou gênée
plus avant. Le geste était probablement la pulsion d'une
mère sous pression et profondément déçue, mais, au-
delà de l'anecdote, il se posait un problème d'isolement
du jury, que j'ai essayé vainement de soulever puisque
personne n'en connaissait l'explication. L'épilogue de
cette petite histoire est ma rencontre avec le jeune pianiste hongrois en question, quelques jours plus tard, au
Théâtre des Champs-Élysées, sur le parvis de l'avenue
Montaigne. Il vint vers moi et me présenta ses plus sincères excuses, en me disant qu'il ne comprendrait
jamais le geste de sa mère ; lui-même était conscient de
n'avoir pas joué à son niveau habituel et d'avoir mérité
de ne pas passer l'épreuve suivante. Je dus le consoler
et le supplier d'oublier cet incident.

Tout autre est mon souvenir du jury de sélection
du premier Concours Placido Domingo à Paris en 1992,
là, l'entente fut si profonde qu'il n'y eut pas lieu à discussion, tout le monde étant d'accord ! Hélas, les candidats n'étaient pas ce que l'on aurait pu attendre pour
un grand concours international, du moins en ce qui
concerne la participation française, à l'exception d'une
très belle voix, qui évidemment avait été sélectionnée à

l'unanimité. Placido Domingo avait voulu « ratisser » très large ; il avait raison. Il avait établi quatre ou cinq jurys de « débroussaillage » à Milan, Madrid, Londres, Vienne et Paris. Les meilleurs éléments découverts dans les cinq villes avaient été sélectionnés. Puis Placido Domingo avait présidé lui-même, à Paris, le jury pour les épreuves finales. Nous poussâmes le scrupule jusqu'à nous transporter à l'Opéra Bastille pour nous assurer que les voix passaient bien la rampe, dans une salle de deux mille sept cents places. Les autres épreuves se déroulèrent dans des studios, assez grands, à l'Opéra Garnier, puis la finale avec orchestre sur la scène du Palais Garnier. J'étais à la droite de Placido et, lors de l'une des épreuves finales, nous nous étions montrés extrêmement proches dans nos appréciations, ce qui constituait pour moi un très grand réconfort. Du reste, à la fin du concours, il me laissa ses notes et je constatai que nous avions pratiquement une identité de vues sur chacun des candidats. Il y eut deux premiers prix ex-aequo : deux sopranos qui toutes les deux interprétè-rent la deuxième partie du premier acte de *La Traviata*. Toutes deux devaient faire des carrières internatio-nales. Le public avait adhéré au jugement du jury, qui avait eu du travail, car l'épreuve finale rassembla des voix magnifiques et de très beaux artistes. Quelques mois plus tard fut organisé, à l'Opéra Bastille, un concert avec l'orchestre de l'Opéra et les lauréats qui, chacun dans leur genre, démontrèrent un art du chant et des qualités qui devaient certainement avoir un futur. Le public leur fit à tous une ovation extraordi-naire. Le concert fut d'ailleurs enregistré, et l'on me confia la responsabilité artistique de cet enregistrement dont je garde un souvenir ému.

Autre exemple, celui d'un jeune violoniste français
(il était à l'époque albanais) : Tedi Papavrami. Je l'avais
rencontré et entendu lorsqu'il avait huit ans et qu'il
avait obtenu par extraordinaire la permission de sortir
de l'Albanie supercommuniste pour venir prendre des
cours avec Pierre Amoyal à l'Académie Maurice Ravel
à Saint-Jean-de-Luz. Élève extrêmement doué, Tedi
Papavrami devait poursuivre à travers mille vicissitudes
(il a pu fuir l'Albanie avec ses parents, non sans mal et
grâce à de nombreuses complicités amicales et musicales et l'aide des services secrets français qui l'ont protégé dans des lieux tenus secrets) une brillante carrière.
Quelques années plus tard, il passa le fameux Concours
international Sarasate, en Espagne, dont Spivakov (que
je ne connaissais pas personnellement à l'époque) présidait le jury. Il fut impressionné par le talent exceptionnel de ce jeune artiste, et tout le jury avec lui, qui lui
accorda le premier prix. Cela lui valut de nombreux
concerts en Espagne et une certaine notoriété dans le
microcosme musical. Mais ce prix ne devait pas changer sa vie. C'est maintenant, après des années d'efforts,
que sa carrière émerge du « magma » composé par l'ensemble des violonistes qui jouent un peu partout dans
le monde. Il a conquis une place à part et une considération très particulière des vrais musiciens. Le hasard
a fait que Vladimir Spivakov et Tedi Papavrami se sont
retrouvés dans le même bureau d'impresario – le
mien –, et j'en suis très fier. J'aurai l'occasion de parler
plus longuement de Vladimir Spivakov, mais je tiens à
redire que Tedi est un artiste tout à fait étonnant, avec
une technique admirable. Il a enregistré, entre autres,
les vingt-quatre *Caprices* de Paganini. Nous rencontrons de grandes difficultés pour faire distribuer ce

disque, qui est véritablement un chef-d'œuvre ; cela en dit long sur la situation des maisons de disques, notamment des grandes (que l'on appelait les « majors »). Dans l'état actuel de confusion du marché du disque et la situation de chacune de ces grandes sociétés, il faut observer que la plus grande originalité et ambition, ainsi que l'espoir de salut, résident dans les maisons plus modestes et restées artisanales, qui s'intéressent à des jeunes artistes et à des répertoires qui ne sont pas « rabâchés ». Elles ont des lignes directrices, des réseaux de distribution et sont suffisamment personnalisées pour suivre la carrière des artistes qu'elles choisissent. Dans ce domaine également, le monde a changé, car il y a dix ans ou même cinq ans, je n'aurais pas écrit ces lignes.

Le grand tribunal des jurys à travers le monde a donc souvent la main heureuse. Je maintiens cependant que si les jurys étaient constitués, comme ils devraient l'être, de gens totalement désintéressés et parfaitement professionnels – quitte à être moins nombreux –, il ne serait pas nécessaire d'imposer des programmes interminables et des « sauts d'obstacle » de plus en plus périlleux, – un véritable parcours du combattant – aux artistes qui se présentent. On me rétorquera qu'il faut tester le système nerveux et l'intelligence de l'artiste. C'est vrai. Mais je prétends que, en quelques minutes pour ne pas dire quelques mesures de musique, un juré attentif, ouvert, juste, n'ayant pas d'intérêts particuliers (les professeurs sont supposés ne pas participer au vote lorsque l'un de leurs élèves se présente, et ils doivent le signaler), doit savoir exactement où se situe l'artiste et dans quelle catégorie.

Ces différentes réflexions m'amènent à m'interroger également sur les auditions, très différentes des concours, mais elles aussi destinées à sélectionner. Je n'arrive pas à comprendre l'ambiance actuelle parmi les jurys ou les directeurs de théâtre, qui consiste à ne jamais faire confiance à un jeune artiste et à essayer d'accumuler toujours plus de preuves et de démonstrations de son potentiel. Il fut un temps, pas si lointain, ou une simple cassette ou une vidéo d'un artiste (prise pendant un concert public ou une représentation d'opéra) suffisait à convaincre les décideurs. Du moins, c'est mon cas et celui des collaborateurs qui m'entourent, d'où mon insistance sur l'importance du matériel indispensable au lancement d'une carrière. Mais aujourd'hui, lorsque nous envoyons une musicassette accompagnée d'une cassette vidéo montrant l'aspect physique de l'artiste, sa manière de se tenir sur scène, la couleur de sa voix ou de son instrument, sa technique, etc., cela ne suffit plus – pas davantage que les conversations et les essais de « conviction contagieuse ». L'immense majorité de ces décideurs exige (!) des auditions qui, par définition, ne sont pas représentatives du talent des artistes. En effet, de la même manière que le concours est redoutable car l'artiste se produit à la fois devant un public et un jury, l'audition est terrifiante : elle a lieu en général dans une salle vide, en face de deux ou trois personnes, parfois même d'une seule, qui lisent des papiers tout en écoutant plus ou moins attentivement les chanteurs ou les instrumentistes qui font de leur mieux pour surmonter l'impression de vide sidéral dans lequel ils s'exécutent. Bienheureux ceux qui sortent victorieux de cette épreuve ! Bienheureux aussi ceux qui passent l'audition devant une personne particulièrement ouverte, comme un grand chef d'orchestre curieux, un Riccardo Muti, ou un Herbert von Karajan qui en l'espace de trois minutes savait exactement que penser d'un artiste et n'avait pas besoin d'accumuler des « preuves »... J'aurai l'occasion, en parlant de Karajan, de raconter comment celui-ci avait auditionné Jean-Luc Chaignaud ou Ferruccio Furlanetto. Le verdict était tombé en l'espace d'une minute : « Bravo, monsieur, vous êtes engagé ! » Et lorsque je lui demandai : « Mais enfin, comment avez-vous fait ? », il se tourna vers moi et me dit : « En général, lorsqu'un artiste arrive sur scène et avant qu'il n'ouvre la bouche ou très peu après, mon opinion est déjà faite, en tout cas pour ceux qui constituent l'élite. »

Je voudrais terminer ce chapitre par deux anecdotes : Au cours d'un entracte d'un Concours Marguerite Long-Jacques Thibaud, salle Gaveau, une foule immense se pressait et la fin de l'entracte sonnait déjà. Nous étions, à l'entrée des fauteuils d'orchestre, tout un groupe d'amis, dont Jacques Février, en train de discuter avec passion, comme le faisait tout le public, des artistes que nous venions d'entendre. Notre groupe obstruait le passage. Une dame, particulièrement impatiente et visiblement effrayée à l'idée de manquer le début de la deuxième partie, se mit à frapper avec rage le dos de Jacques Février pour pouvoir passer. J'allais me pencher vers Jacques pour lui demander de s'écarter, lorsque je le vis, sans comprendre ce qu'il avait en tête, rouler dans ses mains le programme du concours. Et subitement, au milieu d'une phrase, il se tourna vers la dame et tapa sur sa tête avec le programme roulé, en disant : « Ah ! mais vous ! Vous êtes insupportable, alors ! » Fou rire général, à la vue de la dame totalement éberluée de se voir agressée alors qu'elle ne demandait qu'à entrer ! Je n'arrive pas à oublier cet incident et, lorsque les gens s'impatientent pour entrer ou sortir, j'y repense avec beaucoup d'amusement.

Vers 1960, la reine Élisabeth de Belgique assistait assidûment aux Concours Marguerite Long-Jacques Thibaud. Un jour, je la trouvai, très troublée, dans le hall de la salle Gaveau. Je lui baisai la main et lui demandai la raison de son angoisse : « J'ai oublié les billets de la loge pour moi et mes invités, dont ma dame d'honneur, me dit-elle. J'ai été au contrôle pour acheter des billets, mais il n'y a plus de places et on ne veut pas me laisser entrer. » La pauvre, à la fois timide et si charmante (la digne filleule de sa marraine et tante, l'impératrice Élisabeth d'Autriche), était perdue et n'osait pas décliner son identité. Je la vis dire à l'ouvreur qui vérifiait les billets à l'entrée : « Je suis une amie intime de Mme Long. J'ai une loge pendant tout le concours, mais j'ai oublié les billets », presque avec honte et d'une voix très basse. Je m'approchai de l'ouvreur, que je connaissais, et lui glissai : « Je vous en supplie : laissez passer cette dame ! » Devant sa réticence et son obstination, je lui murmurai à l'oreille : « Cette dame est une amie intime de Mme Long. Vous me connaissez. Vous ne savez pas que cette dame n'est autre que la reine Élisabeth de Belgique. » Au bord de la suffocation, il me répondit : « Et moi je suis le pape ! » Mais un coup d'œil furieux de ma part le fit rentrer sous terre et il laissa passer la reine de Belgique.

Je voudrais conclure sur une note rassurante pour la jeunesse artistique à venir. À ceux qui remportent des concours d'une manière prestigieuse, un grand bravo et chapeau bas ! Un conseil, cependant : garder la tête froide, repenser, élargir et approfondir son répertoire et ne pas accumuler les concerts sans réflexion, toujours travailler, se faire contrôler et savoir discerner l'important du dérisoire. Enfin se méfier des « modes » ! À ceux qui n'ont pas cette chance, j'adresse un message sincère d'espoir afin qu'ils soient persuadés qu'une carrière n'est jamais compromise par un échec à un concours. Une liste de quelques-uns des plus grands artistes du siècle le prouverait s'il en était besoin.

Imprésario

À l'issue de l'année 1965, en quittant Pathé Marconi, j'avais donc pris la décision d'ouvrir, avec Thérèse Darras, un bureau d'imprésario ou, comme on dit en France, une « agence artistique ». Le métier, auquel nous nous étions mille fois frottés durant nos « années Pathé », ne nous était pas inconnu, et cette expérience nous évita, au moins partiellement, les erreurs de la nouveauté, les choses à ne pas faire, les chausse-trappes de confrères jaloux, les déceptions venant parfois des artistes... Nous, nous connaissions la musique, ses sons, ses dissonances : et nous n'eûmes pas à nous mettre au diapason. Le plus gros problème d'adaptation qui nous attendait était d'ordre administratif et financier ; pour le reste, je me suis vite aperçu que l'essentiel du travail était, à peu de chose près, le même que celui que je faisais pour Pathé, c'est-à-dire jouer les intermédiaires, rédiger des contrats, suivre – et plutôt précéder – les artistes dans leurs carrières... À présent, je vivrais de commissions que je ne percevais pas jusqu'alors : c'était tout et c'était simple. Enfin, simple... Je savais que certains artistes estiment normal que l'on se dépense pour eux sans compter. Tout ne leur est-il pas dû, puisqu'ils ont le talent et, pour quelques-uns, la gloire ? Je ne veux pas trop insister sur cet aspect et sur un certain manque d'indulgence et de compréhension de leur part, mais j'en ai rencontré à qui il semblait à tel point naturel qu'on satisfasse à leurs moindres desiderata qu'ils s'étonnaient qu'on ose exiger une rétribution pour ce qui, à leurs yeux, n'était rien d'autre qu'un « honneur », et pas un travail ! Reconnaissons que c'est devenu exceptionnel.

Je m'étais rendu compte que cette relation honnête ne pouvait bien s'établir qu'en gardant son éthique et une grande compréhension envers les artistes. Dans un monde en changement continuel et parfois dans un certain désordre, dans une époque où l'on joue souvent, au stade des décideurs, « aux chaises musicales » et où le désarroi vous guette, ma devise, celle que j'essaie d'appliquer et de faire appliquer autour de moi, est : *Gardons le nord*, comme un navigateur a son nez sur la boussole ! Mais dès lors que ces artistes devenaient vos amis, il fallait trop souvent s'user à leur faire admettre que notre service n'était pas philanthropique. L'ennui, c'est que pendant des années, en tant que salarié de Pathé, je répondais à leurs exigences sans rien leur demander en échange, sauf d'être les meilleurs possible lors des séances d'enregistrement. Du jour au lendemain, je devenais aux yeux de certains leur « employé ». Un manager ne partage pas avec l'artiste que les cachets, mais aussi les difficultés, les ennuis, les échecs autant que les succès ; plus qu'eux parfois, nous sommes exposés aux foudres de ceux qui communément « s'écrasent » devant les célébrités... Je pressentais que ce changement de statut était susceptible de diminuer ou de rendre plus distante l'amitié de certains.

Maria Callas fut la première à me mettre en garde. Elle était scandalisée de me voir franchir la barrière et embrasser le métier d'imprésario pour lequel, c'est le moins qu'on puisse dire, elle n'éprouvait ni admiration, ni intérêt. « On n'a pas idée, me dit-elle, de devenir Monsieur 10 %, quand on est un homme dont les avis sont écoutés par tous. Tu vas te transformer en marchand de musique ! » et dans cette formule, il y avait tous les dégoûts du monde. C'était bien sûr une vision naïve et archaïque des choses, mais comment lui faire comprendre que le métier avait considérablement évolué, qu'un imprésario – au moins tel que je l'entendais – était plus un partenaire, un associé aidant un artiste dans les choix de sa carrière, qu'un encaisseur ou un « maquereau » dans cette grande Babylone des arts ? Je fis cependant de mon mieux pour lui expliquer que cela ne changerait rien aux relations d'amitié, d'affection que j'avais pour elle ou d'autres artistes, mais elle était persuadée que, dès la minute où je serais payé par eux, ils me considéreraient comme étant à leur service, dans tous les sens du terme, et même les plus détestables.

Ce fut quelquefois vrai, mais en règle générale j'ai su préserver – grâce, je crois, à une franchise qui n'avait pas faibli – d'excellents rapports humains. Mes relations privilégiées avec Karajan, puis les enregistrements que je continuais à produire avec beaucoup de grands artistes me permirent de garder un pied bien ancré dans le terreau proprement artistique. Cette double carrière m'a, je crois, beaucoup aidé à garder un certain équilibre à l'intérieur de ma passion pour la musique « dans tous ses états ». Mais, contrairement à ce que certains ont pu prétendre, je n'ai jamais exercé de monopole dans la vie musicale, sous prétexte que j'aurais usé de mes différentes casquettes (notamment comme bras droit de Karajan...) pour faire ou défaire des carrières. Tous mes confrères ont toujours eu les mêmes accès que moi aux maisons de disques, aux grands orchestres, aux directions des théâtres, etc. Et j'ai toujours gardé à l'esprit que nous étions des partenaires prêts à œuvrer ensemble pour de beaux projets musicaux et non un lot de requins affamés de pouvoir et d'argent. J'ai bien entendu rencontré, en plus de trente ans de métier, tous les types d'oiseaux, dont Ronald Wilford, le plus grand imprésario américain, qui, après avoir été pour moi plus qu'un ami, un guide et un modèle, est soudainement devenu imbu de puissance et méprisant, sans que je comprenne réellement pourquoi, ni comment.

En France, je fus relativement vite et bien accueilli dans ce métier de l'ombre, presque notarial, notamment grâce à l'aide bienveillante d'Annie de Valmalète, qui m'est toujours restée très proche malgré les multiples efforts de certains pour nous brouiller. J'ai, semble-t-il, été l'enfant terrible de cette profession, celui qui fait des gaffes et ose dire tout haut ce que les autres pensent tout bas. J'ai été, dès le début, et à cause de mon caractère vif et direct, celui que les Anglais nomment le *trouble shooter*, autrement dit celui qui remue les problèmes que les autres voudraient enfouir sous deux mètres de bonne vase.

Pour créer un bureau d'imprésario, il ne suffit pas d'une machine à écrire, d'une secrétaire, d'un téléphone et d'un fax ; il faut des idées et... des artistes. J'ai eu la chance de ne pas avoir à les attendre longtemps, et moins encore à me battre pour les obtenir. Presque tous ceux dont je m'étais occupé chez Pathé vinrent me trouver. Lorsque j'ouvris mon agence – en partie, d'ailleurs, sous leur impulsion –, un certain nombre d'entre eux me proposèrent de les prendre en charge. Parmi les premiers : Georges Prêtre, Alain Lombard, Régine Crespin...

J'ai suivi certains (bons) conseils et, d'une façon générale, je me suis soumis aux règles de la profession. À l'exception d'une seule que j'ai longtemps refusé d'observer : je n'ai pas cru devoir conclure des contrats écrits avec les artistes qui m'étaient les plus proches, et nous nous sommes contentés d'accords verbaux. Il n'est d'ailleurs pas sûr que le procédé soit bon : lorsqu'on s'est entendu sur les modalités d'une collaboration, pourquoi ne pas les mettre par écrit ? Aujourd'hui encore, j'éprouve des sentiments contradictoires à ce sujet. En effet, de deux choses l'une : ou vous faites confiance à l'artiste et il vous fait confiance, et alors ce n'est pas un simple morceau de papier qui risque de trahir celle-ci ; ou bien vous ne lui faites pas confiance, et mieux vaut ne pas travailler avec lui.

Pourtant, l'expérience et les années aidant, je me suis peu à peu décidé à changer de méthode avec de nombreux artistes : quand des liens nouveaux nous unissent, je les mets aussitôt par écrit, afin d'éviter toute discussion ultérieure. J'avais été trop échaudé par d'assez désagréables déconvenues pour continuer à toujours être le dindon de la farce, même si, avec la majorité d'entre eux, je n'avais jamais rencontré le moindre problème. Cela ne veut pas dire non plus que je crois naïvement à l'inviolabilité des contrats, mais ils fixent la mémoire parfois défaillante de certains et nous garantissent une légitimité aux yeux de la loi. Mais si, à un moment donné, un désaccord survient, il faut pouvoir rompre une relation avant qu'elle ne devienne cauchemardesque. Ainsi, désormais, dans tout contrat que j'établis, il est précisé qu'il sera valable pour une période indéterminée, et qu'il pourra être rompu par simple lettre recommandée d'une des parties ; cette clause ne fut pas toujours inutile... Ceci étant, et à quelques exceptions près qui furent ressenties par moi comme des trahisons de cœur – je pense aux départs de Teresa Berganza ou de Ruggero Raimondi, de Alain Lombard, sur lesquels je reviendrai –, j'ai la faculté d'oublier très vite les déceptions ou les coups bas. Tourné davantage vers le futur que vers le passé, vers l'enthousiasme que procurent la découverte et l'accompagnement d'un nouveau talent, je n'ai pas le culte d'un passé perdu, notamment pour les chanteurs qui ne savent pas s'arrêter à temps, et ma fidélité a parfois été synonyme de chemin de croix ; c'est ainsi que, avec le recul, les départs de Montserrat Caballé et de Katia Ricciarelli furent pour nous difficiles à « avaler » sur le moment, mais ressentis après comme une libération, parce qu'ils nous évitaient de devoir, avec une conviction diminuée, assumer le « crépuscule des dieux »...

Il y eut donc trois départs marquants : Teresa Berganza, Ruggero Raimondi et Alain Lombard.

Teresa Berganza était une artiste pour laquelle j'avais une véritable adoration et dont je dirais qu'elle a été l'apparition de Mozart en personne dans Cherubino des *Noces de Figaro* et la plus grande mezzo-soprano colorature du répertoire rossinien de notre époque. Les enregistrements qu'elle a laissés du *Barbier de Séville*, de *La Cenerentola* en sont des témoignages suffisants. Je la savais extrêmement sensible et la traitais toujours avec un mélange d'affection, d'admiration et d'amusement ironique. Je l'appelais la *Loca* (la folle), car elle était capricieuse, dans un sens parfois difficile mais souvent amusant (déménagement systématique des meubles dans les hôtels : un jour, la chute d'une armoire qu'elle avait voulu déplacer, l'avait obligée à coucher dans sa salle de bains). Elle le prenait comme il fallait, avec ironie et tendresse.

Un beau jour, le lendemain de la visite de son mari à mon bureau pour discuter des projets à venir, nous recevons un télex venant de Copenhague, où elle chantait, nous annonçant tout de go qu'elle nous quittait, sans autre explication. Tout le bureau, à commencer par Thérèse et moi-même, en fut bouleversé. Le pire était de ne pas comprendre pourquoi ni comment. Un vague prétexte concernant une réservation d'hôtel non faite à Copenhague, qui l'avait prétendument forcée à dormir à la gare (alors que nous avions toutes les preuves écrites de cette réservation), ne nous satisfaisait guère. Du jour au lendemain, toute relation a été rompue. J'ai même pu lire, sur les pages de couverture de certains magazines musicaux : « Si je rencontrais mon ancien imprésario, je lui crèverais les yeux ! » Rien moins ! Nous mîmes du temps à nous en remettre, et ne comprenions toujours pas les raisons de ce départ, mais nous avions fini par oublier cette affaire lorsqu'il y a deux ans, au cours de l'entracte d'un spectacle au

Théâtre de la Monnaie à Bruxelles, Teresa Berganza s'est jetée dans les bras de Thérèse Darras éberluée, et qui avait tout fait pour l'éviter ! Teresa était en larmes et dit à Thérèse : « Je ne me pardonnerai jamais ce que j'ai fait ! Mais mon mari, à la suite de la visite qu'il vous avait rendue, m'avait dit que Michel me détestait, m'avait prise en grippe et n'avait plus aucune sorte d'intérêt pour ma carrière. Depuis je me suis séparée de lui d'une manière tellement affreuse que j'ai compris qu'il avait tout fait pour créer le vide autour de moi, même parmi les êtres qui m'étaient les plus chers. Vous en avez été les premières victimes ! » Cela ne réparait pas les années de doute et de tristesse. J'étais désolé de la triste tournure de la vie personnelle de Teresa et de ce que nous avions manqué, elle et nous, mais au moins, après tant d'années d'interrogations, nous avions la clé du mystère.

Ruggero Raimondi était venu dans mon bureau alors qu'il faisait une très belle carrière en Amérique mais n'était absolument pas connu en Europe (à l'exception de l'Opéra de Paris, où il était un des chanteurs favoris de Rolf Liebermann et de Joan Ingpen, la célèbre chef du service de programmation de l'Opéra). À la demande d'un de nos amis communs, je pris Ruggero Raimondi dans notre bureau et, d'un grand chanteur, je fis un mythe, en particulier par le biais du film *Don Giovanni*, sous la direction de Lorin Maazel, mis en scène par Joseph Losey et produit par Daniel Toscan du Plantier, le tout « chapeauté » par Rolf Liebermann. La célèbre affiche de Raimondi dans *Don Giovanni*, que tout le monde a en mémoire, fit de lui, en quelques mois, une célébrité mondiale. Le temps où il fallait convaincre l'un et l'autre était bel et bien passé : il était devenu une star qui dépassait de très loin le monde de la musique et touchait directement à l'imaginaire du public, à tel point que le cinéma lui offrit une carrière d'acteur doublant une extraordinaire carrière lyrique. Mais sous l'influence d'une de ses égéries, peu à peu la calomnie, les insinuations allaient semer le doute entre Ruggero, Thérèse et moi, et très particulièrement entre Ruggero et Thérèse. Or Thérèse travaillait avec passion et tendresse, avec obstination et une énorme conviction, à la gloire de Ruggero Raimondi. Mon habitude de toujours soutenir, par principe, mes collaborateurs les plus proches lorsqu'il s'élève un malentendu – tout en favorisant évidemment les explications et la mise à plat des faits incriminés – m'a fait prendre le parti ferme et définitif de Thérèse. Lorsque Ruggero m'a demandé si j'étais prêt à prendre personnellement sa carrière en main en écartant Thérèse Darras, ma réaction fut immédiatement négative, quitte à le perdre – ce qui se produisit. Nous gardons, d'une façon mondaine et extrêmement parcimonieuse, des relations correctes lorsque nous nous rencontrons, mais la chaîne s'est brisée de manière irrémédiable. Il est resté une grande vedette, mais sa carrière n'a certainement pas pris le chemin artistiquement idéal vers lequel nous le destinions... Je n'en dirai pas davantage par respect pour le grand chanteur qu'il fut pendant un temps, à défaut d'être toujours un grand musicien.

Quant à Alain Lombard, voici les faits : en 1957, lorsque je pris mes fonctions de directeur adjoint des services artistiques chez Pathé Marconi EMI, Thérèse Darras – alors Barret – devint ma secrétaire, sur un coup de génie sur le plan psychologique de Peter de Jongh. Elle me fit connaître Alain Lombard, alors âgé de dix-sept ans, qu'elle aimait beaucoup. Il avait été un chef-enfant prodige et se trouvait, comme souvent dans cette période de l'adolescence, entre l'enfance et la pleine éclosion d'une personnalité artistique, dans un *no man's land*. Je me pris d'amitié pour lui et m'attachai à sa personnalité, à sa formidable musicalité ainsi qu'à sa technique innée. Par ailleurs, il était très intelligent, mais allait bientôt se métamorphoser en un parfait arriviste.

Je me battis avec lui pour qu'il passe le Concours Mitropoulos à New York qu'il remporta, et je convainquis Ronald Wilford – mon ami à l'époque – de le prendre dans son bureau, et Leonard Bernstein de le prendre comme assistant à la Philharmonique de New York. En peu d'années, il devint le directeur de l'Orchestre philharmonique de Miami, dirigea un ou deux opéras par an au Metropolitan de New York, grâce à la recommandation de Ronald Wilford et de la mienne auprès de R. Bing, le redoutable directeur de cette immense institution. Puis ce fut un départ très difficile, dans des circonstances pénibles, de Miami pour le poste de directeur de l'Opéra et de l'Orchestre philharmonique de Strasbourg, où sa politique de prestige ne tarda pas à créer de redoutables problèmes financiers. Le maire de Strasbourg de l'époque, Pierre Pfimlin (qui avait été chef du gouvernement avant l'arrivée du général de Gaulle en 1958), me suppliait d'intervenir pour que le gouffre des finances de la ville ne soit plus un souci quotidien. Mais rien n'y fit et Strasbourg, comme Miami, dut se défaire d'Alain Lombard, dans l'antagonisme et la controverse. Il devint alors directeur de l'orchestre et du théâtre de Bordeaux, jusqu'au jour où Alain Juppé, alors Premier ministre et maire de la ville, constata également le trou budgétaire dû aux extravagances d'Alain Lombard qui, certes, faisait preuve d'imagination et d'un immense talent (qu'il a toujours), mais également d'un désir mégalomaniaque, pharaonique, du « toujours plus »... En l'espace de vingt-quatre heures, Alain Juppé allait décider de son sort : le renvoi pur et simple.

Mais, bien avant ce dernier épisode, s'était passé la petite mais combien douloureuse anecdote qui suit : en septembre 1989, c'est-à-dire à peine deux mois après la mort de Karajan (dont il avait été l'assistant à ma demande, et qui lui avait fait diriger la Philharmonique de Berlin, également à ma demande et à celle d'Alexis Weissenberg), Alain Lombard demanda un rendez-vous à Thérèse, dans la rue, près du bureau. Il lui tint les propos suivants : « Thérèse, tu es une femme de tête, tu es lucide, j'ai une pleine confiance en toi. Karajan est mort, donc Musicaglotz est mort. Viens chez moi à Bordeaux, je te ferai un pont d'or. Tes enfants sont élevés, indépendants, tu y seras très heureuse ainsi que ton mari. » Réponse de Thérèse : « Mon cher Alain, je ne fais pas partie de la race des rats qui quittent le navire en danger. En tout état de cause, Musicaglotz survivra et même si, par malheur, quelque chose arrivait, je ne quitterais pas le bateau ! » Ce fut la fin des relations avec Alain Lombard, qui devait quitter Bordeaux dans les circonstances que j'ai dites. Je pense que la phrase, « Karajan est mort, donc Musicaglotz est mort », se passe de tout commentaire.

Pour certains artistes, notre tâche est un métier comme un autre, alors qu'en réalité il s'agit d'une passion dévorante qui exige une foi absolue, une psychologie de tous les instants, du respect et de la considération pour leur personnalité et leur art et enfin un travail qui ne cesse jamais, tout au long des journées de bureau, tout au long des week-ends passés à les écouter, soit pendant leurs spectacles ou leurs concerts, soit en disques ou en vidéos. Après une journée de travail, de dix heures du matin à sept heures le soir, pratiquement ininterrompue, souvent chaotique, ubuesque et trépidante, il faut encore se ruer, oubliant les fatigues de la journée, à leur spectacle ou leur concert, en manifestant enthousiasme et impatience. Il arrive que certains artistes soient tout étonnés qu'à onze heures du soir, après une longue journée de plus de douze heures, nous éprouvions le besoin de nous retirer pour avoir encore des forces le lendemain, d'autant que les week-ends ne sont exempts ni de concerts ni d'opéras, ni mêmes d'appels téléphoniques, et parfois d'urgences à régler. Les week-ends sont souvent dédiés à l'écoute des disques, cassettes audio et vidéo dont nous sommes littéralement inondés, soit de la part des artistes que nous représentons (pour leur donner notre sentiment dès le lundi matin), soit pour écouter de nouveaux artistes (nous sommes toujours à la recherche de nouveaux talents). Notre semaine à nous dure plutôt soixante-dix heures, et bien que mes collaborateurs aillent aux concerts et aux spectacles avec constance et un profond désir personnel d'entendre leurs artistes ou d'autres, cette règle s'applique essentiellement à moi-même et à mon assistant, Grégoire Isérentant. Mais tous, outrepassant leur fatigue et mes conseils de modération, vont, sans que je puisse les en empêcher (je m'en garderais bien !), à la musique tout court ! Et cela sans parler des voyages, déplacements, sauts en France et toutes destinations artistiques à travers le monde.

Mais en quoi consiste vraiment notre métier ? Je ne voudrais pas répéter ici tout ce que j'ai déjà expliqué et développé dans *Révéler les dieux*, que mon grand ami Robert Laffont m'avait demandé de consacrer à ce métier d'imprésario, mais il faut tout de même en rappeler les notions essentielles.

Il s'agit avant tout de découvrir les artistes, les suivre pas à pas dans leur vie artistique mais aussi dans leur vie personnelle de manière à les mieux comprendre, à les mieux intégrer, bref, de les prendre en charge (je parle bien sûr des artistes que nous avons en exclusivité). Il faut faire monter vers l'Olympe ceux déjà très avancés dans la carrière et qui vous font l'honneur de vous confier leur destin, mais aussi se remettre perpétuellement en question dans le choix de nouveaux artistes, en les suivant, en les examinant avec le maximum d'intensité dès lors qu'ils vous intéressent et que vous sentez en eux quelque chose d'exceptionnel. Il faut également renouveler constamment les artistes d'un bureau puisque certains arrivent en fin de carrière et qu'il faut bien assurer la relève.

Je citerai quelques exemples illustrant la complexité du rôle de l'imprésario.

Horowitz avait quitté la Russie avec Nathan Milstein et une femme de l'aristocratie russe qui avait épousé un Français et était devenue manager sous le nom de Mme Bouchonnet. Elle fut toute sa vie le manager de quelques-uns des plus grands artistes, et bien entendu de Horowitz et Milstein, avant de connaître une fin tragique (elle fut retrouvée poignardée et ce meurtre ne fut jamais élucidé). En 1954, elle avait convaincu Horowitz de revenir à Paris, où il ne s'était pas produit depuis 1937 ou 1938, pour deux récitals. Je ne décrirai pas la file d'attente devant la salle Pleyel de tous ceux pour qui Horowitz était le mythe absolu (faut-il rappeler ses enregistrements du *Concerto* de Tchaïkovski et du *Deuxième Concerto* de Brahms sous la direction de son beau-père, Toscanini ?). Dans la voiture qui les conduisait salle Pleyel, Horowitz, dans un état d'extrême nervosité, est subitement pris de panique et dit à Mme Bouchonnet : « Nadiajda, je suis désolé mais je ne peux pas jouer ! » Elle s'attendait à ce genre de réaction à la dernière minute et s'étonnait même qu'elle ne fût pas venue plus tôt, et lui répondit : « Je crois que tu as raison. Si tu ne ressens pas l'envie de jouer, il est préférable que tu ne joues pas. Il ne faut pas te forcer. Mais la seule chose, c'est que je ne peux pas l'annoncer au public. Il faut que tu ailles très gentiment leur dire que tu es malade et que tu ne peux pas jouer. » On devine le dénouement de cette histoire : l'idée de monter sur scène pour faire ce genre d'annonce lui fit oublier sa maladie instantanément et il donna deux des plus beaux récitals de piano que Paris ait jamais connus !

L'un des artistes qui a le plus annulé de concerts est l'immense pianiste Arturo Benedetti Michelangeli. Un jour où nous nous trouvions au Japon avec Alexis

Weissenberg, Benedetti Michelangeli jouait à Tokyo dans la magnifique salle du NHK. Nous allâmes l'entendre, avec notre amie Michi Murayama, la présidente et fondatrice du Festival d'Osaka. Nous étions placés au premier rang, exactement dans la ligne de mire de Michelangeli (nous aurions préféré avoir des places plus discrètes, mais la salle était tellement pleine qu'il n'y avait pas à discuter). Il joua comme un dieu. À la fin, Alexis alla le féliciter, lui dit toute l'admiration qu'il lui avait toujours vouée depuis sa jeunesse et, apercevant une « poupée » autour de son pouce droit, lui demanda : « Mais qu'avez-vous là ? » « Un énorme panaris », lui répondit le pianiste italien. Alexis s'étonna : « Vous avez joué avec un panaris ? Il est ouvert, au moins ? » « Non, je n'ai pas voulu que les médecins japonais y touchent ! » Alexis insista : « Mais enfin pourquoi n'avez-vous pas annulé ? C'est vraiment très dangereux de jouer avec un pouce rempli de pus ! » « J'ai déjà tellement annulé au Japon, répondit Benedetti Michelangeli, que cette fois-ci je ne pouvais vraiment pas le faire. Alors j'ai joué... »

Toujours à propos d'annulation, il arrive qu'un artiste soit très fatigué et que les personnes qui lui sont attachées – et cela m'est arrivé avec Maria Callas – partagent son avis lorsqu'il envisage de ne pas se produire. Mais, dans un certain sens, il peut parfois s'agir là d'une faiblesse, car il faut savoir qu'un artiste malade ou fatigué peut quelquefois, par une grâce d'état, par un effort inconscient de la volonté, se surpasser et donner une interprétation absolument magique qui restera dans les annales de la musique. Il fait appel inconsciemment aux vertus vicariantes qui se substituent à la fatigue bel et bien existante, mais qui se trouve gommée le temps d'une soirée. Du reste, cette grâce d'état m'a toujours passionné : un artiste très enrhumé n'éternue pratiquement jamais sur scène. Un artiste souffrant d'une bronchite ne tousse presque jamais sur scène.

Il faut aller le plus souvent possible entendre les artistes, pour se rendre compte de leur développement. Un interprète a toujours besoin de quelqu'un pour le comprendre, l'aider, le mettre en valeur, lui permettre de se dépasser, et l'imprésario doit être ce quelqu'un. Quand je dis *l'imprésario*, cela s'applique aussi bien à mes collègues d'autres bureaux qu'à mes propres collaborateurs. Rien ne s'explique, dans les relations entre l'agent et les artistes, si ce n'est par l'affection, la croyance et la confiance. Chaque fois que l'un de ces trois pôles vient à manquer, il y a déséquilibre. Il faut alors s'expliquer, rectifier et, si besoin, se séparer. Ce qui n'est pas l'aspect le plus drôle de cette profession. Mais, en revanche, que de joie lorsque vous voyez la personnalité des artistes, en qui vous avez cru, s'accomplir, s'épanouir, s'ouvrir comme des fleurs heureuses au public qui les accompagne et recueillir des triomphes à travers le monde.

J'ai parlé de l'anxiété des artistes. Que dire de la nôtre ! Nous nous sentons – et parfois certains artistes ne comprennent pas à quel point cela est vrai – totalement responsables de leur vie, de leur carrière, de leur bonheur même. Il nous arrive de nous tromper, du moins le faisons-nous en toute bonne foi.

Je ne reviendrai pas sur les méthodes et les stratégies du lancement des jeunes artistes. Et cependant il y aurait beaucoup à dire : penser au répertoire qui leur convient, tracer des années à l'avance la ligne de leur carrière. Tout cela n'est pas une mince tâche !

Les artistes sont appelés à beaucoup voyager et il nous faut nous-mêmes nous déplacer constamment pour rencontrer les décideurs.

Les grands orchestres du monde – ou les grands interprètes ou les grands opéras – doivent être entendus le plus souvent possible dans leur salle habituelle. Depuis 1958, je me rends chaque année, avec Thérèse Darras, au Festival de Salzbourg, que ce soit du temps de Karajan ou de celui de Gérard Mortier, à l'Opéra de Vienne (heureux Opéra qui a l'Orchestre philharmonique de Vienne dans sa fosse d'orchestre, sous la houlette d'un grand directeur, et ami de longue date, Ioan Holender). Je vais à l'Opéra de Paris plus de cinquante fois par an, depuis que, après le règne glorieux de Rolf Liebermann, son réel successeur et disciple, mon grand ami Hugues Gall, a littéralement ressuscité cette institution, que ce soit à la Bastille ou au Palais Garnier. Il faut aller voir les grands opéras et orchestres d'Allemagne, de toute l'Europe, des États-Unis et du Japon, rencontrer les chefs d'orchestre, les organisateurs de concerts, les producteurs... Ce n'est pas seulement un devoir, c'est parfois un pèlerinage comme à la Scala de Milan que le génial Riccardo Muti fait briller de tous ses feux, entouré d'une jeune équipe pleine d'enthousiasme et d'efficacité. Il faut rendre justice aux chefs d'orchestre, car c'est par eux que se transmettent la tradition, la continuité et le renouvellement des artistes.

Lorsque, comme c'est le cas de mon bureau, on a l'extraordinaire bonheur de représenter deux artistes tels que James Conlon et Christoph Eschenbach, tous deux grands chefs d'orchestre mais également amis de très longue date, qui sont installés, l'un à l'Opéra de Paris et l'autre à l'Orchestre de Paris, on imagine la joie, la fierté mais aussi les devoirs qu'un tel privilège impose !

À l'heure où j'écris ces lignes (mai 2000), je m'apprête à rencontrer les responsables du Metropolitan Opera de New York, mes amis Jonathan Friend et James Levine, le grand patron artistique du Metropolitan avec lequel j'ai réalisé tant d'enregistrements. J'aurai la chance d'entendre mon jeune « frère » Ferruccio Furlanetto dans les *Noces de Figaro* et, le lendemain, Daniel Oren, fabuleux chef d'orchestre et merveilleux complice, diriger *Tosca*. Durant mon séjour aux États-Unis, je serai en rapport quotidiennement avec mes collaborateurs restés à Paris ou eux-mêmes en déplacement, afin d'assurer la coordination du bureau et de ses activités et de maintenir un contact constant avec les artistes de par le monde.

J'ai évoqué quelques-uns des plus grands chefs d'orchestre : l'exemple éclatant de Hugues Gall à l'Opéra de Paris, les directeurs d'orchestres français, comme George Hirsch, René Koering, ou étrangers. Mais il faudrait également mentionner nombre de leurs collaborateurs, Pal Moe à l'Opéra de Paris ainsi que ses collaboratrices du service de la programmation, toujours à l'écoute et toujours aimables même dans les urgences ou les paniques de dernière minute, Jonathan Friend au Metropolitan de New York, Laurence Langevoort et Dörte Rüter à l'Opéra de Hambourg, mon ami Jean-François Monnard à l'Opéra de Berlin, Sabine Hödl, fidèle bras droit de Ioan Holender à l'Opéra de

Vienne, Paolo Arca (grand compositeur) et son staff à la direction artistique de la Scala de Milan, et tant d'autres. Cesare Mazzonis, directeur du Théâtre de Florence et du Mai florentin (ancien directeur artistique de la Scala de Milan), avec lequel j'entretiens une relation particulièrement amicale et admirative depuis des années, fait partie de mes interlocuteurs privilégiés. Le jeu des chaises musicales dont j'ai déjà parlé fait que mon ami et artiste Marcello Panni est devenu directeur artistique de l'Opéra San Carlo à Naples, ce qui me remplit de joie. Il faudrait également citer mes relations de confiance et d'affection avec Alessio Vlad, directeur artistique du magnifique Opéra de Gênes. À mon grand regret, je ne peux mentionner ici que quelques-uns de tous ceux à qui je voudrais rendre hommage et qui sont nos interlocuteurs de chaque jour, souvent nos confidents et nos conseillers amicaux et attentifs.

Lorsque la porte du bureau se referme, commence la réflexion et chacun d'entre nous apporte, le lendemain ou plus tard, les fruits d'une pensée particulière, l'idée que telle œuvre conviendrait à un tel, que tel rôle, dans cinq ou dix ans, conviendrait admirablement à telle ou telle voix. Cette réflexion et cette anticipation sont presque plus importantes que le travail matériel, car c'est notre conviction qui emporte celle des décideurs, des chefs d'orchestre, des directeurs de festivals, des sociétés de musique de chambre, d'opéras. En 1980, Karajan avait écrit une préface à *Révéler les dieux*, dont je cite un bref extrait : « J'ai eu la joie et la bonne fortune de pouvoir faire plus de douze ans d'enregistrements en commun avec vous et plus de vingt-trois ans d'un travail musical général et d'une amitié qui ont constitué un chemin très long et très difficile, mais qui nous ont, tous les deux, amplement récompensés de tant d'efforts et de tant de patience. C'est avec une immense satisfaction que j'ai toujours pu constater que, pour un motif que personne ne peut expliquer, nous pensons toujours dans les mêmes termes en fait de musique, que ce soit au plan du jugement, du futur, de la conception musicale générale ou du monde de la Musique. » C'était pour moi le plus bel encouragement dont un imprésario et un musicien puissent rêver. Mais les témoignages quotidiens de tel ou tel artiste me téléphonant pour me dire sa satisfaction sont autant de baume sur notre cœur et d'encouragement à toujours faire mieux pour eux, comme vis-à-vis de nous-mêmes.

Tel est ce métier, complexe, enthousiasmant et dont j'ai dit qu'il exigeait patience, amour et opiniâtreté. Nous sommes ce que Marguerite Long appelait toujours « les artisans d'un jour qui ne finit jamais ».

De Liebermann en particulier, des directeurs de théâtre et des metteurs en scène en général

Rares sont les grandes figures de directeurs de théâtre capables de passer à la postérité, Rolf Liebermann est de celles-ci... Au début des années 1970, Georges Pompidou et son ministre de la Culture, Jacques Duhamel, décidèrent de frapper un grand coup à la tête de l'Opéra de Paris qui, depuis la fin de la guerre, connaissait une grave crise d'identité et un endormissement pénible. Les directeurs qui avaient succédé après la guerre à Jacques Rouché n'avaient pas su élaborer une politique artistique adaptée aux grands bouleversements qui avaient secoué, dans le sens de la modernité, les maisons d'opéra de par le monde. Il ne s'agissait pas seulement de dépoussiérer l'institution Garnier en renouvelant le répertoire et les mises en scène, il fallait prendre conscience de la nouvelle donne internationale, favorisée par des échanges artistiques considérablement accrus par le nouveau réseau de communication. Or l'Opéra ne s'était pas donné les moyens de cette mutation et son prestige n'avait fait que décroître depuis un quart de siècle, et ce malgré quelques coups d'éclat comme la venue de Callas à Paris ou le *Wozzeck* dirigé par Boulez.

De 1959 à 1973, Rolf Liebermann avait assuré la renommée mondiale de l'Opéra de Hambourg. Compositeur de talent, dont j'avais entendu à Salzbourg l'opéra *Die Schule der Frauen* en 1957, il était à la fois particulièrement cultivé et ouvert à la modernité. Des contacts furent pris, puis des rencontres plus formelles organisées entre les représentants de notre ministère de la Culture et ce grand directeur qu'on voulait « débaucher ». Bien informé de la situation parisienne, Liebermann posa dès l'abord un certain nombre de conditions à son accord, notamment d'accéder à une maîtrise complète et exclusive du budget de l'Opéra et, contrairement à l'habitude des services financiers officiels, d'obtenir l'accord *a posteriori* du contrôleur financier, dans la mesure où il ne dépasserait pas le budget qui lui serait imparti. Cette précision était capitale, lorsque l'on sait qu'avant Liebermann la plus petite dépense pour le plus petit accessoire – pour ne pas parler des contrats d'artistes et autres – était soumise à la signature préalable du contrôleur financier, ce qui entraînait des retards ou des difficultés administratives quasi insurmontables. Liebermann avait en outre exigé la présence à ses côtés de trois personnes, dont Georg Solti comme directeur musical et Joan Ingpen (qui avait été le bras droit de Solti au Covent Garden de Londres) comme directrice de la programmation et du planning. Le poste de secrétaire général de l'Opéra serait confié à Hugues Gall, qu'il avait connu après avoir rencontré pour la première fois Marcel Landowski, dûment envoyé par le président et le ministre de la Culture. Joan Ingpen vint à Paris dès 1971 pour préparer la saison, qui débuterait en mars 1973 par l'inoubliable et toujours vivante production des *Noces de Figaro*, dans la mise en scène de Strehler et sous la direction de Solti. Liebermann arriva, lui, un peu plus tard, et Hugues Gall se joignit à l'équipe dirigeante. C'est lui qui effectua le grand nettoyage dont l'illustre théâtre avait besoin ; non sans mal ni critiques d'ailleurs, comme chaque fois que quelqu'un veut « secouer [un] mammouth »... Cette époque bénie dura de 1973 à 1980, et allait constituer un festival permanent d'opéra au cœur même de Paris.

À ce moment, mon bureau d'imprésario, Musicaglotz représentait en France, entre autres artistes, Christa Ludwig, Mirella Freni, Nicolaï Ghiaurov, Teresa Berganza, Piero Cappucilli, Katia Ricciarelli, Ruggero Raimondi, Tom Krause, Shirley Verrett, Fiorenza Cossotto, Nicolaï Gedda..., alors tous au sommet de leur art et incontournables. J'envoyai donc un courrier au nouveau directeur de l'Opéra, comme un ambassadeur présente ses lettres de créance à un monarque, avec la liste de nos artistes et l'indication des cachets auxquels ils pouvaient prétendre. Je reçus en réponse une lettre invraisemblable de Liebermann, écrite dans un mélange savoureux d'anglais, de français et d'allemand, où il me disait en substance que mes prétentions concernant les cachets de « mes » artistes étaient on ne peut plus farfelues et que dans ces conditions il se priverait (et *nous* priverait...) de ces grands noms du chant, avant de conclure que tout ceci n'était rien d'autre que des « Glotzfantasyprice ». Il va sans dire que je ne m'étais livré à aucune « fantaisie » et que ces cachets correspondaient à un barème en vigueur à la Scala, à Vienne ou à New York. Je dois avouer aujourd'hui que cette lettre m'énerva passablement, mais j'eus la sagesse de ne pas y répondre et d'attendre : c'était au début de l'été, j'attendis jusqu'en septembre... un appel de Liebermann. Rendez-vous fut pris avec le directeur et ses assistants, Joan Ingpen et Hugues Gall. Pour ma part, j'étais accompagné de Thérèse Darras. L'ambiance était lourde et pleine de sous-entendus. Liebermann me demanda pourquoi je n'avais pas répondu à sa lettre et je lui dis que, « si j'y avais répondu, cette rencontre n'aurait pas eu lieu... ». Il me comprit... Le problème des cachets fut aussitôt soulevé. Je lui expliquai alors que rien, dans le passé récent de l'Opéra, n'était suffisamment glorieux pour inciter des chanteurs convoités par le monde entier à donner leur préférence à une scène considérée comme moyenne, si ce n'était peut-être des cachets honorables qui leur feraient accepter de passer six à huit semaines à Paris (périodes de répétitions et spectacles). Pour adoucir mes propos, je précisai aussitôt que l'inflation – qui avoisinait à l'époque les 15 % par an – rendrait d'elle-même ces cachets bien plus raisonnables lors du retour des artistes quelques années plus tard, et ce malgré quelques petits ajustements... Un compromis fut trouvé et accepté de part et d'autre ; il avait besoin de grands noms, et chacun sentait que le travail de Liebermann à Paris serait de nature à passer à la postérité. Mais avant de le quitter, je soulevai un problème qui parasitait (déjà...) la bonne marche de l'Opéra : les grèves, quasi permanentes, inopinées et sauvages, qui « coinçaient » les artistes, annulaient leur travail, à leurs dépens et à leurs frais, puisque, sans représentation, ils n'étaient pas payés (il va sans dire que cela s'était su et avait contribué à ternir l'image déjà bien grise du Palais Garnier). Deux clauses furent donc adjointes : d'une part, la grève ne serait « légale » qu'en cas de grève générale de la fonction publique et, d'autre part, aucun artiste engagé ne pourrait quitter Paris et se produire ailleurs pendant la durée de son contrat, sauf permission écrite de la direction de l'Opéra. À la sortie de cet entretien, nous nous sentions déjà véritablement sur la route d'une amitié et d'une confiance réciproques, prêts à faire en sorte que Paris retrouve une maison d'opéra digne d'elle.

Pour tous – machinistes, musiciens, administratifs, chanteurs –, Liebermann était « le patron », visionnaire, sérieux, efficace, dès sa première production des *Noces de Figaro*. Son but était de transformer ce théâtre de répertoire en théâtre de saison, faire de Paris un « festival permanent » où se succéderaient des productions qui feraient parler d'elles. Comme dans toute révolution, il y eut des réfractaires attachés à leurs privilèges et à la médiocrité dont ils savaient se contenter. On lui reprocha mille choses, mais un peu partout des voix s'élevèrent pour saluer cette réussite artistique sans précédent, qui attira à Paris les plus grands noms de la direction d'orchestre, les plus grands chanteurs, les metteurs en scène les plus créatifs. Tout aurait été pour le mieux dans le meilleur des mondes sans d'interminables tracasseries administratives que Liebermann résumait simplement en rappelant qu'avant lui, pour acheter un peigne, il fallait signer et faire contresigner dix formulaires, au point que le directeur avait plus vite fait d'aller lui-même l'acheter dans un grand magasin...

Mis en place et soutenu par Pompidou et Duhamel, Liebermann n'obtint pas la même oreille attentive de leurs successeurs, et c'est fatigué qu'il quitta Paris pour retourner à Hambourg en laissant à l'Opéra et l'Opéra-Comique des spectacles qui firent date dans l'histoire de ces deux maisons.

Il avait une haute idée de sa fonction, de ses pouvoirs, de sa charge presque régalienne, absolue, exigeante. Mais en contrepartie, il se faisait une idée très démocratique de ce que devait apporter à chaque contribuable, fût-il de la Creuse ou de Bretagne, un Opéra national subventionné par l'impôt. Très tôt, il négocia des retransmissions radiophoniques et/ou télévisées des spectacles, ce qui favorisa aussi la connaissance et la reconnaissance de « l'ère Liebermann » à travers le monde. Pour sa santé et son confort, il échappa heureusement aux premiers temps de l'expérience Opéra-Bastille, qui n'a véritablement trouvé un directeur à sa juste mesure que dix ans après son inauguration et ses multiples nominations politiques, pour ne pas dire politisées. Et c'est Hugues Gall, l'assistant de Liebermann à Garnier, qui réalisa ce miracle qu'aucun n'espérait plus ; la flamme du relais transmise une fois encore...

Rolf Liebermann fut un visionnaire en maints domaines. Quelques années après l'expérience intrinsèquement théâtrale de *La Flûte enchantée* filmée par Ingmar Bergman, il travailla avec Joseph Losey à la mise en œuvre d'une des plus grandes réussites d'opéra filmé : *Don Giovanni*. Le génie de Losey est d'avoir envisagé son travail en cinéaste et d'avoir su oublier les tics et les particularités de la scène qui avaient trop souvent entaché les expériences précédentes. Le succès fut à la taille de l'événement, et pourtant le grand public habitué des salles obscures ne fit pas le même accueil à d'autres films héritiers de ce *Don Juan* – exception faite pour la *Carmen* de Rosi. Rien, cependant, ne participe mieux de l'esprit de notre temps que les extraordinaires possibilités techniques du cinéma adaptées à l'opéra ; peut-être verrons-nous un jour une *Walkyrie* mise en scène par un Spielberg, avec des effets spéciaux inscrits dans l'œuvre et jamais totalement aboutis au théâtre, faute de moyens techniques. Toute la magie, les plans oniriques visuels de ces contes merveilleux deviennent réalisables ; par le génie de la synchronisation, on peut enfin y voir des visages, des physiques de héros, sans se dire que cette Violetta de cent vingt kilos ne saurait être la demi-mondaine de Dumas, sans parler de ces Tristan de soixante ans, ces Cavaradossi gélatineux... À la suite du *Don Giovanni* de Losey, qui non seulement avait été un pur chef-d'œuvre d'esthétique, mais musicalement réunissait à peu près la plus belle distribution possible à l'époque, quelques très bons films d'opéra ont été réalisés, notamment la *Carmen* déjà citée, mais aussi *La Bohème* de Comencini, ou *Madame Butterfly* mise en scène par Frédéric Mitterrand, pour lesquels j'ai été engagé comme directeur artistique de la bande sonore.

J'ai raconté combien le cinéma avait joué un rôle important dès mon enfance, notamment lors de cette « année buissonnière » qui m'avait valu les foudres paternelles. Spectateur souvent enthousiaste, je n'ai pu pénétrer un peu de la magie de cet art que bien des années plus tard, en travaillant avec H.-G. Clouzot et

Karajan aux films magnifiques qu'ils conçurent. Comme Losey, Frédéric Mitterrand ou Rosi, Clouzot était un passionné de musique. Cette passion l'avait conduit notamment à lire et apprendre par cœur les symphonies de Beethoven que sa femme, Inès, lui avait offertes en partitions de poche en même temps que l'intégrale de Karajan des années 1950. Il avait étudié le piano enfant, mais sa culture musicale était celle d'un autodidacte de grand talent. Son oreille absolue et son excellente mémoire firent le reste, au point que je l'ai vu diriger des extraits de symphonies à la tête de la Philharmonie de Berlin quand Herbert prenait ses pauses ! Très tôt, la musique avait tenu pour lui une place particulière dans son univers, quand il connut Toscanini avant la guerre, ou encore lorsqu'il travaillait comme parolier pour le music-hall ; et tout ceci est perceptible dans ses films de fiction. Je pense notamment au rôle de la musique dans *La Vérité* (où Sami Frey est chef d'orchestre...) ou dans son dernier film, *La Prisonnière*, qui témoigne de sa curiosité pour les expériences de la musique concrète... Je fus très lié avec lui, et j'ai continué de le voir régulièrement à Paris jusqu'à sa mort, en 1977. L'homme, comme l'artiste, était exigeant, certains diraient « caractériel », ou au moins « irritable ». Pour ma part, je comprenais très bien ce souci perpétuel de perfection qu'il partageait avec Karajan. Une anecdote est typique, à cet égard. Clouzot sur un plateau : « Silence, on tourne ! Moteur !... Merde ! » Son perfectionnisme était absolu. Je me souviens de ses découpages préparés à la note près, et aussi qu'il se faisait un devoir moral de savoir par cœur les partitions que Karajan allait diriger et qui seraient filmées. À la fin des années 1960, ils ont ainsi enregistré la *Qua-*

trième *Symphonie* de Schumann, un concerto de Mozart avec Menuhin, la *Cinquième* de Beethoven, la *Symphonie du Nouveau Monde*, le *Requiem* de Verdi. Je ne sais pas s'ils ont jamais évoqué ensemble l'idée de filmer un opéra, mais la maladie de cœur de Clouzot l'obligea à limiter ses activités plusieurs années avant sa mort. J'étais fasciné par son intelligence, ses silences, son pouvoir de concentration et sa sensibilité qui faisaient oublier son côté extérieur bougon. Avec moi, il fut toujours charmant, drôle et attentionné.

Tout autre est Francesco Rosi, que j'ai connu grâce au tournage de *Carmen* en 1983 et qui est resté un ami. Rosi, avec Zeffirelli, avait été l'assistant de Visconti, et je ne doute pas une seconde que ce dernier soit pour beaucoup dans l'amour de l'opéra de ces deux metteurs en scène. Toujours cette « flamme olympique » que les grands artistes se transmettent : les grands attirent naturellement à eux ceux qui deviendront grands !

La collaboration avec Francesco Rosi et Lorin Maazel pour *Carmen* avait été un moment privilégié. Chaque jour, nous nous réunissions une ou deux heures avant la séance d'enregistrement et Francesco nous indiquait – ou m'indiquait directement – les plans visuels et les grandes scènes de ce qu'il allait concevoir à partir de la bande-son, de sorte que nous puissions travailler, pendant l'enregistrement, en gardant bien à l'esprit qu'il s'agissait à la fois d'une bande faite pour devenir un disque, mais également du son d'un film. Il fallait donc avoir le maximum de flexibilité technique pour que l'on puisse traiter le sujet du film en parfaite adéquation avec ce que Rosi allait réaliser à l'image : voix aisées à rapprocher ou à éloigner, atmosphère réverbérée ou non, selon les lieux où allaient se tourner les différentes scènes, éléments panoramiques qui devaient lui être nécessaires, atmosphère intimiste pour le duo de Don José et Micaëla au premier acte, pour le duo de Carmen et Don José au deuxième acte, etc.

Artiste exceptionnellement courtois, cultivé, d'un extraordinaire perfectionnisme et donc d'une précision inouïe, Rosi était toujours de bonne humeur. Toutes les indications qu'il me donnait, je pouvais les garder à l'esprit tout au long de l'enregistrement et les communiquer à mes collaborateurs du son, aussi bien qu'à Lorin Maazel lorsqu'il avait manqué le briefing de Rosi. Pour *Butterfly* ou *La Bohème*, il nous est arrivé de faire deux séquences différentes, c'est-à-dire deux prises de son différentes, l'une destinée au disque, et l'autre plus libre et prête à se plier à l'imagination du metteur en scène. J'ai toujours admiré l'art de Rosi dont certains films sont pour moi de véritables bréviaires, comme *L'affaire Mattéi, Cadavres exquis, Chronique d'une mort annoncée, Oublier Palerme,* et tant d'autres. C'est avec beaucoup d'émotion que j'ai reçu le livre magnifique qui lui a été consacré ainsi qu'à ses œuvres, et sur lequel il a écrit ces mots : « *Avec le souvenir d'une inoubliable collaboration à l'époque de* Carmen. *Un abbraccio, Francesco.* » L'homme est exceptionnel et son œuvre le reflète parfaitement. Francesco Rosi, comme je le dis plus haut, est avec Zeffirelli l'héritier direct de Visconti, dont l'œuvre lyrique a été l'un des supports sur lesquels le génie de Maria Callas a pu s'appuyer.

Que dire de Frédéric Mitterrand, si ce n'est que nous avons travaillé selon le même principe que celui adopté pour l'enregistrement de la *Carmen* de Rosi ;

Frédéric étant à la fois d'une extrême attention, d'une extrême précision, mais aussi un véritable adorateur de la musique et de la partition de *Butterfly*. Il avait en tête le moindre détail de ce qu'il allait faire, de sorte que les échanges étaient très riches mais également d'une franche gaieté. L'homme est à la fois d'une extraordinaire proximité, bien que très timide, et doté d'une culture, d'un sens artistique et d'une délicatesse humaine touchants. Je garde de lui et des séances de travail à ses côtés un souvenir d'autant plus ému que je n'ai plus la chance de le rencontrer, car il est toujours « perdu » dans les studios ou les bibliothèques à rechercher des archives rares. Mais plusieurs de ses œuvres pour la télévision et son très beau livre *Mémoires d'exil* me donnent l'impression d'être resté proche de lui.

À l'opéra aussi, la mise en scène m'a toujours passionné. Je garde en tête tant et tant de spectacles prodigieux, comme *La Flûte enchantée* de Jean-Pierre Ponnelle (qui bouleversa Karajan), les Wagner de Wieland Wagner à Bayreuth, le *Simon Boccanegra* de Strehler, les *Contes d'Hoffmann* ou plus encore le *Don Giovanni* de Chéreau, d'autres encore... Faisant ainsi un retour en arrière, ce me semble être le moment d'évoquer la figure emblématique du cinéma et de l'opéra d'une grande partie du XXe siècle, à savoir Luchino Visconti. Tout le monde a la liste de ses chefs-d'œuvre, à l'esprit : *Le Guépard*, mais aussi *Rocco et ses frères*, *Les Damnés*, *Louis II de Bavière*, ou la pièce *Dommage qu'elle soit une p...* (dans les années 1950 on était encore prude et le mot ne figurait pas dans son intégralité sur les affiches...) avec Romy Schneider et Alain Delon.

Mais c'est avec Maria Callas que Visconti a laissé éclater ses idées les plus révolutionnaires sur la mise en scène lyrique : la fantaisie, la beauté plastique au service du compositeur, l'étude d'un monde oublié. Il osa les mêmes hardiesses dans *Traviata* à la Scala que dans *Le Guépard*. Il créa pour Maria Callas un véritable écrin, à l'intérieur duquel celle-ci put glisser un personnage de demi-mondaine élégante mais fragile qu'aucun autre chanteur n'eût osé et qu'elle n'aurait pu accomplir sans les instructions méticuleuses et inspirées de Visconti. Je pense notamment à l'air du premier acte, avant le final : « *Ah forse é lui...* [1] » où Violetta fait un retour sur elle-même en pensant qu'Alfredo est peut-être l'amour qui va la sauver et lui assurer le bonheur qu'elle n'a pas connu. Visconti fit paraître Maria devant sa coiffeuse, en train de démêler ses propres cheveux, longs comme ceux de Mélisande, avec un immense démêloir. Et c'est derrière ses cheveux qu'elle chanta cet air. Elle n'avait pas besoin de voir le chef d'orchestre ni de faire face au public car les partitions constituaient son monde intérieur. L'effet fut bouleversant pour le public. Il a peut-être été l'un des points déterminants des mises en scène résolument modernes qui ont suivi (j'emploie à dessein le mot moderne pour ne pas dire moderniste, car c'est une tout autre chose). Après l'époque de travail intense et de profonde affection entre Maria et Visconti dans de nombreuses œuvres à la Scala, dont l'*Armide* de Glück, d'autres collaborations allaient marquer le théâtre lyrique : celle de Callas-Zeffirelli et notamment deux productions qui font date de *Norma* et *Tosca* en 1964 et 1965.

---

1. « Ah ! c'est pour lui que mon âme... »

Zeffirelli s'était illustré aussi bien au cinéma, avec *Roméo et Juliette, Les Joyeuses Commères de Windsor,* avec Elizabeth Taylor, et beaucoup d'autres chefs-d'œuvre, qu'à l'opéra. Il est l'auteur d'une magnifique *Traviata* filmée avec Teresa Stratas et Placido Domingo sous la direction de James Levine. Ses nombreuses mises en scènes lyriques, aux Arènes de Vérone ou au Metropolitan Opera de New York, alternaient à l'époque avec celles de Visconti et leur ont maintenant succédé. Le Metropolitan Opera possède à lui seul la *Bohème* de Franco, son *Don Giovanni,* sa *Tosca* et tant d'autres chefs-d'œuvre. Mais il a réalisé aussi d'admirables *Carmen* pour Vérone, une autre *Traviata* pour l'Opéra de Paris, une *Bohème* à la Scala de Milan en 1964 sous la direction de Karajan, dans laquelle Mirella Freni fit ses débuts et qui est restée historique. Cette *Bohème* a d'ailleurs fait l'objet d'un film qui n'a rien perdu de sa beauté quelque quarante ans après. Bref, un florilège de beauté, parfois critiqué pour son exagération latine, ses trop grands effets théâtraux, mais qui reflétaient toute une esthétique de beauté et de respect par rapport aux compositeurs. Seul problème : il était parfois difficile d'obtenir de lui ses maquettes. Je me souviens de l'inquiétude de Georges Auric et de Maria Callas qui, un an avant la *Norma,* n'avait toujours rien reçu pour les spectacles de mai 1964. Je me rendis à Londres pour le supplier de me les donner rapidement. Il promit, jura et, avec beaucoup de retard, tint parole. Il fallut aussi toute l'autorité de Maria pour lui imposer un minimum de délai pour les ateliers de fabrication de décors, les directeurs de scène, les costumiers, les perruquiers, etc. Franco voulait que Norma fasse son entrée portée par les druides sur une sorte de bouclier.

« Tu es fou ! protesta Maria. Quand j'arrive sur scène c'est déjà pour Norma une épreuve, mais si en plus il faut que j'aie l'impression que je vais me casser la figure avant même d'ouvrir la bouche, il n'en est pas question ! » Il renonça aussitôt à l'idée. C'est évidemment cela la vérité du travail entre un metteur en scène et un interprète privilégié.

Toscanini a toujours voulu établir la préséance absolue du chef d'orchestre sur toute autre considération ou exécution. Il disait : « Tout commence par le chef, le chef et l'orchestre, c'est-à-dire ceux qui incarnent l'esprit du compositeur. »

Or, des générations entières de metteurs en scène ont largement participé à une véritable collaboration avec le chef d'orchestre, munis qu'ils étaient d'une connaissance profonde du livret, des intentions du compositeur et de la langue dans laquelle sont écrits les ouvrages traités. Il semble que, depuis quinze ou vingt ans, le monde des metteurs en scène se soit complètement égaré et il m'arrive souvent de me demander comment les directeurs de théâtre, les chefs d'orchestre et les chanteurs peuvent se laisser dominer par des prétendus metteurs en scène qui n'observent aucune des règles essentielles du théâtre, de la volonté des compositeurs, des indications portées sur les partitions originales ou dans les livrets, au point de trahir et de défigurer l'esprit des chefs-d'œuvre.

Pendant des lustres, les admirables metteurs en scène déjà cités et leurs héritiers directs, tels que G. Strehler, Jean-Pierre Ponnelle, Patrice Chéreau, se sont évertués à rénover les partitions tout en restant strictement fidèles à la pensée de l'œuvre qu'ils mettaient en scène. C'est encore le cas aujourd'hui avec un

Kupfer, les Decker, Carsen, ou Götz Friedrich, dont la *Katia Kabanova* et le *Parsifal*, par exemple, témoignent d'une intelligence aiguë. Faggioni s'est dépassé dans *Carmen, Don Quichotte, Boris Godounov* ou *Macbeth*...

Mme Zambello a réalisé, entre autres mises en scène, deux chefs-d'œuvre de beauté avec *Guerre et Paix* de Prokofiev et *Billy Budd* de Britten. Elle s'est montrée aussi inspirée par la musique que par les éclairages et a eu l'habileté inouïe de brasser les masses chorales et d'analyser chacun des personnages avec une ingéniosité et une intelligence psychologiques très profondes, très rares, qui donnent à ces deux œuvres leur totale signification.

D'autres peuvent errer et, tel Wernicke, sont capables du meilleur comme du pire ; le pire étant, à l'évidence, *La Belle Hélène* d'Aix, malgré la présence ravissante de Nora Gubisch, et le meilleur, *Le Chevalier à la Rose* de l'Opéra Bastille ou bien sa mise en scène de *Don Carlos* au Festival de Salzbourg. Andréi Serban, auteur d'une mise en scène à l'Opéra Bastille de *Lucia di Lammermoor* qui est digne d'un véritable asile de fous, vient de faire une mise en scène d'une grande beauté dans le même théâtre pour la *Khovanchtchina* de Moussorgski : allez comprendre !

Je passerai rapidement sur quelques exemples récents, comme l'invraisemblable *Fledermaus* de Salzbourg dû au malade mental Neuenfels, ou la réalisation de Dresen dans la *Traviata* du Châtelet, pour m'attarder quelques instants sur les cas parfois pitoyables de Peter Sellars et, pire encore, de Pitoiset.

Il est toujours permis à un metteur en scène de se tromper. Ce qui n'est pas permis, c'est de se moquer du public, et plus encore des compositeurs, des librettistes, des artistes présents sur le plateau, et de l'œuvre elle-même. Je préfère passer sous silence tant et tant de mises en scène – si l'on peut les qualifier ainsi – simplement révoltantes de non-professionnalisme, d'incompréhension des partitions et des livrets. Lorsqu'ils nous imposent des inepties qui prétendent au scandale et glorifient le misérabilisme, ces pauvres prétentieux – « intellectuels » ou non – ne font que remuer les ficelles de la facilité, du mauvais goût et de la bêtise. À l'exception de son *Saint François d'Assise* de Messiaen à Salzbourg et à Paris, Peter Sellars illustre parfaitement cette totale incompréhension de la réelle modernité constructive, et pratique fréquemment l'esbroufe la plus banale et faussement intellectuelle incluant des anachronismes sans signification artistique. Cependant quelle intelligence parfois lumineuse !

Hélas, il n'est pas le seul à gâcher ainsi la musique qu'il est censé servir et à éloigner le public normal (je veux dire celui qui n'a pas été contaminé par le snobisme galopant) des maisons d'opéra. Je pense notamment à un récent *Don Juan* de Pitoiset où le gentilhomme est devenu, par le seul bon plaisir d'un metteur en scène invraisemblable, un « affreux, sale et méchant » pour reprendre le titre de Scola. Il est visible que Don Juan, Mozart et l'italien lui sont totalement étrangers. Cela se veut génial, et c'est potache. Mieux vaut n'en pas parler, utiliser la mémoire sélective pour vite oublier et mettre en pratique ce que Karajan me répétait sans cesse : « Laissez fondre la vieille neige au soleil. »

Callas

La première fois que j'ai entendu Maria Callas sur scène, vers 1952 ou 1953, ce fut à Naples dans *Turandot*. Ce fut pour moi un choc émotionnel énorme qui se transforma en une obsession. Cette voix « rebelle », comme elle avait l'habitude de la qualifier, ne correspondait à aucun des canons esthétiques de l'époque en matière de chant. Les Italiens, ses premiers admirateurs et juges si exigeants, parlaient de *voce triste*, mais pour moi c'était une voix de bête fauve, quelque chose d'unique qui venait de très loin et agissait sur vous aussi sûrement que le chant des sirènes sur Ulysse. Ce qui me fascina, ce fut cette extraordinaire intensité dramatique, avant même qu'elle travaillât son jeu de comédienne de la manière que l'on sait. Le contraste avec tout ce que j'avais pu entendre auparavant était tel que je revins d'Italie avec pour seule pensée de pouvoir au plus tôt réentendre cette magicienne. Ce fut en 1955, pour les mémorables représentations de *La Traviata* à la Scala de Milan, sous la direction inspirée du jeune

Carlo Maria Giulini et dans la mise en scène légendaire de Lucchino Visconti. Représentations à ce point exceptionnelles qu'elles ont interdit aux plus doués, aux plus audacieux, de supporter la comparaison durant presque trente ans ! Même Karajan et Freni s'y sont « cassé les dents »... La salle était en état de choc, et c'est avec beaucoup d'appréhension que je me suis rendu dans la loge de Maria à l'issue du spectacle. Elle m'a toujours affirmé se souvenir de cette première rencontre ; j'en doute, étant donné le monde qui l'entourait...

Dès mon arrivée chez Pathé Marconi, quelques mois après le fameux épisode au cours duquel elle avait soi-disant « giflé » le président de la République italienne, « la Callas », comme on l'appelait déjà, avant d'aller chanter au Metropolitan Opera de New York, fit une escale à Paris en 1967 pour rencontrer les responsables de sa maison de disques. Nous allâmes l'accueillir à Orly, en compagnie du comédien Jean-Claude Pascal qui devait, pour les journalistes, l'attendre à sa descente d'avion. Il y eut une conférence de presse, suivie d'un cocktail, puis d'un dîner d'une douzaine de personnes chez Maxim's. À la suite de quoi, je raccompagnai Maria Callas et son époux à l'aéroport où l'attendait un Super-Constellation qui devait les conduire en Amérique en quinze heures (dans de confortables couchettes, il est vrai...). Dès ce premier contact, nous avons tous les deux senti naître une immédiate et sincère sympathie l'un pour l'autre, qui devint vite une amitié pour la vie.

Le concert de l'Opéra de Rome est exemplaire de ces « cancans », ces rumeurs, ces ragots, ces scandales, dont la presse, les médias et les bonnes gens (notamment les bons amis qui vous veulent du bien !) ont, tout au long de sa carrière, émaillé son existence. C'est pourquoi il mérite d'être conté tel qu'il fut en réalité. Maria Callas devait faire l'ouverture de la saison de l'Opéra de Rome en chantant *Norma*. Il s'agissait d'un événement particulièrement important, compte tenu de la rivalité qui a toujours opposé Rome et Milan, à cause de la Scala, une rivalité absolument comparable en violence aux affrontements entre les Capulet et les Montaigu. Or Maria était évidemment la déesse de la Scala et ses débuts à Rome étaient fort attendus. Quelques jours avant la première, elle sentit qu'elle était en train d'attraper la grippe et fit savoir au directeur de l'Opéra de Rome qu'il devait absolument prévoir une doublure de tout premier plan, car il était fort probable qu'elle ne puisse pas chanter la première ou les deux premières représentations de *Norma*. Le directeur s'empressa de dire : « Oui, oui, bien sûr ! », persuadé qu'il s'agissait d'un caprice ou d'une crise de trac, et ne fit venir personne. Le soir de la première, Maria, malade et prenant sur elle dans un effort surhumain, se décide à faire l'impossible pour assurer le spectacle auquel assiste effectivement le président de la République italienne, Groncchi. Elle arrive en scène à cinquante pour cent de ses moyens, si ce n'est moins, et une bordée de sifflets salue son entrée avant même qu'elle n'ouvre la bouche. Ce n'était évidemment pas les circonstances idéales, lorsque l'on n'est pas au meilleur de sa forme, pour aborder un des rôles les plus ardus, si ce n'est le plus long et le plus dramatique, tous répertoires confondus. Courageusement, Maria chante le premier acte, la « Casta Diva » ainsi que la « Cabalette » qui la suit, et recueille des huées. À la fin de ce premier acte, elle fait dire, en s'approchant des coulisses, que l'on fasse venir immédiatement sa doublure pour la scène suivante, après l'entracte. Elle sait, compte tenu des conditions vocales et psychologiques, qu'elle ne pourra pas assurer le spectacle. Ce n'est qu'en sortant de scène pour se changer dans sa loge, qu'elle apprend qu'aucune doublure n'était prévue, et qu'en conséquence le spectacle est tout simplement annulé. D'où un scandale inénarrable de la part du public et la nécessité d'une escorte policière pour rejoindre son hôtel. Le président de la République, en galant homme, lui fit envoyer une immense gerbe de roses en lui souhaitant un prompt rétablissement. Dès le lendemain, elle donnait une conférence de presse dont tous les propos furent évidemment déformés, et l'affaire tourna à ce point au scandale qu'elle préféra renoncer, pour des raisons bien compréhensibles, aux représentations suivantes, n'étant d'ailleurs pas remise. Le directeur de l'Opéra se décida finalement à faire venir l'artiste qui remplaça Maria, une magnifique voix italienne disparue de la scène peu d'années après cette *Norma*, Anita Cerquetti. De là des titres extravagants à la radio, à la télévision et dans les journaux italiens : « Scandale à Rome ! Maria Callas méprise le public romain ! », qui deviendront dans la presse française : « Maria Callas gifle le président de la République italienne ! » Dieu merci, un grand nombre de témoins, de médecins (qui ont produit des certificats médicaux indiscutables) ainsi que son amie, la célèbre journaliste et commère (ou échotière ?) Elsa Maxwell, étaient présents et ont pu l'aider. Maria a immédiatement intenté un procès contre l'Opéra de Rome, qu'elle a gagné quinze ans plus tard – c'est-à-dire longtemps après s'être retirée de la scène – avec des dommages et intérêts. Tout ceci, aujourd'hui, n'est plus qu'une anecdote, mais qui en dit long sur l'atmosphère de jalousie et d'hostilité au sein de laquelle elle devait vivre et qui est, hélas, souvent la rançon du génie et de la gloire.

Nous avions gardé des relations très affectueuses et quotidiennes à New York, où j'ai eu la chance d'entendre successivement au Metropolitan Opéra en 1957 et 1958 cette fameuse *Norma*, puis *Traviata* et *Lucia di Lammermoor* et, l'année suivante dans les mêmes ouvrages, *Tosca* dirigée par Mitropoulos. J'ai été ainsi amené à mieux connaître cet admirable musicien, qui était à la fois directeur de l'Orchestre philharmonique de New York (qui avait pour maison, à l'époque, Carnegie Hall) et directeur musical du Metropolitan Opera. Nous logions dans le même hôtel sur la fameuse 57e Rue, celle de Carnegie Hall. Mitropoulos avait une passion pour le cinéma. À l'époque, les films n'étaient pas très longs et tous les cinémas américains sans exception – à New York, en tout cas – projetaient deux films par séance. Un jour Mitropoulos me propose une journée cinéma. Nous avons, en une journée à Broadway, dans la 42e Rue, assisté à trois séances successives, c'est-à-dire vu six films ! Je crois que même les plus fanatiques des cinéphiles voient rarement six films par jour...

Pour en revenir à Maria, lorsque nous sommes devenus des amis intimes, nous nous téléphonions pratiquement tous les jours. Après m'avoir prévenu, Maria disparut pendant quelques mois : sa liaison avec Aristote Onassis commençait. Elle avait décidé de séparer strictement sa vie personnelle et sentimentale de sa vie professionnelle. Elle fit quelques exceptions pour ses proches, et j'en fus. Elle me présenta à Onassis qui se montra d'emblée très amical et m'invita à partir en croisière avec eux sur le *Cristina*. Ces premières vacances ensemble furent féeriques, non seulement parce que ce tour des îles grecques était enchanteur, mais parce que je pus chaque jour accompagner Maria au piano – on imagine avec quel trac et quelle émotion ! Ces vacances, cette vie toute proche du couple Maria-Aristote, cette intimité, transforma bientôt notre amitié en sentiment quasi fraternel ; j'y reviendrai plus loin...

Si Maria avait réalisé ses premiers enregistrements pour EMI avec Walter Legge, une brouille s'était installée entre eux à la suite d'un projet de *Requiem* de Verdi pour lequel il décida finalement d'imposer sa femme, Élisabeth Schwarzkopf, à la place de Callas à qui le rôle avait été initialement promis. C'était au début des années 1960. Maria venait de s'installer à Paris. La direction artistique d'EMI lui proposa un récital d'airs d'opéras français qui s'intitulerait *Maria Callas à Paris*. Si, de fait, Legge supervisa de loin ces enregistrements, ce furent en réalité l'équipe française et moi qui les réalisèrent concrètement. À l'hôtel Lancaster où elle habitait, George Prêtre et moi lui avons « réappris » des rôles qu'elle n'avait plus chantés depuis sa jeunesse à Athènes. Ce travail de préparation, auquel fut très étroitement associée Janine Reiss, fut passionnant pour chacun de nous et l'enregistrement un magnifique succès à la fois artistique et commercial, au point que *Maria Callas à Paris* devint *Maria Callas à Paris numéro un* et fut suivi de *Maria Callas à Paris numéro deux*. Elle avait trouvé en Janine Reiss l'amie, la musicienne extraordinairement cultivée, raffinée, discrète, susceptible de comprendre à la fois ses inquiétudes et sa maîtrise, tout en lui prodiguant des conseils toujours parfaitement adaptés à sa personnalité. Janine Reiss est restée toute sa vie une amie de Maria. Janine et moi avons eu de nombreuses occasions de collaborer, notamment pour le film *Carmen* avec Lorin Maazel et Rosi, mais également pour l'enregistrement historique de *Pelléas et Melisande* avec Karajan, qui éprouvait pour elle passion et admiration. Elle a assuré les études musicales de cet enregistrement avec une maîtrise et une poésie, une attention, une connaissance de Debussy proprement confondantes. À l'heure où j'écris ces lignes, ce m'est un plaisir que de rendre à Janine un hommage qui non seulement lui est dû, mais est d'ailleurs unanime à travers le monde de la musique où elle fait une carrière extraordinaire – et je me considère son ami pour la vie.

De 1961 à 1965, date de son dernier enregistrement, je fus ainsi le directeur artistique de Maria Callas.

On a beaucoup écrit sur cette chanteuse d'exception, à peu près tout et n'importe quoi, de son vivant, et peut-être plus encore après sa mort brutale en septembre 1977. Pour moi qui l'ai connue de si près, qui ai travaillé pendant des années avec elle, qui l'ai accompagnée un peu partout, je ne garde d'elle que des souvenirs d'une femme exceptionnelle, exigeante comme peu, et d'un tempérament très attachant, au plus loin du monstre d'orgueil et de caprices qu'on a pu décrire.

Deux aspects de sa personnalité sont particulièrement remarquables et très représentatifs de son intelligence artistique. Tout d'abord, Maria au début de sa carrière était grosse, très grosse. Un soir qu'elle chantait *Lucia* à Mexico, elle s'essouffla et décida de maigrir. Elle me raconta comment elle prit conscience de ce ridicule, qui non seulement desservait son chant, mais aussi sa crédibilité d'actrice. « Il est déjà ridicule de voir une bonne femme qui ouvre la bouche pour chanter, si en plus elle est grosse... Pauvre Lucia ! » Ce risque du ridicule, elle en avait une conscience aiguë. Son régime fut draconien, puisqu'elle parvint à perdre près de quarante kilos ! Une seule partie de son corps cependant ne mincit jamais vraiment, ses jambes. Elle en a toujours souffert, ne s'habillant pas autrement qu'en long pour les dissimuler.

Plus fin, son visage était devenu stupéfiant de beauté et d'expression dramatique. Non que chaque trait fût beau : son nez était plutôt fort, sa bouche un peu grande, son menton aigu. Mais ce qui frappait, c'était la perfection de la ligne basse du visage, la finesse du cou, l'intensité des yeux (toujours admirablement maquillés), la splendeur des cheveux. Et quelle classe dans le choix de ses vêtements ! Entrait-elle quelque part, tout le monde se retournait et n'avait plus de regard que pour elle.

Par ailleurs, elle était si myope qu'elle pouvait passer à côté de vous sans vous voir... Refusant par légitime coquetterie de porter des lunettes ailleurs que chez elle, elle essaya un jour les tout nouveaux verres de contact. Un jour que nous prenions l'avion pour Düsseldorf où elle allait donner un concert avec son grand ami Georges Prêtre (je les avais présentés l'un à l'autre et ils sont devenus des compagnons inséparables sur scène et dans la vie), elle voulut retirer ses lentilles pendant le décollage, et ce fut... sa rétine qui se décolla. Hôpital ophtalmologique à l'arrivée, désespoir et douleurs affreuses. Contre l'avis des médecins, qui lui déconseillaient de monter sur scène à moins de porter des lunettes de soleil, elle donna un concert absolument admirable où elle fut acclamée.

Elle était donc myope, mais d'une manière absolument incroyable. Or, comme de son excès de poids maîtrisé, elle fit de sa myopie un atout pour donner à ses personnages davantage d'intériorité, d'intensité, de concentration. Puisqu'elle ne distinguait pas la baguette d'un chef d'orchestre, n'en attendait aucun signe – au contraire de ses collègues figés trop souvent à la battue – et ne pouvait que se fier à son oreille. Ce qui l'obligea à avoir des partitions une connaissance parfaite, absolue, infaillible. Quelle autre chanteuse aurait pu rivaliser avec elle sur ce terrain ? Le changement était d'importance : une vraie révolution. Maria vivait alors dans un théâtre, la Scala, où il y avait un maître de chant posté derrière les chanteurs qui avait pour mission de leur tapoter le derrière ou les épaules en leur indiquant les départs avec des lampes de poche agitées dans les coulisses ou de petits harmonicas assez discrets pour leur donner le ton – *assez* discrets seulement, car il m'est arrivé plus d'une fois de les entendre ! D'un coup, Maria Callas se libéra de tout cela. Elle pouvait se concentrer sur ce qui se passait sur scène, autour d'elle, intensifier son chant et surtout jouer véritablement ses rôles... Le fait d'être la première chanteuse à ne pas avoir besoin de regarder un chef pour savoir si elle était en avance ou en retard d'une mesure (ou plus !) – ce que neuf chanteurs sur dix font encore aujourd'hui – lui permit une liberté de mouvement et des jeux de scène inconnus des théâtres lyriques jusqu'alors, comme de chanter en tournant le dos au public. Ainsi, dans la scène finale de la *Médée* de Cherubini, mise en scène par Minotis à la Scala, chantait-elle en montant un immense escalier pour rejoindre les nuages dans son char à béliers : un effet saisissant !

Un soir qu'elle chantait *Tosca* à l'Opéra Garnier, je l'avais laissée dans sa loge en parfaite forme, très gaie, dans une voix magnifique. Elle chanta d'une façon splendide, mais je remarquai, étant au premier rang d'orchestre, qu'elle était extrêmement nerveuse. Je le sentais par une sorte de sixième sens, mais il était impossible au public de le percevoir. Dès la dernière note du premier acte, je me précipitai dans sa loge et lui demandai : « Tu as chanté comme une déesse, mais que t'arrive-t-il ? » « Oh ! me répondit-elle, c'est une chose épouvantable qui m'est arrivée : j'ai oublié, avant d'entrer en scène, d'enlever mes verres de contact. Et, pour la première fois de ma vie, j'ai vu ! J'ai vu mes partenaires, j'ai vu les accessoires, le mobilier, les décors, l'orchestre, le chef, et même les premiers rangs. Et j'ai été littéralement bouleversée, car c'est la première fois de ma vie ! » Elle n'oublia plus jamais de retirer ses lentilles avant d'entrer en scène !

Maria possédait un tel charisme, que tous les metteurs en scène qui l'ont fait travailler en ont témoigné, à commencer par le plus grand d'entre eux : Visconti. Elle avait, des rôles qu'elle abordait, une intelligence dramatique instinctive. Je me souviens de cette anecdote, dans une *Médée* mise en scène par Barsacq, pour le Mai florentin. L'assistant du metteur en scène lui donnait des indications sur ses déplacements et expressions. Barsacq intervint : « Laissez-la tranquille. Nous n'allons pas lui apprendre Médée. Elle *est* Médée. » Le film de Pasolini l'a assez bien révélé à ceux qui n'eurent pas la chance de la voir à l'Opéra... Zeffirelli, qui avait été l'assistant de Visconti, reprenait par ailleurs à son compte cette réflexion de son maître : « Tout l'art, quand on a une Maria Callas sur scène, consiste à savoir la mettre en valeur. Non pas à lui dire : "Tu fais ceci, tu fais cela." Car ce qu'elle fait, c'est par instinct, par nature, autant que par intelligence, et c'est exactement ce qu'il faut faire. » Comédienne autant que chanteuse, Maria disait souvent : « Je ne suis pas une chanteuse qui joue, mais une comédienne qui chante. » Elle n'acceptait pas l'idée d'être seulement une cantatrice – et moins encore ce terme. Elle détestait la forme du concert, « Je n'ai rien à exprimer là », m'expliquait-elle souvent. Certes, elle adorait la musique, mais l'expression qui convenait le mieux à sa nature, c'était la scène, c'était le théâtre.

En ce qui concerne sa voix, elle possédait un registre très étendu ; sûrement surexploité au début de sa carrière par des directeurs peu soucieux de la ménager : dans la même saison, elle pouvait chanter Isolde, Rosine, les grands Puccini, *L'Enlèvement au sérail* et *La Somnambule* de Bellini ! Ce qui nécessitait bien entendu une technique vocale exceptionnelle à la base, ce que beaucoup ont oublié... Mais ce qui faisait sa spécificité et permettait de la reconnaître entre toutes, c'était sa couleur. Depuis l'enfance, sa voix était irrégulière, « indomptable » pour rester dans le registre que j'évoquais lorsque je la qualifiais de « voix de bête fauve ». Cela ne tenait ni à son amaigrissement ni au poids des ans, puisque lorsqu'elle s'est arrêtée de chanter, en 1965, elle n'avait, après tout, que quarante ans – ce qui est jeune, même pour une cantatrice. Je crains qu'il ne faille attribuer la perte de sa voix (relative, puisqu'elle eût été encore tout à fait capable de chanter un récital entier à la perfection après son abandon de la scène) autant à cette surexploitation qu'à une défaillance psychologique, une perte de confiance en soi, après sa rupture avec Onassis. Il faut imaginer l'extraordinaire pression et la responsabilité de demeurer « la Callas », envers et contre tous (j'ai entendu des admirateurs fervents de la première heure, et même un membre de sa proche famille, la siffler sans respect ni ménagement au Metropolitan Opera dans une des plus belles *Norma* qu'elle eût chantées).

À ce point de l'évocation de Maria Callas, il me faut parler d'une pièce qui se joue à travers le monde, interprétée en France tour à tour par Fanny Ardant et maintenant Marie Laforêt, aux États-Unis par Faye Dunaway et Dieu qui sait d'autre dans le reste du monde : *Masterclass*.

J'ai assisté avec horreur et incrédulité, à une représentation, à laquelle des amis m'avaient invité, croyant me faire plaisir, de cette évocation des cours que Maria avait donnés à la Juilliard School of Music de New York, en public. Mme Ardant n'a visiblement pas pris la peine que Katherine Hepburn avait prise lorsqu'elle a incarné Coco Chanel dans la comédie musicale *Coco*, à Broadway... Mme Ardant s'est contentée de jouer Mme Ardant. À sa décharge, il faut convenir que la pièce n'était pas de nature à lui donner un grand choix, car l'œuvre est exactement à l'opposé de tout ce qui pouvait ressembler à la vraie Maria Callas ! Je reste pantois à l'idée que Zeffirelli lui-même ait pu choisir cette actrice pour incarner Maria dans un film qu'il lui consacre. Quelle erreur, que je crains être fatale ! Laissons lui cependant le bénéfice du doute et supposons de sa part une recherche artistique et un approfondissement psychologique.

Au premier acte, les accessoires étaient corrects et correspondaient peu ou prou à la réalité. Mais l'attitude de Maria Callas envers ses élèves était tellement déformée, inventée, totalement méprisante, revêche, acariâtre, alors que la vraie Maria était toute attention et délicatesse à l'égard de ces jeunes gens pour qui c'était une véritable épreuve que de chanter à la fois devant elle et devant le public. Bref, une vision tout simplement ignoble de Maria ! Une déformation dégradante de toute réalité. Polanski y a une grande part de responsabilité.

Si cette pièce avait été écrite à partir d'un artiste imaginaire, je n'y aurais rien vu à redire. Mais se servir d'une artiste qui a marqué le siècle, et probablement les siècles à venir, avec un tel mépris de la vérité, constitue pour moi une forme de crime de lèse-majesté, une atteinte au devoir de mémoire et de respect pour Maria Callas et de ceux qui l'ont connue, aimée, entourée ou simplement admirée. Ce sont des individus qui n'hésitent pas à gagner de l'argent en piétinant la gloire, la personnalité d'une artiste, et en abusant de la crédulité d'un public totalement innocent, qui, pour quatre-vingt-dix-neuf pour cent, n'a pas connu Maria Callas et se trouve par conséquent simplement berné.

Je n'évoquerai que brièvement l'horrible deuxième acte, avec des moments d'une rare grossièreté de langage et d'une vulgarité de pensée absolument scandaleuses. Maria n'a jamais prononcé – ou songé à – un seul de ces mots ou de ces pensées, pas même devant son propre miroir ou dans sa plus extrême solitude.

Si je n'avais pas été invité par des amis, je serais sorti dès l'entracte. Par politesse, j'ai assisté au second acte, et au fond j'ai bien fait, car j'ai pu voir jusqu'à quelles bassesses pouvait peut-être conduire l'appât du gain. Lorsque, le lendemain, j'arrivai au bureau en exprimant mon sentiment d'horreur, Thérèse Darras, qui a été elle aussi l'amie intime de Maria, me dit en tentant de me calmer : « Michel, ne vous énervez pas ! J'avais moi-même été voir la pièce la veille avec Jean-Pierre (son mari). Nous sommes sortis consternés et horrifiés à l'entracte. Mais je n'ai pas voulu vous influencer en vous le disant. »

Je me suis laissé dire qu'à Paris une pièce de théâtre, paraît-il intéressante, s'est penchée sur le problème, éternellement ressassé, de la culpabilité comparée de Furtwängler et Karajan et de leur implication ou non dans le régime nazi. J'évoquerai cette question dans le chapitre suivant. À bon entendeur, salut. Il est facile de se faire un nom et de gagner sa vie, grassement et indûment, en s'attaquant à des morts célèbres.

Maria était très intéressée par les jeunes artistes, y compris, bien sûr, celles qui faisaient déjà de très grandes carrières internationales. Deux des voix de femmes qui l'ont le plus fascinée étaient celles de Montserrat Caballé et de Leontyne Price. Mais elle s'est également beaucoup intéressée au cas de Sylvia Sass, qui lui avait fait une impression considérable dans la *Traviata* d'Aix-en-Provence, répétée à Paris à l'Opéra Comique. Sylvia Sass était venue lui demander conseil, comme l'avaient fait également, à un autre niveau, Montserrat et Leontyne. Maria avait donné à Sylvia Sass un conseil d'extrême prudence parce qu'elle pensait qu'elle avait un avenir extraordinaire si elle se ménageait. Elle avait par ailleurs, pour nombre de ses collègues, et notamment pour Giulietta Simionato, une estime et une admiration qui se retrouvent dans toutes les distributions et tous les enregistrements qu'elle a pu faire. Pour Giulietta Simionato, elle avait même eu une attention tout à fait particulière. Elle s'était aperçue que Giulietta Simionato n'avait jamais chanté à l'Opéra Garnier, et elle avait absolument insisté pour l'avoir comme Adalgisa dans plusieurs spectacles. Elle eut un geste dont je me souviendrai ma vie durant : elle poussa Giulietta Simionato à saluer seule en scène à la fin d'une représentation de *Norma*, puis la rejoignit sur le proscenium et esquissa une sorte de génuflexion, tête baissée devant elle, en hommage à cette artiste histo-rique. Et que dire de son amitié avec Tito Gobbi, et tant d'autres dont la liste serait longue.

Maria eut donc une carrière météorique, fulgu-rante, non pas du point de vue de la durée, puisqu'elle avait commencé à chanter très jeune à Athènes, mais par les changements profonds qu'elle a apportés à l'opéra. Son professeur, Elvira de Hidalgo, dont j'ai été grâce à elle l'ami intime, et qui a continué à lui donner des conseils jusqu'en 1965, l'avait eue comme élève à treize ans au conservatoire d'Athènes. Au cours de nos nombreuses conversations (vingt-cinq ans après ces cours), et d'une correspondance extraordinairement fournie jusqu'à la mort de cette sublime vieille dame, elle m'a toujours répété qu'elle n'avait jamais eu parmi ses élèves ni une voix aussi exceptionnelle ni une étu-diante aussi studieuse, à la fois perfectionniste et rapide. Elle lui faisait travailler un rôle et le lendemain

Maria arrivait prête. À quatorze ans, elle faisait ses débuts dans le rôle de Santuzza dans *Cavalleria rusticana* à l'Opéra royal d'Athènes. À seize ans, elle chantait *Tosca* et *Fidelio*, et avec la même facilité les *coloratures* de Bellini et Rossini, et sa voix, naturellement puissante, pouvait aisément aborder Wagner. Elvira de Hidalgo essayait toujours de l'aider pour que ces rôles très dramatiques ne viennent pas trop tôt dans son répertoire, de manière à préserver l'exceptionnelle flexibilité de cet instrument unique. Mais Maria était un être de passion, d'extrêmes. L'eau tiède et la prudence n'étaient pas sa « tasse de thé ». Ce qui explique que sa carrière ait été à la fois unique mais trop brève.

On peut vraiment dire qu'il y a l'opéra avant Callas et l'opéra après elle. Aucune autre chanteuse de notre siècle ne peut légitimement revendiquer un tel titre de gloire. Avant, c'était un répertoire – notamment italien – conventionnel, presque désuet, tout au moins figé dans des conventions obsolètes et presque toujours délaissé, faute de combattants. Maria a non seulement renouvelé l'approche dramatique des grands rôles de Verdi ou de Puccini, mais elle a permis de redonner à l'opéra romantique italien (Bellini, Donizetti...) des lettres de noblesse qui s'étaient considérablement ternies faute d'interprètes. La passion lyrique actuelle lui doit beaucoup.

Un autre aspect majeur du talent de Maria Callas fut son art du phrasé : tout, dans son chant, se tournait vers l'expression. Son art fut celui du *bel canto* qui n'est pas du tout, contrairement à ce que beaucoup de gens croient, la beauté de chaque note, mais l'unité d'une ligne mélodique. Tradition équivalente, pour le chant, de ce qu'a été Chopin pour le piano ; et le parangon du *bel canto* fut Bellini, dont Chopin était justement un fervent admirateur.

Ce phrasé musical, c'est-à-dire la beauté de l'ensemble d'une ligne mélodique, son expression tournée vers le dramatique, l'amour, la haine, les sentiments de l'être entier, constituaient un des points forts de son génie d'interprète. Ce qu'elle détestait, et s'est d'ailleurs toujours refusée à faire, c'est ce que le public aimait alors : entendre de belles notes, chantées d'une voix uniforme, toujours égale. Même lorsqu'un texte disait : « Je te tue parce que je te hais », il convenait de le chanter d'une voix fraîche et claire – et finalement totalement inexpressive. Maria considérait que l'on ne pouvait prononcer de telles paroles accompagnées d'une gestuelle qui montrait cette violence, d'un ton pondéré, placide, avec de beaux accents, mais totalement dénué de caractère ; qu'il y fallait, au contraire, la passion, les contrastes, les accents qui s'imposent au théâtre et que l'opéra d'alors ignorait et même bannissait. À l'époque, il était commun d'affubler le malheureux Chopin d'une préciosité, d'une sorte de galanterie fade et mondaine, qui était à l'opposé de cette âme blessée et si fière. Seuls quelques artistes comme Horowitz et Rubinstein avaient pris la mesure de sa grandeur courageuse et si proche du chant bellinien. De même, Bruno Walter cria un jour à l'Orchestre national de France devant moi : « Il faut jouer Mozart grand et courageux ! » Maria Callas savait que la beauté naît de la passion, par l'intensité de l'expression dramatique plus que de la simple beauté de l'émission. De sorte que, au cours d'un enregistrement, si elle avait le choix entre deux notes, deux mesures, l'une parfaite et l'autre moins, mais plus expressive, elle choisissait toujours la seconde.

Il y eut là un malentendu avec le public et certains critiques. Ils venaient écouter une manière de chanter qui n'était pas celle de Callas. En fait, ils recherchaient plutôt une Renata Tebaldi, une de ces voix d'une clarté, d'une limpidité et d'une égalité absolues, disciplinées et parfaites sur le plan strictement vocal et de la beauté sonore, mais incapables d'exprimer un sentiment dramatique, une rage contenue et libérée, une noirceur ou une tendresse bouleversée... Maria, elle, possédait jusqu'au plus intime de son être ce sens inné de l'expression tragique. Ce qui ne l'empêchait cependant pas de pouvoir tout aussi bien suggérer l'humour ou le comique. Elle savait être très drôle lorsqu'elle chantait, par exemple, le *Barbier de Séville* de Rossini ; son « ma », émis comme une bulle de savon qui éclate, dans le fameux air de Rosine, a fait crouler de rire l'Opéra entier. La révolution qu'elle apporta au théâtre lyrique suscita nécessairement autant d'enthousiasmes délirants que de critiques acerbes. Tous ceux qui ont pu la voir sur scène gardent aujourd'hui le souvenir d'un phénomène exceptionnel, jamais remplacé et qui laissa sur les chanteurs de la génération suivante une très forte empreinte (je pense, par exemple, à Ileana Cotrubas dans la belle *Traviata* qu'elle enregistra avec Carlos Kleiber, qui se souvint indubitablement de la leçon de Maria, lorsqu'elle parvenait à décolorer sa voix dans le dernier acte pour rendre perceptible et crédible la maladie de Violetta, ou à Caballé dans *Norma*).

On a dénoncé son caractère capricieux, exigeant, fantasque... En vérité, Maria était charmante. Je ne veux pas dire qu'elle était d'un commerce facile au quotidien, mais elle n'était pas une femme capricieuse. Une professionnelle oui, exigente certainement, avec elle-même comme avec les autres, et parfois pointilleuse, mais absolument pas le type de la diva aux sautes d'humeur extravagantes. Elle était très lente à se décider, mais une fois un engagement signé, elle le tenait. C'est pourquoi elle faisait toujours traîner les contrats, parce qu'elle savait que sa signature apposée, elle devait l'honorer. Elle me disait : « Comment puis-je savoir aujourd'hui si dans un an ou deux je serai capable de chanter et de m'identifier à tel ou tel rôle ? » Y a-t-il plus grande preuve de professionnalisme artistique ? Bien sûr, ses ennemis, de son vivant et après sa mort, citent toujours l'exemple de l'annulation de sa troisième année au Metropolitan Opera de New York où elle devait faire une nouvelle production de *Macbeth* de Verdi, puis *Traviata* et enfin *Lucia di Lammermoor*. Il avait été bien spécifié, par une lettre additive au contrat passé entre elle et Rudolf Bing, le redouté directeur du Metropolitan Opera, que l'ordre des spectacles serait celui que je viens d'indiquer, de manière à respecter la progression logique d'une tessiture de soprano dramatique tirant vers le mezzo, à une soprano dramatico-colorature et d'une bonne tierce au-dessus pour la Lucia. Or, Maria était en train de chanter à l'Opéra de Dallas lorsqu'elle apprit, en parcourant la brochure de la saison du Metropolitan Opera qui venait d'être imprimée, que la direction du Metropolitan Opera avait allègrement mélangé *Macbeth* avec *Lucia di Lammermoor* et *Traviata* en alternant les trois parfois dans la même semaine ! Folle furieuse, elle annula son contrat avec le Metropolitan Opera d'une manière très typique de son caractère, c'est-à-dire brutale et justement indignée de ce manque de parole. C'est alors qu'elle prononça la phrase fameuse : « Ma voix n'est pas un ascenseur aux ordres d'un petit caporal autrichien ! » Inutile de dire que la brouille avec Rudolf Bing allait être violente et la controverse acharnée, non seulement en Amérique mais dans le monde entier. Des années plus tard, au printemps 1964, Rudolf Bing me demanda de faire en sorte d'arranger une réconciliation, car il l'avait entendue à l'Opéra dans *Norma* et ne se consolait pas de cette rupture. Maria habitait alors Paris, où Rudolf Bing séjournait régulièrement deux fois par an. J'avais avec lui – très particulièrement pour Maria et Karajan, mais pour d'autres artistes également –, des relations très suivies. J'ai les ai invités tous les deux au Pré Catelan, par une superbe journée, et la paix se fit entre eux. Ce n'est pas d'ailleurs exactement ainsi que Rudolf Bing relate l'événement dans ses mémoires, où il indique qu'il fut invité par Aristote Onassis, alors que ce dernier ne se mêlait jamais des affaires de Maria et n'assistait pas à ce déjeuner. En gage de son attachement à sa ville natale et par respect pour son public, Maria revint à New York l'année suivante pour y chanter deux *Tosca* qu'à ce jour, plus de trente-cinq ans après, l'Amérique n'a pas oubliées.

La carrière de Maria a parfois été ponctuée de brouilles sévères avec d'autres artistes : brouilles « mondaines » entretenues par les journalistes, comme sa « rivalité » avec Tebaldi, ou brouilles professionnelles, comme celle avec Karajan, ce qui pour moi fut très difficile à gérer, l'un me disant « votre chanteuse » et l'autre « ton chef d'orchestre »... Cette dispute, qui dura plusieurs années, alors qu'ils avaient réalisé ensemble tant de beaux spectacles et de disques de référence, commença lors d'une représentation de *Lucia* à Vienne. Le public avait tellement applaudi le grand ensemble (ce que l'on appelle en italien le *concertato*) qui se termine par un contre-ré de la soprano, que le spectacle ne pouvait tout simplement plus avancer : le public refusait de lâcher prise. Karajan, pour le calmer, fit ce qu'il ne faisait jamais : il décida de bisser l'ensemble. Maria en fut tellement furieuse que, pour se venger, elle décida que, pour la scène suivante, la fameuse scène de la folie de Lucia, constellée de séries de cadences souvent avec flûte solo, elle rendrait les choses impossibles à Karajan en lui tournant le dos ainsi qu'au public (ce qui était l'une de ses caractéristiques scéniques et dramatiques). Elle avait ainsi pensé désorienter Karajan. Cela aurait probablement été le cas pour un autre chef d'orchestre, mais pas pour Karajan, qui ne manqua pas une seule note d'accompagnement de cette scène. Il n'y eut pas un seul décalage.

Quatre ou cinq ans plus tard, Onassis me prit à part et me dit : « Moi, j'en ai assez de cette histoire de dispute entre Maria et Karajan. Cela ne me regarde pas, c'était avant que je ne connaisse Maria. Je voudrais beaucoup connaître Karajan. Peux-tu organiser quelque chose ? » J'en parlai à Karajan et Éliette, sa femme, qui furent enchantés. Lors d'un passage à Paris, ils répondirent à mon invitation dans un restaurant très en vogue à l'époque, le Berkeley, avenue Matignon. J'étais l'hôte, mais je consultai Aristo et lui exposai le problème : dois-je prévenir Maria ? « Si tu veux, me répondit-il, dis-lui que nous avons un dîner avec Herbert et Éliette. » Ce que je fis. Je dis à Maria qu'elle était naturellement plus que la bienvenue, que tout le monde serait *très* heureux qu'elle se joigne à nous mais qu'elle n'y était, bien sûr, pas obligée si elle ne le voulait pas. Évidemment, la tentation fut plus forte que le ressentiment et elle se joignit à nous avec enthousiasme. À peine étions-nous installés que Maria ne put résister et demanda à Karajan comment il avait pu faire pour la suivre et reprendre la partition au bon moment... « C'est très simple, lui répondit-il, je regardais tes épaules : dès qu'elles se soulevaient, je savais que tu prenais ta respiration et que tu allais attaquer. Je n'ai jamais eu la moindre hésitation ! » Et Maria éclata de rire... Cela étant, nous n'avons jamais pu les faire à nouveau travailler ensemble, malgré de très beaux projets : une *Tosca* en film mise en scène par Zeffirelli, une *Traviata* au disque et un film avec Visconti... Elle reculait toujours !

Nous avons eu, elle et moi, une très grave dissension vers la fin des années 1960 lorsque, poussée par son imprésario et par le célèbre Giuseppe Di Stefano, elle a accepté de chanter une quinzaine de récitals d'airs et duos d'opéra avec Di Stefano et Vasso Devetzi au piano. J'y étais totalement opposé, car Maria avait toujours détesté les concerts avec orchestre et n'avait jamais donné de récital avec piano, depuis l'âge de quinze ans. De plus, elle m'avait toujours dit que sans son maquillage de scène et ses costumes elle se sentait, à proprement parler, « nue ». Je trouvais donc la chose ridicule : si elle devait faire un retour, ce devait être à l'opéra. Je ne sais si ce fut un accès de faiblesse ou si ce fut par amitié pour Di Stefano et Vasso Devetzi, mais elle ne m'écouta pas. Ce différend nous sépara pour des années. Je n'assistai, comme je le lui avais annoncé, à aucun des quinze récitals, qui se réduisirent d'ailleurs à une dizaine car cinq au moins furent annulés. J'avais passé ma vie à dire à Maria : « Pourquoi est-ce que tu ne remontes pas sur scène ? Tu l'avais promis au public de la *Norma* inachevée ! » (Elle n'avait pu chanter que la dernière scène à l'Opéra de Paris en mai 1965. Cette *Norma* avait été suivie d'un seul et unique spectacle de *Tosca* à Covent Garden le 14 juillet de la même année, en présence de la reine d'Angleterre, et c'en avait été fini de sa carrière scénique.) Je lui dis un jour : « Ta voix est là ! », mais je fus brisé par sa réponse : « Ma voix est là, oui, mais mes nerfs n'y sont plus... » C'était une tragique vérité.

Il est vrai que, dans les dernières années de sa vie, à partir du moment où elle a interrompu ses activités, elle a donné une image d'elle qui n'était plus celle que j'avais connue, et sur laquelle je préfère passer. Elle a vécu alors très isolée, après avoir été l'héroïne de tant de moments exceptionnels. « Depuis des années, Madame vivait dans un rêve », m'a dit sa femme de chambre et confidente, Bruna. Ce n'était pas la voix qui était atteinte, mais les nerfs, comme un oiseau blessé. Pierre-Jean Rémy l'a bien analysé dans son livre sur Maria ; sans l'avoir connue, il a deviné le drame des dernières années. Le souvenir que je veux conserver, c'est celui de l'apogée de sa carrière, de 1950 à la fin, et de son bonheur, entre 1960 et 1965. Elle vivait alors intensément et donnait son âme au public. Je n'ai finalement pas été vraiment surpris qu'elle disparaisse aussi tragiquement et rapidement. On imagine facilement ce qu'avait pu être cette « chute » pour une âme si exigeante, simple mais aussi forcément diva, au sens noble du terme. Je me souviens qu'au faîte de sa gloire, nous étions allés ensemble à l'Odéon, où le Met en tournée donnait un *Barbier de Séville*. Par discrétion, elle avait demandé à n'entrer dans la salle qu'une fois les lumières éteintes. Je ne sais pas qui avait répandu le bruit de son arrivée, mais à peine avait-elle franchi le seuil de la salle, que tous lui firent une ovation ; y compris Pompidou, alors Premier ministre, et tous les ministres et officiels présents pour cette soirée de gala. Elle en fut profondément touchée. Après le spectacle, nous avions rejoint Onassis chez Maxim's. Et elle lui dit simplement : « Une soirée comme celle-là, c'est formidable pour moi. J'ai eu tout Paris à mes pieds, sans avoir dû chanter et avoir le trac. »

J'ai parfois regretté de ne plus voir cette amie, mais j'étais aussi trop attristé par les transformations de son caractère. En vérité, il y avait toujours eu chez elle une espèce de double nature, triomphante et suicidaire, attirée par ce qui pouvait lui nuire. Il est vrai qu'il y avait en elle, comme en chacun d'entre nous, une sorte de schizophrénie, parfaitement justifiée lorsqu'on la voyait sur scène. Par exemple, lorsqu'elle déménagea de son hôtel particulier milanais à la suite de sa séparation avec son mari, alors qu'elle était extraordinairement attirée et comme fascinée par la gloire qui l'entourait et l'attitude du public et des musiciens, elle fit brûler dans sa chaudière tous les costumes de scène de ses plus grandes créations de la Scala, ou tout au moins ceux qui lui appartenaient ou qu'elle avait gardés. Elle me disait toujours : « Le passé est le passé. » Or, elle était d'autre part extraordinairement tournée vers ce passé, et très particulièrement dans les dernières années de sa vie. Peut-être était-ce lié à son enfance qui lui avait laissé de sombres souvenirs et dont elle n'aimait pas parler. Tout, chez elle, était à fleur de peau. Elle pouvait avoir un côté très petite fille à s'amuser d'un rien (par exemple hurler de rire à un gag dans un film de Jerry Lewis) et dix minutes plus tard pleurer à la seule évocation d'un personnage romantique auquel elle s'identifiait immédiatement. Cette sorte de schizophrénie a sans doute participé à son fabuleux pouvoir de personnification des rôles qu'elle a abordés ; elle disait : « Ce que j'essaye de faire, lorsque je suis en bonne forme vocale, c'est d'utiliser cinquante pour cent de mon cerveau pour contrôler ma voix et de laisser les cinquante pour cent restant à l'improvisation, à la passion. » C'est par cet équilibre idéal qu'elle a conquis le monde entier.

Que seule alors demeure la mémoire des moments de sa splendeur ! Je l'ai trouvée sur son lit de mort, pareille à la Maria de vingt ans. Par une grâce de la nature – et les soins extraordinaires de celle qui fut à la fois sa meilleure amie, sa confidente, sa femme de chambre : Bruna –, elle était redevenue la Traviata que j'avais rencontrée en 1955, le visage souligné par une très longue natte, d'une beauté poignante mais enfin paisible. Tout me revint alors brusquement en mémoire : cette voix âpre et profonde, ce chant passionné. Et la signature d'une lettre qu'elle m'avait écrite un jour : « Ta Maria, folle, mais pas tellement. »

Karajan

Fin 1965, je démissionnai de la direction d'EMI-France ; peu avant, j'avais profité d'un voyage en Amérique pour demander un rendez-vous à George Marek, le directeur de RCA, qui, à plusieurs reprises, m'avait fait des propositions de travail. En sortant d'un entretien des plus cordiaux, j'eus la surprise de tomber sur Karajan qui me glissa à l'oreille : « Ne prenez aucune décision avant que je vous parle d'une idée que j'ai eue... » Le soir même, je me rendis à son hôtel et c'est alors qu'il m'entretint d'une collaboration possible entre nous, et de différents projets artistiques qu'il avait en tête... m'assurant, en anglais et avec un sourire : « *Rough it will be, boring never*[1] ! »

On imagine qu'avant de donner mon accord, il me fallut réfléchir quelques soirées qui ne furent pas les plus faciles de ma vie. Depuis quelques années, je suivais au plus près les activités de Karajan et j'avais eu

---

1. « Ce sera dur, mais jamais ennuyeux ! »

maintes fois l'occasion d'admirer, et un peu de craindre, la formidable capacité d'organisation de cet homme hors du commun, qui excédait de beaucoup l'ordinaire d'un artiste.

Nous en avons reparlé et nous avons trouvé un accord. C'est ainsi que, le vendredi 8 avril 1966, Herbert von Karajan m'écrivait ces mots qui allaient orienter une grande partie de ma vie, vingt-trois ans durant : « Mon cher Michel, [...] vous vous chargez, désormais, de la coordination de toutes mes activités artistiques dans ma double fonction de chef d'orchestre et de metteur en scène. Cette mission impliquera, en particulier, le Festival de Pâques de Salzbourg (avec le titre de « coordinateur artistique »), mes apparitions dans les théâtres et les festivals, y compris le Festival d'été de Salzbourg, mes enregistrements sur disque ou sur bande, ainsi que mes activités de télévision et films. Dans ce but, vous êtes autorisé par moi à mener tous pourparlers que vous jugez nécessaires, ainsi qu'à procéder à toutes auditions, de telle sorte que seules les décisions finales m'incombent. Bien amicalement à vous. » Devenir le factotum de Karajan, c'était renoncer nécessairement à certaines de mes activités, ou du moins en restreindre le champ, et accepter un emploi du temps où l'imprévu serait la norme. D'autant qu'il était hors de question que j'abandonne mon idée d'ouvrir un bureau d'imprésario, ni que je cesse de travailler à ce titre pour d'autres artistes ; il allait falloir jongler !

Du reste, lors de ma conversation avec Herbert von Karajan à New York, je lui avais dès l'abord annoncé la création de mon bureau, et nommé les quelques artistes qui, d'ores et déjà, m'avaient donné leur accord. D'après lui, cela n'était nullement contradictoire avec ce qu'il me demandait d'accomplir.

J'avais connu Karajan en 1957, dans des circonstances curieuses, puisque Pathé Marconi m'avait dépêché à Saint-Tropez pour installer un électrophone chez le célèbre chef d'orchestre. Décidément cette année 1957 s'avéra être, pour moi, une année charnière puisque je me liai en même temps à Maria Callas, Karajan, Lorin Maazel et sir Thomas Beecham. J'ai toujours eu le sentiment que le fait de me demander de rejoindre Karajan dans sa maison du Midi pour le choix d'une installation sonore, ce qui n'entrait pas à proprement parler dans mon champ d'activité, n'était qu'un prétexte pour me rencontrer. De fait, après quelques minutes consacrées à cette affaire d'électrophone, j'eus la surprise d'entendre le maître me parler d'enregistrements que j'avais réalisés et qu'il avait entendus. Suivit une discussion concernant le son, la prise de son, les données musicales en général. Bref, une conversation artistico-philosophique sur la musique, à laquelle je ne m'attendais nullement, mais que j'affrontais d'autant plus facilement que mon interlocuteur était à la fois affable, à l'écoute et notre entretien extrêmement plaisant et enrichissant.

Nous nous sommes presque immédiatement trouvé des « atomes crochus » qui facilitèrent nos rencontres ultérieures et enlevèrent un peu de ma naturelle appréhension à aborder cet homme au contact beaucoup plus simple qu'on ne le disait, mais toutefois impressionnant par son charisme, et, paradoxalement, sa timidité.

Alors que j'étais supposé rentrer le soir à Paris, il m'invita très gentiment à partager son dîner et à rester coucher chez lui dans une ravissante chambre qui m'a laissé un souvenir enchanteur. À partir de cette rencontre, j'ai gardé avec lui des relations qui, si elles n'étaient pas étroites, étaient assez régulières, au télé-phone, ou lors de rencontres à Paris, ou des spectacles ou des concerts au Festival de Salzbourg, auquel je me rendais déjà régulièrement.

Au début des années 1960, je pus mesurer la confiance qu'il avait en moi lorsque, à la demande de certaines autorités d'EMI, j'essayai de le faire revenir sur sa décision de quitter cette compagnie.

Au cours d'une de nos conversations à l'hôtel Lan-caster, à Paris, il accepta le principe de ne pas signer un contrat d'exclusivité avec la DGG, à la condition absolue que je sois son seul interlocuteur qualifié à l'in-térieur de la compagnie à laquelle j'étais attaché.

Je croyais avoir réussi, quand les intrigues d'un grand patron de la firme flanqua bas par jalousie des semaines de tractations laborieuses. Karajan quitta alors (pour un temps) EMI, et signa une exclusivité (momentanée... mais longue) avec la Deutsche Gram-mophon. Nous nous sommes alors un peu perdus de vue, même s'il me téléphonait assez souvent pour m'in-viter à des spectacles qu'il dirigeait à l'Opéra de Vienne (je me souviens notamment d'une somptueuse *Aïda* avec Leontyne Price, d'un poignant *Parsifal* et d'une inoubliable première de *Pelléas et Mélisande*, dans sa propre mise en scène). À chacune de ces rencontres épi-sodiques, nous eûmes l'occasion de bavarder et d'ap-profondir une amitié qui ne s'est jamais démentie en plus de trente années.

L'homme était une sorte de tsar de la musique en Europe puisqu'il était directeur musical à vie de la Phil-harmonique de Berlin, directeur artistique de l'Opéra de Vienne, directeur artistique du Festival de Salzbourg. Il avait également des relations particulièrement étroites avec la Scala de Milan pour le répertoire allemand mais aussi pour toutes les grandes œuvres du répertoire italien comme *Cavalleria rusticana, La Bohème* (dont il existe un extraordinaire enregistrement vidéo), la *Lucia* (qu'il devait diriger et produire avec Maria Callas comme interprète légendaire au milieu d'une pléiade de vedettes), et de très nombreuses œuvres de langue allemande, telle que *Le Chevalier à la rose*.

En 1964, il m'invita à Venise pour me parler, me dit-il, d'une idée importante. Il s'agissait en fait de lancer le Festival de Pâques de Salzbourg, dont il voulait consacrer les premières éditions aux opéras de Wagner. Coup de pavé dans la mare de Bayreuth, d'autant plus « éclaboussant » que l'intention avouée du maestro était de renouveler les distributions quelque peu figées de la Colline sacrée, en révélant de nouveaux talents et presque des contre-emplois... sans parler de sa manière personnelle de diriger Wagner qui s'était affinée avec les années, et dont sa *Tétralogie* pour DG serait un premier aboutissement retentissant. L'idée était bien faite pour me séduire, moi qui étais plus que lassé des éternels, et parfois poussifs, interprètes wagnériens que l'on entendait à Bayreuth, année après année, dans les mêmes rôles depuis vingt-cinq ans.

Certes il y avait eu aussi des essais de renouvellement et des éclats admirables, comme le somptueux *Lohengrin* mis en scène par Wieland Wagner et dirigé par Lorin Maazel avec une distribution de choix, ou un inoubliable *Tannhäuser* dirigé par Sawallisch, alors plein de fougue, dans une autre et sublime mise en scène de Wieland Wagner, dont je garde un souvenir visuel inoubliable. Là, il y avait eu un réel effort pour renouveler, non seulement le style des mises en scène, mais aussi une génération d'interprètes avec l'extraordinaire Victoria de Los Angeles dans le rôle d'Élisabeth, Grace Bumbry dans celui de Vénus, Fischer-Dieskau (inoubliable dans Wolfram) et les ballets du Venusberg réglés par Maurice Béjart.

Il est également juste de dire que Wieland Wagner, toujours à l'affût de nouveaux talents, avait fait appel, sans distinction de nationalités, à des artistes comme Régine Crespin, Ernest Blanc, Anja Silja, etc. Mais tout ceci restait épisodique et comme incomplet.

Aussi, et malgré l'admiration immense que je portais à Birgit Nilsson, par exemple, je pensais alors qu'on ne pourrait pas jouer éternellement le *Ring* ou *Tristan* avec elle, et qu'il faudrait bien admettre de la remplacer un jour, aussi dur et triste que ce fût. Rien n'est plus stupide que de figer une interprétation ; et ce n'est pas faire injure aux gloires du passé que d'applaudir les nouvelles... Autant je pense sincèrement qu'une Maria Callas n'a jamais été remplacée, autant je suis également convaincu qu'il serait absurde de ne plus, par dévotion incongrue, représenter les opéras où elle a brillé. Il y eut d'ailleurs d'autres très grandes interprètes de Norma, Lucia ou Violetta, et il y en aura d'autres, forcément – et heureusement – différentes (je déteste les copies...). Karajan avait réalisé un très bel enregistrement du *Trouvère* avec Maria, il en réalisa, quelques années plus tard, un autre, également intéressant, avec Leontyne Price ; ce qui ne signifie pas que Price ait remplacé Callas, mais que les œuvres existent, peuvent exister, indépendamment d'un interprète jugé par ses contemporains, souvent à juste titre, comme inégalable.

Je dois avouer que, même si ce débat entre Karajan et moi se déroula très sereinement, il soulevait bien des problèmes, tant la tradition s'imposait lourdement à nous. À Venise, en 1964, sur la terrasse du Palazzo Gritti, nous en avons longuement discuté. J'ai dit à Karajan : « Vous avez créé une école d'interprètes mozartiens, straussiens ; pourquoi ne pas créer une école rajeunie de chanteurs wagnériens ? C'est à vous de montrer l'exemple. Si quelqu'un peut y parvenir, à la fois musicalement et de par sa notoriété, si quelqu'un n'a pas besoin de vedettes pour remplir une salle, c'est bien vous. Vous seul pouvez assurer la transition vers une nouvelle génération de chanteurs, en sauvegardant le meilleur des traditions que vous connaissez et en évitant les pièges de la routine. » D'autre part, Karajan voulait absolument par ce biais offrir à sa Philharmonie la possibilité de jouer, au moins une fois l'an, dans une fosse d'opéra (et ainsi élargir et affiner son répertoire), ce qui lui était impossible durant sa saison berlinoise uniquement consacrée à la musique symphonique. Nous avons alors dessiné les grandes lignes du futur Festival de Pâques. Je crois, en fait, que le maître n'attendait de moi que d'approuver chaleureusement ses idées et de donner la dernière impulsion à une décision déjà mûrement réfléchie et qui ne demandait qu'une confirmation amicale et musicale.

Afin de mener à bien ce projet, qui ferait sans aucun doute l'objet des critiques de tous ceux à qui les succès répétés du chef autrichien étaient proprement insupportables, il convenait de préparer finement l'entreprise. Karajan me demanda si je connaissais un pays où nous pourrions trouver les nouvelles voix dont nous avions besoin. Je lui citai la Suède, patrie des Björling, Nilsson et autres Gedda. Je savais qu'il y avait là-bas quelques voix qui n'allaient pas tarder à s'imposer, comme Helge Brilioth, Kerstin Meyer, Barbro Ericsson, et j'arrangeai les détails d'une audition. Nous auditionnâmes quelques très bons chanteurs à Stockholm. Karajan, qui jouait encore admirablement du piano et qui aimait accompagner les chanteurs et leur indiquer le style et les grandes lignes de leur partition, monta précipitamment sur la scène et se substitua au pianiste éberlué.

Le tout avait pris une journée, puisque nous étions partis le matin en Caravelle, et dans l'avion qui nous ramenait, Karajan me demanda de bâtir aussitôt un budget prévisionnel pour le futur festival de Pâques. Je l'improvisai le temps du voyage, tout en lui posant des questions sur divers aspects techniques qui m'échappaient. Nous fûmes très amusés, par la suite, de constater qu'à dix pour cent près nos estimations avaient été exactes...

Karajan aimait la précision, que ce soit dans les budgets, dans les prévisions et, par-dessus tout, dans la musique. Il est intéressant, sur le plan de son caractère, de noter que ce budget fut une espèce de révélateur pour lui à mon égard et qu'il en reparla des dizaines de fois dans les années qui suivirent.

À Pâques 1967, le festival de Salzbourg bis devint une réalité. La conception du festival était la suivante : le samedi des Rameaux avait lieu la première représentation de l'opéra choisi pour l'année – en 1967, c'était *La Walkyrie* qui, en en bousculant légèrement l'ordre devait présenter et annoncer le *Ring* complet s'étirant sur quatre ans. Il y avait ensuite deux concerts symphoniques, un concert choral, c'est-à-dire un ensemble de quatre événements qui faisaient l'objet d'un cycle sur abonnement. Au milieu du festival, il y avait une représentation en location libre de l'opéra de l'année, puis un deuxième cycle qui commençait par les trois concerts et qui se terminait par l'ultime représentation de l'opéra le lundi de Pâques, également à la disposition des souscripteurs.

Pour ne pas avoir à dépendre des uns et des autres, Karajan avait décidé d'en assumer les risques financiers. Deux contributions majeures lui avaient été cependant accordées pour la réalisation de ce festival : d'une part, la ville de Berlin lui offrait les services de l'orchestre pour les concerts, mais Karajan payait l'orchestre pour les représentations d'opéra. D'autre part, le *Land* de Salzburg lui offrait le « *Grosses Festspielhaus* » en état de marche avec les équipes techniques, éclairagistes, costumiers, machinistes et tout ce qui fait la vie d'un théâtre.

Le succès du premier Festival de Pâques de Salzbourg fut tel qu'on dut refuser des milliers d'abonnés putatifs. Généreusement, Karajan ouvrit les salles des générales, que ce soit pour les opéras ou pour les concerts, à titre gratuit.

À la suite de ce triomphe, Rudolf Bing, le directeur du Metropolitan Opera de New York, insista pour importer chaque année la production du Ring sous la direction de Karajan, bien entendu avec l'orchestre du Met. C'est alors que le problème de Brunehilde se posa, car le Met insistait, compte tenu de son immense gloire new-yorkaise, pour que Birgit Nilsson chantât

Brunehilde. De son côté, Karajan voulait que la distribution originale de Salzbourg soit respectée, ce qui fut fait grâce à une alternance entre Régine Crespin et Birgit Nilsson. La célèbre cantatrice manifesta une réelle antipathie pour Karajan et utilisa sa mise en scène pour régler ses comptes. Ainsi déclara-t-elle au *New York Times*, que « dans cette *Walkyrie*, [elle était] tellement dans l'ombre [qu'elle pouvait] sortir de scène pendant les représentations pour aller boire un café, sans que Karajan remarque [son] absence ». On avait beaucoup ri, mais d'elle... Et Karajan y avait finalement été totalement indifférent...

L'année suivante, au moment où *L'Or du Rhin* et *La Walkyrie* allaient être repris au Met, Karajan tomba malade et, l'année qui suivit, ce fut au tour du Met de subir une grève si dure et si longue que le projet ne se poursuivit pas au-delà de *La Walkyrie* initiale.

Mais à Salzbourg, le festival allait de triomphe en triomphe au fur et à mesure que les années passaient. Après le *Ring*, ce fut *Tristan*, *Parsifal*, *Lohengrin* et d'autres opéras encore. Le Festival de Pâques, en grande partie grâce à l'aide d'Éliette von Karajan, a poursuivi sa route au-delà de la mort du maître, pour réaliser le rêve de Karajan, d'en faire le festival salzbourgeois de la Philharmonique de Berlin.

Lorsque j'acceptai sa proposition de travailler pour lui, je savais qu'il me faudrait respecter certaines règles et notamment celle consistant à ce que les artistes, appartenant à mon bureau ou qui le rejoindraient, soient très conscients du fait qu'appartenir à mon bureau et jouer ou chanter sous la direction de Herbert von Karajan étaient deux choses différentes. De toute manière, ce n'était pas du tout le genre de ce Protée-autocrate que de se laisser imposer un artiste qu'il n'aurait pas choisi. Les seules exceptions à cette règle furent le fait et le choix de Karajan, parfois sur ma suggestion, mais jamais plus... Je pense avoir poussé cette exigence jusqu'au scrupule de ne jamais percevoir, dans un premier temps du moins, de rétribution sur les cachets de mes artistes qui venaient à enregistrer sous sa direction. Durant cette période, et contrairement à ce que certains prétendaient, je n'étais absolument pas l'agent du maestro, mais une espèce de représentant artistique, et, tout comme ma collaboratrice Thérèse Darras, qui travailla aussi pour lui, je percevais un salaire mensuel mais aucune commission sur mes interventions se rapportant à Karajan. Ce n'est que beaucoup plus tard qu'il m'arriva d'établir pour lui certains contrats (notamment pour des tournées en Amérique, en Asie et quelques-unes en Europe), mais ce fut finalement assez rare et tout à fait circonstanciel. En effet, Karajan pensait profondément – et me l'a toujours dit lorsqu'il me demandait d'intervenir en tant que son imprésario – qu'il n'existait pas d'artiste qui puisse se passer d'imprésario, à quelque stade de sa carrière qu'il fût. Lorsque je lui disais : « Mais, Herbert, vous n'avez vraiment pas besoin de qui que ce soit, si ce n'est d'un bon secrétariat, pour traiter de ce contrat qui va pratiquement de soi », il me répondait régulièrement : « Vous croyez sérieusement que je vais aller expliquer aux promoteurs de la tournée ce que je vaux commercialement ou artistiquement ? Cela ne m'appartient pas et vous avez toutes les idées et tous les arguments pour le faire. Donc, exécution ! »

Il est important que le public sache quelque chose

qui est totalement ignoré : Karajan tenait essentiellement à ce qu'un pourcentage de places puisse être mis
à la disposition d'un public ne disposant pas d'un gros
budget, les meilleures places étaient fatalement très
chères étant donné le coût d'une tournée (hôtels de première classe pour tout l'orchestre, transport du matériel, assurances – dont celles des instruments –,
charters, cachets, location des places, publicité, etc.).
Ainsi, dans chacun des contrats importants de Karajan
à l'étranger, était spécifiée la proportion de places qui
ne pouvaient pas être vendues à un prix supérieur à x,
de manière à ce que la jeunesse ou les gens ne disposant
pas des ressources nécessaires puissent néanmoins
entendre ses concerts. Lorsque l'équilibre financier
était menacé par cette exigence, j'avais l'ordre de baisser son cachet en conséquence, de manière à ce que ce
principe puisse être toujours respecté. Karajan disait
toujours : « Je ne veux pas diriger seulement pour les
visons musicaux », ce qui en dit long sur la validité des
ragots pernicieux transformant Karajan en « chef d'orchestre de la jet-set »...

Je l'accompagnais dans toutes ses tournées et très
particulièrement dans les tournées asiatiques et les
tournées américaines. Nous y vivions des moments
extraordinaires, prenions tous les repas ensemble. Je
suivais avec passion les répétitions qu'il faisait le matin
de chaque concert et durant lesquelles il ne consacrait
qu'une demi-heure ou trois quarts d'heure au programme du soir, afin de garder le reste du temps de la
répétition au travail préparatoire d'œuvres qu'il pro-
grammerait des mois plus tard. Ai-je besoin de dire
combien de partitions supplémentaires les bibliothé-

caires de l'orchestre philarmonique de Berlin et de Vienne avaient à apporter pendant les tournées... Pour Karajan, les choses étaient différentes puisqu'il dirigeait répétitions, concerts et opéras sans partition. Lors de sa dernière tournée aux États-Unis, l'année de sa mort, il oublia toutes les partitions, qu'il emportait par une sorte de fétichisme, dans mon bureau à Paris. Je les lui apportai le jour même du début de ses répétitions.

Que d'aventures à travers toutes ces pérégrinations, à combien de triomphes ai-je assisté à travers le monde et quel enrichissement personnel cela m'apporta ! Il faudrait raconter tant de voyages, d'incidents, amusants ou terrifiants, notamment lors du premier voyage en Chine avec la Philharmonique de Berlin, en 1978. L'arrivée à Pékin fut marquée par un événement dramatique : la passerelle apportée de Shangaï pour le DC10 de la Lufthansa, qui était notre charter pour toute cette tournée en Extrême-Orient, s'effondra, blessant gravement trois musiciens qui durent être transportés immédiatement à l'hôpital de Pékin. Le soir même, Karajan et moi étions à leurs chevets et leur évacuation vers l'Europe fut immédiatement organisée par Karajan. Ils furent rapatriés, selon la gravité de leur état, l'un en Allemagne auprès de son propre médecin, un autre en Suisse que Karajan confia à son chirurgien personnel.

Il y eut aussi la découverte des splendeurs de la Cité interdite, de la Grande Muraille de Chine, les répétitions dans une salle qui n'était pas à proprement parler une salle de concert, et notre stupéfaction en voyant le public chinois, Deng Xiaoping le premier, mangeant pendant le concert, ce à quoi nous n'étions guère habitués !

Pendant cette semaine passée à Pékin, nous

allâmes visiter la fameuse Cité interdite, entièrement constituée (salles, rampes, etc.) de marbre Ming, et qui temple après temple, palais après palais, vous amène peu à peu vers la salle du Trône où l'on réalise vraiment ce que pouvait être la Chine impériale. Karajan, à vrai dire, était trop occupé par la mise au point des deux concerts qu'il allait donner à Pékin pour consacrer autant de temps que moi à la découverte de ces merveilles. J'ai passé pratiquement tout mon temps dans la Cité interdite, six journées entières de marche, de visites et d'éblouissement devant cet univers qui me semblait sorti des contes de fées et que Bertolucci a parfaitement montré dans son film *Le Dernier Empereur*. Je n'étais jamais rassasié. J'ai invité notre petit groupe à dîner dans un restaurant situé au bord du lac, près du Palais d'Été. Le contraste entre les marbres Ming, d'une sobriété mais d'une richesse inouïes, les toits multicolores parsemés de tous les animaux qui composent les années et les siècles chinois, les temples de la Cité interdite, le Temple du Ciel ainsi que le Palais d'Été, avec leurs couleurs rutilantes, constitue un des beaux souvenirs de nos innombrables tournées.

Par ailleurs, Karajan avait mis au point lui-même le travail des caméras qui retransmettaient, pour la première fois en Chine, deux concerts diffusés en direct dans le pays entier, devant des cameramen médusés par ses connaissances techniques sur les retransmissions, la régie générale et télévisuelle des concerts.

À l'expiration de son contrat d'exclusivité pour DGG, Karajan m'indiqua qu'il était disposé à reprendre les relations avec EMI pour certains projets, et me proposa alors de devenir son producteur pour cette firme. C'est ainsi qu'en 1969 nous avons enregistré les six dernières symphonies de Mozart, et que par la suite je devais superviser tous ses autres enregistrements pour EMI, à l'exception des *Maîtres chanteurs* (enregistrés à Dresde pendant un voyage que j'effectuais aux USA), dont je dus cependant assurer la post-production et revoir le montage.

En cette fin des années 1960, les rapports entre le chef autrichien et la France s'étaient aussi considérablement consolidés, puisque, à la mort de Charles Münch en novembre 1968, le ministère de la Culture lui proposa de devenir conseiller artistique du tout jeune Orchestre de Paris. Poste qu'il occupa jusqu'en 1971, et dont il fut éconduit dans des circonstances d'une extrême inélégance, que je me dois de raconter ici.

Marcel Landowski, à qui je dois rendre hommage par ailleurs pour la création de l'Orchestre de Paris et pour le merveilleux travail de décentralisation du monde musical qu'il entreprit sous le ministère de Malraux, redoutant que Karajan ne puisse assumer les dix semaines qu'il devait consacrer à l'orchestre parisien (à moins qu'il n'y eût d'autres raisons qui m'auraient échappé alors, tramées dans les couloirs du pouvoir...), envoya le délégué de l'orchestre, Roland Bourdin, à Salzbourg, remettre au chef une lettre qui officialisait la fin de son contrat, alors même que, quelques semaines plus tôt, tout ce petit monde était convenu du contraire avec force poignées de main et sourires enchantés. Prévenu de ce coup bas par un ami haut placé (qui devait jouer, dans le monde de la musique et dans ma vie professionnelle et amicale, un très grand rôle), j'en avais immédiatement informé Karajan, avant même l'arrivée du commissionnaire du ministère. Nul doute que l'orchestre y perdit beaucoup, malgré les excellents chefs qui le dirigèrent ensuite ; d'autant que, en regard de la notoriété de Karajan, les conditions financières étaient très avantageuses pour l'orchestre et bien moins pour le chef...

Selon moi, Paris ne s'en est jamais remis. J'ai toujours assimilé ce départ involontaire à celui de Mahler de Vienne : ni l'une ni l'autre de ces deux villes, du moins pour une longue période, n'ont complètement surmonté leur perte.

L'amusant de la chose, c'est que, bien plus tard, le maire de Paris, Jacques Chirac, avait organisé une réception au moment du passage de la Philharmonie de Berlin au Châtelet. Très bien renseigné, Chirac reçut Karajan avec un maximum d'honneurs, déplorant son trop court passage à la tête de l'Orchestre de Paris, et regrettant que le pays n'ait pas su lui exprimer alors sa profonde gratitude. Marcel Landowski vint alors me trouver et me demanda si je croyais que le maestro ne lui tenait pas trop rigueur du passé, et s'il pouvait aller le saluer sans essuyer une rebuffade. Savourant la scène à l'avance, je lui répondis que cela ne poserait aucun problème et que Karajan était bien trop homme du monde pour avoir une attitude discourtoise. Karajan le reçut avec un grand sourire et lui dit, devant Jacques Chirac médusé : « Comment pourrais-je vous oublier, cher maître ? Et comment exprimer ma reconnaissance à celui qui m'évita une vie infernale de trajets entre Berlin, Salzbourg et Paris. Pensez que, de moi-même, je n'aurais jamais pu quitter Paris que j'adore. » Le retour de bâton était cinglant !

En 1975, Karajan me demanda de superviser un premier enregistrement pour la Deutsche Grammophon. Je fus reçu très froidement par les dirigeants de la firme qui voyaient d'un très mauvais œil cet « espion » qui leur était imposé par le « prince ». Heureusement pour moi, l'équipe technique, elle, me manifesta une sincère bienveillance et je sus dès lors que je pourrais diriger d'autres enregistrements pour la firme allemande. Dès l'année suivante, je devins le directeur artistique officiel du maestro pour DG (par clause de contrat renouvelé), jusqu'à ses derniers enregistrements réalisés trois mois avant sa mort, survenue à Anif, près de Salzbourg, le 15 juillet 1989. Cet horrible souvenir, vieux de plus de dix ans déjà, m'incite à rendre hommage à la mémoire de sir Georg Solti qui accepta avec beaucoup d'élégance de diriger les représentations du *Bal masqué* préparé par son illustre confrère. Ayant eu le privilège d'assister aux dernières répétitions du chef hongrois (devenu anglais), je me souviens de l'extrême émotion qui régnait sur le plateau et dans la fosse.

Le matin même de sa mort, le maître m'avait téléphoné. Lorsque vers quinze heures – j'étais chez des amis à la campagne – Thérèse Darras me téléphona pour m'annoncer l'horrible nouvelle, cela me parut tellement monstrueux et tellement invraisemblable que je n'en crus rien. Ma réaction était absurde, mais pour moi Karajan, malgré ses souffrances, malgré ses opérations, malgré son âge, représentait l'éternité. S'ensuivit entre Thérèse et moi un dialogue surréaliste : « Tant et tant de fois les journaux, à l'occasion de ses maladies, ont annoncé sa mort. Ce sera encore un boniment de plus ! » Thérèse, bouleversée, insiste et me dit : « Mais enfin, toutes les radios et les télévisions l'annoncent. Si vous ne voulez pas le croire, appelez au moins sa maison à Salzbourg ! » Ma réponse la laissa pantoise : « Mais, Thérèse, regardez votre montre ! Je ne peux pas téléphoner : c'est l'heure de sa sieste ! » Je téléphonai cependant, et je sus...

Je le vois partout et le sens partout. Aujourd'hui encore, il est constamment présent autour de nous. Lui qui croyait à la métempsycose disait souvent qu'il n'était pas possible que, quand un cœur et un cerveau avaient encore tant de choses à dire et à faire, il ne leur soit pas donné une autre vie pour accomplir leur tâche.

Avec les années et les centaines de projets que nous avions menés à bien, mon amitié admirative pour Karajan s'était changée en une véritable affection, autant pour lui que pour sa famille, avec laquelle je reste très lié et que je considère comme la mienne. Et si je ne vois pas assez Éliette, sa femme, et qu'il m'est plus rarement donné encore de voir ses deux filles, Isabel et Arabel, je garde pour elles trois une profonde tendresse. Éliette, cœur d'une profonde bonté et amie d'une incroyable fidélité, est demeurée dans ma vie une pensée quotidienne, malgré l'éloignement géographique. Lorsque nous nous parlons, j'ai le sentiment de l'avoir quittée la veille.

L'un des traits de caractère qui m'avait, dès le début, le plus séduit chez Karajan, était cette capacité absolue à toujours penser à l'avenir, aux projets, et à ne jamais cultiver un passé, même glorieux : c'était très stimulant, comme une cure de jouvence permanente. Quant aux mauvais souvenirs, il préférait les oublier ; il avait pour cela cette expression qu'il me répéta souvent : « Laissez fondre cette vieille neige au soleil... »

Sagesse de montagnard. Il avait gardé de sa jeunesse salzbourgeoise, une certaine amertume, et n'en parlait que rarement. Son père avait été un homme très bon, mais sous l'empire d'une femme autoritaire qui régissait tout. Quant à son frère, qui avait été très proche de lui durant l'enfance, la vie et des querelles d'intérêts les avaient séparés depuis longtemps déjà. Le problème de la guerre, et de son adhésion au parti nazi qui lui fut (et lui est encore) tant reprochée, était aussi une question épineuse dont il me parla souvent et avec une totale franchise. Il ne niait pas une certaine erreur et un manque d'analyse, qu'il avait payés lourdement, mais estimait qu'on lui faisait un procès beaucoup plus lourd qu'à Böhm ou Furtwängler, qui avaient aussi dirigé durant cette période, de manière beaucoup plus officielle, et avec des orchestres autrement plus prestigieux que ceux de Ulm ou d'Aix-la-Chapelle. Et s'il dirigea bien un *Tristan* à Paris avec Germaine Lubin, ce fut à l'invitation du directeur de l'Opéra, Jacques Rouché, et non le fait de la propagande nazie. Hitler ne l'aimait d'ailleurs pas du tout, depuis ce jour de la fin des années 30 où il avait assisté à une représentation des *Maîtres chanteurs* dirigée par Karajan, sans partition. Le chancelier l'avait alors traité de « jeune freluquet », et l'avait durablement pris en grippe. Informé, le jeune chef eut le culot de diriger les autres représentations avec en face de lui la partition, mais posée à l'envers – ce qui revenait exactement à dire à l'autorité : « Je vous emmerde ! » Ainsi, durant toute cette période, Karajan ne fut invité qu'une seule fois à diriger la prestigieuse Philharmonie de Berlin et ne l'a plus jamais dirigée jusqu'à la mort de Furtwängler, quelque seize ans plus tard. Il a vu la plupart des propositions d'engagement, faites par de nombreux pays, annulées par les autorités du IIIe Reich, qui le déclaraient invariablement « malade » ou « pas libre »... Goebbels avait misé sur Furtwängler, ne gardant Karajan qu'en réserve (autrement dit au placard) pour le cas où son célèbre aîné leur aurait échappé. De plus, Karajan épousa en octobre 1942, Anita Güttermann, qui avait « un quart de sang juif » (selon l'expression d'alors) ; ce qui n'était pas pour lui concilier les autorités !

N'oublions pas qu'il était beaucoup plus facile à un Toscanini ou à un Klemperer de refuser de diriger en Allemagne, quand leur grande notoriété leur ouvrait toutes les portes... Je veux bien admettre que l'immense appétit de Karajan lui ait fait commettre des erreurs d'appréciation, et même se montrer aveugle et sourd par rapport au régime, mais cela ne lui a finalement servi à rien d'un point de vue professionnel pendant toute la durée de la guerre, et sans Walter Legge, qui le fit enregistrer à Vienne pour la Columbia[1] dès 1946, il est probable que cette adhésion – qui était plus pour lui, j'en reste convaincu, une formalité qu'un engagement politique – lui eût été reprochée plus longtemps encore. D'autre part, par une extraordinaire ironie, pour lui qui s'intéressait à tout, la politique était le domaine qui lui était le plus indifférent ; sans doute conviendrait-il de s'interroger sur le rôle des artistes en période de crise,

---

1. En septembre 1946, l'équipe d'EMI arrive à Vienne, bardée d'autorisations officielles, pour enregistrer une très belle *Huitième Symphonie* de Beethoven, avec la Philharmonie. C'est en mai de la même année que Walter Legge avait fait signer à Karajan un contrat d'enregistrement de trois ans pour EMI. Fin février 1948, les Alliés autorisèrent Karajan à diriger l'Orchestre philharmonique de Vienne.

manipulés par des pouvoirs ou rebelles par nature, car c'est une question de nature. Il serait aussi idiot de reprocher le goulag à Prokofiev, Chostakovitch ou Eisenstein, qu'à Karajan, Gieseking ou d'autres, les camps de concentration... Et puis, il est toujours très facile de porter des jugements moraux *a posteriori*. Je m'étonne toujours de constater que jamais il ne fut reproché à un artiste soviétique d'avoir cautionné le régime totalitaire d'URSS, ni d'avoir pris une carte du parti communiste pour pouvoir exercer son métier... Dans l'abomination qu'a représenté « l'archipel des goulags », il n'y avait de salut pour les Gilels, Oïstrakh, Rostropovitch, Kogan et autres, que leur adhésion, sous une forme ou une autre, au communisme. Non seulement ils auraient été privés de passeport, mais même du passeport intérieur pour jouer sur le territoire de l'Union soviétique et devenir les grands professeurs au conservatoire qui ont formé des générations d'artistes qui sont aujourd'hui les gloires de la Russie.

Le vrai problème, à mon sens, dans le cas Karajan, c'est que sa très forte personnalité et son ambition immense (à distinguer de l'arrivisme à tout crin) lui ont, dès le début de sa carrière, attiré des jalousies exacerbées par ceux qui avaient de bonnes (ou de mauvaises) raisons de le craindre. Mais il faut noter qu'un Bruno Walter, qui était la bonté faite homme, se montra fort généreux avec Karajan lors de son retour triomphal à Vienne, exigeant même sa présence à une grande réception des commandements alliés qui avaient intimé au jeune chef disgracié de ne pas répondre à l'invitation. Il est aujourd'hui établi que la commission quadripartite d'épuration ou de dénazification, comprenant les Russes, les Américains, les Anglais et les Français, a en effet trouvé un dossier Karajan pratiquement vide. Il avait simplement servi de bouc émissaire !

Un autre témoignage bouleversant, et qui ne saurait être discuté, est celui d'Alexis Weissenberg, à qui Élie Wiesel, au cours d'une émission télévisée en direct de Pivot, reprochait d'avoir joué avec le nazi Karajan qui avait dirigé durant la guerre « *en uniforme* (sic) » – ce qui est totalement faux. Alexis lui répondit : « J'aime la droiture d'un être humain. [...] Il n'y a rien de plus intime pour moi que de travailler avec un homme sur scène. [...] Je ne pourrais pas faire de la musique avec quelqu'un sur qui j'aurais, en dehors de la musique, un jugement négatif. » Alexis était passé par les camps de concentration et avait fui vers la Palestine en 1943, à l'âge de quatorze ans, d'une manière rocambolesque, via la Turquie, la Syrie.

La personnalité « karajanesque » était complexe, nerveuse et parfois coléreuse. Par exigence personnelle, il se montra parfois dur, cruel (avec ou sans ironie) et sans indulgence, voire sarcastique. Tout amateurisme dans le travail, tout manque de constance, de profondeur, d'attention, le rendaient fou. Il s'exclamait : « *Schlamperei !* » Et là, il ne faisait pas bon l'approcher. Mais, pour trois ou quatre exemples de brouilles artistiques tenaces, combien de carrières fabuleuses démarrées sous l'égide de cet immense découvreur de talents, qui, tant de fois, mit son orchestre, sa baguette et son temps au service des jeunes – sans parler de ses cours publics ou archi-privés ?

Rares sont ceux qui ont eu le privilège de son amitié, et rares ceux qui comprirent au fond combien cet homme à la carrière artistique exceptionnelle était d'une grande timidité et, de plus en plus vers la fin de sa vie, d'une réelle et profonde modestie. Malgré les essais d'approches d'un aréopage pesant de snobs et de flagorneurs, il n'accordait son amitié, et plus encore son affection, qu'à un cercle restreint qui lui suffisait amplement. Simple, oui, franc, direct et aussi peu snob que possible, il avait en horreur les compliments creux, autant que les compromis artistiques ou mondains. Je veux bien croire que ses jeunes années aient été marquées par l'ambition, mais, lorsque je l'ai connu, il était déjà l'un des très rares chefs courtisés par tous les grands théâtres et les plus prestigieux orchestres, toutes les maisons de disques ou presque...

Il faut revenir sur les cabales anti-Karajan menées outre-Atlantique... notamment à Pittsburgh le 3 mars 1955, où un certain « lobby juif »[1] décida de boycotter le « nazi Karajan » en achetant la majorité des billets du concert, pour l'obliger à diriger devant une salle aux trois quarts vide ; Karajan avait eu alors pour l'assistance clairsemée ce mot merveilleux : « Pour vous qui avez eu le courage de venir nous entendre, nous allons tout faire pour vous donner le plus beau concert possible... » ; et c'est à la suite de ce concert « historique » que les musiciens de la Philharmonie de Berlin l'adoubèrent. À la mort de Furtwängler, l'organisateur de la tournée américaine de l'Orchestre philharmonique de Berlin avait exigé que celle-ci se fasse avec Karajan, sans quoi elle serait purement et simplement annulée. Karajan accepta par principe, mais à la condition d'obtenir la succession de Furtwängler et de ne pas être

---

1. Darius Milhaud m'a fait mourir de rire en me déclarant à propos de ce groupe de personnalités influentes mais sectaires qu'ils « rendraient Moïse lui-même antisémite » !

employé uniquement comme remplaçant... À cette époque, il préparait le *Ring* de Wagner à la Scala de Milan. Il alla trouver Ghiringelli, le directeur du théâtre, et lui fit part de cette proposition, lui précisant bien que, si celui-ci refusait de le libérer, il assurerait son contrat. Touché par une telle droiture, le directeur l'autorisa à partir. Karajan lui en fut reconnaissant toute sa vie. Et au retour de la tournée, le sénat berlinois le nomma officiellement « chef à vie » de la prestigieuse institution.

Il pouvait d'autant plus se permettre d'être exigeant avec les autres qu'il l'était absolument avec lui-même et travaillait comme un damné. Certes, il mesurait sa valeur, mais sur des critères qui lui étaient propres, comme un athlète sur ses performances passées et ses objectifs. Le fait qu'il ait beaucoup pratiqué le sport est d'ailleurs révélateur de ce goût du dépassement. La foi en soi est indispensable pour qui veut parvenir à repousser ses propres limites. Cela n'élimine en rien la conscience des difficultés, l'approfondissement, la remise en cause permanente. La leçon de Karajan était de ne jamais rien considérer comme facile et moins encore comme acquis. Il n'y a qu'à entendre les différences sensibles et la grande évolution de ses enregistrements des symphonies de Beethoven, de Mozart, de Brahms, de Sibelius ou les poèmes symphoniques de Richard Strauss : remis cent fois sur le métier... Les années lui avaient donné une science phénoménale de l'orchestre et, en même temps, une capacité nouvelle à percevoir des difficultés dans des partitions qu'il avait dirigées des centaines de fois. Son autorité ne l'empêchait pas d'être ouvert aux conseils et aux observations critiques de ceux en qui il avait placé sa confiance.

Ce chef unique a usé de son aura pour aider des dizaines de très jeunes artistes : solistes, chanteurs, chefs, mais aussi certains musiciens du rang (on se souvient du triste conflit qui l'opposa à son orchestre lorsqu'il voulut imposer la clarinettiste Sabine Meyer...). La jeunesse et les nouveaux talents le fascinaient, sans qu'il y eût chez lui la moindre prétention à jouer les Pygmalion. Tous les chefs d'orchestre célèbres de notre temps, les Muti, Abbado, Bychkov, Thielemann et la plus jeune génération qui les suit, lui doivent aide, soutien, conseils et, dans la plupart des cas, leur carrière et leur évolution intérieure et publique ; même Lorin Maazel, qu'il a réintroduit à la Philharmonique de Berlin contre la volonté de l'intendant de l'époque. Il a introduit Muti à Salzbourg, confié à Bychkov une tournée de la Philharmonique à un âge exceptionnellement jeune, introduit Abbado à la Scala ; et je pourrais dresser un catalogue des chefs dans la carrière desquels il a joué un rôle décisif. Il n'est que de citer, pour les plus jeunes, le plus brillant lauréat du Concours Karajan : Daniel Oren, à qui le maître donna toutes sortes de conseils amicaux et paternels et à qui il prédisait une carrière extraordinaire, que l'avenir ne devait pas démentir, et qui est en plein épanouissement.

Il y avait chez cet homme une réelle ouverture, une grande curiosité et une vraie bienveillance. Il ne s'agit pas d'outrer l'admiration que je lui porte, par un phénomène de souvenir et d'embellissement, mais seulement de rétablir certaines vérités quand d'autres s'évertuent à ternir cette personnalité hors du commun. Je n'ignorais pas ses défauts, ses erreurs, et même, très souvent, il m'est arrivé de lui parler assez durement (il me disait alors : « Vous êtes ma croix sur cette terre ! »), mais, parce que je le connaissais bien, j'étais touché par ses faiblesses autant que par son pouvoir, et toujours fasciné par son approche de la musique, d'une exigence et d'une sincérité totales. J'aimais aussi sa fantaisie, même si un certain côté brouillon de son caractère (notamment son incapacité à respecter les horaires des rendez-vous) avait le don de m'exaspérer. Par exemple, lorsqu'il arrivait littéralement à la dernière minute au concert, avec cette phrase sans réplique possible : « De toute façon, ça ne peut pas commencer sans moi ! » Et puis, il détestait les plannings d'enregistrement et, pour finir, bien persuadé qu'il changerait mon plan à la dernière minute, je m'étais résigné à ne plus rien prévoir. Non seulement il ne respectait pas l'ordre des prises, mais il lui est même arrivé, suivant ainsi son humeur et son inspiration du moment, de changer carrément d'œuvre ! (Ce qui obligeait les bibliothécaires des Philharmonies de Berlin ou de Vienne à garder sous la main des dizaines de partitions, « au cas où... ») C'est aussi vrai qu'il était perfectionniste, mais détestait les corrections surtout si elles étaient brèves. Ensuite, j'avais les plus grandes difficultés à obtenir de lui des raccords, des retouches ; cela l'exaspérait littéralement. Mille fois, devant cette réticence et ces réactions de nervosité, je lui ai dit : « Mais, Herbert, si c'est tellement un problème pour vous de refaire un accord qui n'est pas ensemble ou une mesure qui n'est pas parfaite, pourquoi ne demandez-vous pas à l'un de vos assistants de faire cette correction pour vous ? » Il me regardait alors avec ses yeux d'un bleu perçant et me répondait chaque fois par cette phrase très symptomatique de son caractère entier et de son éthique : « Ah ! non ! Ce serait une tricherie ! »

Je me suis toujours étonné qu'un esprit si bien organisé, qui connaissait par cœur tout ce qu'il dirigeait, ait pu être aussi distrait. D'ailleurs il perdait tout : lunettes, clefs, livres... Et lorsque je lui faisais parvenir une copie des bandes de ses futurs disques, je devais en envoyer six ou huit, dans ses différentes résidences et ses lieux de travail, pour être certain qu'il en reçoive au moins une... Cette distraction est peut-être la raison pour laquelle il adorait que je lui raconte une anecdote relative à Kreisler et Rachmaninov et qui le faisait toujours éclater de rire (je la lui racontais chaque fois qu'il était d'humeur vagabonde ou mauvaise). Kreisler et Rachmaninov donnent un récital à Carnegie Hall. Dans le finale de l'une des sonates de Beethoven, Kreisler a un trou de mémoire et se met à improviser. Voyant que la mémoire ne lui revient pas, il se tourne vers Rachmaninov qui joue imperturbablement, tel Buster Keaton, sa partie de piano. Il lui murmure en anglais : « *Where are we ?* » (Où sommes-nous ?) Réponse de Rachmaninov : « À Carnegie Hall. » Le pauvre Kreisler s'est « rattrapé aux branches » et le récital a pris fin sans que le public, à quelques rares violonistes ou pianistes près, se soit aperçu de quoi que ce soit !

Karajan disait, à juste titre : « Je ne suis pas boche », et cet attachement viscéral à la Méditerranée et à sa latinité (sa famille était originaire de Macédoine[1]) qu'il revendiquait s'expriment clairement dans sa manière de diriger. Ne serait-ce que dans sa recherche du beau son, qu'on lui a reproché si souvent... Mais avec les années, j'ai compris combien ce son et l'art du phrasé étaient des éléments essentiels de la chose musi-

---

1. *Karajanis* : « Pierre noire »...

cale ; non pas une fin en soi, mais une part intégrale de cette architecture qui comprend aussi bien la projection d'une phrase, que l'analyse des détails. Le phrasé était la clé de voûte de toutes ses interprétations. Lorsqu'il donnait par exemple des œuvres de Schoenberg ou Webern, il disait : « On doit faire des dissonances quelque chose de beau. » Et il faut entendre ce paradoxe comme l'un des mystères de l'art, qu'on conçoit aujourd'hui fort bien quand il s'agit de peinture, mais que l'on hésite encore à appliquer à la musique, et surtout à la musique du xxe siècle. Pourquoi ?

Il travaillait sans relâche et là était un de ses secrets et l'une des raisons profondes du développement de son génie. Philosophiquement et ironiquement apaisé par la nuit, ou du moins, les soirées détendues, il me répétait sans cesse : « Nous sommes ensemble des damnés du travail ! »

Cet homme beau, si distingué physiquement et moralement, celui qui faisait trembler l'univers musical par ses yeux bleus limpides et incroyablement perçants, était un seigneur de la simplicité. Jamais Éliette, sa femme, ni moi-même, son ami et si proche collaborateur, n'avons eu peur de lui alors que rien de notre part ne lui a été épargné – critiques, ironies, mais aussi tendresse et profond respect admiratif.

Il repose dans un petit cimetière de campagne, auprès d'une église toute simple comme sa tombe, au milieu des montagnes salzbourgeoises qu'il avait, toute sa vie, tant aimées. Et de là-haut, nous le sentons présent, aussi proche, juste derrière, autour et avec nous, car il ne nous a jamais quittés.

Weissenberg

Il avait fait ses débuts parisiens à la Société des concerts du Conservatoire, en 1951, et c'est là que je l'entendis pour la première fois, un dimanche après-midi, dans le *Troisième Concerto* de Rachmaninov, l'un des chevaux de bataille d'Horowitz qui affirmait déjà : « Weissenberg est le seul à pouvoir me succéder un jour. » Pour moi, ce concert fut un choc, une révélation. Nous fîmes connaissance, des relations de sympathie s'établirent, et brusquement tout s'arrêta... Non que sa carrière, foudroyante, se fût déjà essoufflée pour avoir démarré trop vite, mais parce que son pays d'adoption, la France, le réclamait pour « faire son service militaire » ! L'armée fut inflexible et Alexis dut annuler de nombreux engagements... Une telle absurdité nous mit hors de nous, mais aucune intervention n'empêcha ce gâchis de deux ans. Déjà philosophe (mais néanmoins furieux), Alexis accepta ce coup du sort et s'exécuta. À l'issue de ce temps, il entama une première période sabbatique, qu'il utilisa pour s'instruire dans maints domaines et réfléchir sur son art. Peut-être en avait-il déjà assez d'être considéré comme un jeune prodige du clavier ; ce qu'il voulait donner à la musique exigeait plus que cela, et un travail personnel qui n'avait plus rien à voir avec la seule maîtrise technique de son instrument. Il se retira donc de la scène une petite dizaine d'années, jusqu'en 1966. Durant cette période, il donna tout de même quelques concerts, mais employa la plus grande partie de son temps à la lecture, l'étude et les voyages. Expérience sans doute unique dans l'histoire musicale et dont je dois dire que je lui aurais déconseillé de la tenter s'il m'avait demandé mon avis. Car, dans ce métier plein de férocité, le plus difficile n'est pas de disparaître, mais de revenir, et de réussir son retour.

Avant cette révélation de 1951, j'avais entendu parler – entre 1940 et 1947 –, par des musiciens de premier ordre, d'un jeune pianiste de dix-sept ans que le monde entier allait découvrir. De sorte que, lorsque j'en eus la révélation physique au Théâtre des Champs-Élysées pour ses débuts, je n'étais déjà plus dans une *terra incognita*.

Ayant reçu une éducation exceptionnelle dans une famille très cosmopolite, Alexis Weissenberg a été mis dans une école italienne, parlait français à ses parents, bulgare à ses camarades et aux gens de maison, entendait sa mère ne s'adresser à ses sœurs – et ceci jusqu'à leur mort – qu'en allemand. Bref, il était polyglotte presque sans s'en apercevoir, comme la chose la plus naturelle du monde.

Bien que les juifs aient été en général protégés par le tsar de Bulgarie, les lois de l'occupant allemand avaient finalement pris le dessus. En 1943, à l'âge de treize ans, Alexis fut enfermé avec sa mère dans un camp de concentration. Il dut son salut à sa mère qui, ayant dissimulé des bijoux, put acheter la complicité d'un gardien. Elle réussit ainsi à prendre avec son fils l'un des derniers trains pour Istanbul, où résidait son frère. Malheureusement, les lois turques pendant la guerre étaient très sévères et ils ne purent y rester qu'un mois ou deux. Ce fut alors une longue traversée en train dans différents pays du Moyen-Orient pour arriver finalement dans une Terre promise : la Palestine... où les deux sœurs de la mère d'Alexis s'étaient installées des années auparavant.

Le jeune garçon, qui, enfant prodige, avait déjà fait des concerts en Bulgarie, séparé de son professeur bien-aimé Vladiguerov, se présenta au président de l'Orchestre philharmonique de Palestine, fondé par Hubermann, le célèbre violoniste. Lorsque Alexis passa l'audition devant lui et les conseillers musicaux, l'impression fut si forte qu'il fut engagé immédiatement pour une série de concerts avec l'Orchestre philharmonique de Palestine, sous la direction – rien de moins – de Leonard Bernstein, jouant ainsi douze fois consécutives le *Deuxième Concerto* de Rachmaninov qui devait devenir, avec le troisième, l'un de ses concertos porte-bonheur.

Pendant cette période d'étude, de travail et de concerts en Palestine, il eut aussi l'occasion de faire une tournée de récitals en Afrique du Sud, qui devait rester pour lui un souvenir inoubliable pour diverses raisons. Tout d'abord à cause du voyage lui-même : il prit au Caire un hydravion qui s'arrêtait chaque nuit sur le Nil, puis sur les autres grands fleuves d'Afrique, et finalement le déposa au Cap. S'ensuivit une série de récitals qui devaient rester, dans la mémoire des Sud-Africains privilégiés, un souvenir ineffaçable mais qui laisserait à Alexis un sentiment mêlé de joie – du fait de ses succès –, d'excitation, à cause des merveilleux animaux qu'il a toujours aimés et qu'il alla voir de près au Krugerpark, mais aussi d'une réserve profonde parce qu'il avait été bouleversé par le phénomène, très visible, de l'apartheid. Il n'y retourna jamais.

En 1946, après avoir beaucoup hésité entre Londres et New York, il décrocha une bourse pour se rendre dans la grande ville phare de la musique, où se trouvaient ses dieux qui étaient Landowska, Milstein, Horowitz, Rubinstein, Artur Schnabel. Quelques jours avant le départ, sa mère le prit à part et lui dit : « Tu as maintenant dix-sept ans. J'ai décidé de rester à Jérusalem et de te laisser mener ta vie d'homme et d'artiste en toute indépendance. » Il fut bouleversé par la sagacité et la confiance de sa mère. C'est ainsi qu'il partit, pour l'Amérique. Sur le chemin de l'aéroport, Alexis demanda à sa mère quand il la reverrait. Comme une sorte de boutade humoristique mais porteuse d'espérance, Lilly Weissenberg lui répondit : « Quand tu joueras avec l'Orchestre de Philadelphie ! » Ni Alexis ni sa mère ne se doutaient que cette prévision, qui semblait si lointaine, n'allait pas tarder à se réaliser !

Le monde de la musique est un petit royaume, international, polyglotte, et un curieux microcosme, presque une cour qui, suivant les modes, se fixe dans telle capitale ou telle contrée qui attirent à elles, le temps de leur gloire, le monde entier. Ce qui fut vrai aux siècles passés l'est plus encore à présent que le monde de la communication réduit les distances à presque rien. Il y a aujourd'hui plusieurs centres importants ; certains, comme Vienne, Paris, Milan, Berlin, n'ont pas perdu leur ancien prestige, mais indiscutablement, les années 1950 à 1970 ont trouvé à New York leur lieu de prédilection. Au cœur de cette ville immense, la musique hante toute une artère, la 57ᵉ Rue Ouest, et les rues adjacentes (la 56ᵉ, par exemple) où se sont nichés les grands imprésarios, les marchands de partitions et d'instruments, les boutiques de disques, et surtout Carnegie Hall. Non loin de là se trouve le Lincoln Center, siège de la célèbre Juilliard School of Music, salle de la Philharmonique et du Metropolitan Opera...

Pendant sa scolarité à la Juilliard School, qui fut brève mais très précieuse pour lui et dont il a gardé un souvenir ébloui, Alexis avait comme camarade, dans la classe de chant, Leontyne Price, la grande cantatrice noire américaine, avec laquelle il devait se lier pour la vie. Grâce à lui, beaucoup plus tard, je suis devenu très ami avec Leontyne, notamment lors de l'enregistrement du *Trouvère* avec Karajan et la Philharmonie de Berlin (trois jours avant la mort de Maria Callas) en septembre 1977. Karajan l'avait découverte lors d'une audition à Carnegie Hall et, dès 1956, l'avait imposée à l'Opéra de Vienne dans le rôle de Doña Anna dans *Don Giovanni* de Mozart. Il faut imaginer ce que pouvait représenter pour les Viennois, il y a quarante-cinq ans, une cantatrice noire dans ce rôle ! Mais cette témérité fut récompensée par des triomphes extraordinaires. Nous avions tous connu Leontyne par sa tournée en Europe de *Porgy and Bess*, mais elle devait vite s'envoler pour une carrière exceptionnelle. Je me souviens d'un souper chez elle, dans son hôtel particulier à Greenwich Village, en plein centre de Manhattan, où elle nous avait préparé un succulent repas auquel elle avait convié ma mère, la mère d'Alexis, Alexis et moi-même. Après le dîner, elle nous fit la surprise, en mettant en fond sonore son enregistrement *Summertime*, de le chanter à pleine voix en couvrant son propre disque, de cette voix absolument glorieuse. Quelques années plus tard, pendant l'ère Liebermann, elle est venue faire un récital à l'Opéra Garnier où elle a peut-être donné dix bis devant une salle en délire. Elle a chanté certains Duparc et Fauré comme je ne les avais presque jamais entendus. Alexis avait ensuite organisé un dîner en son honneur dans son splendide appartement du quai d'Orsay, juste en face du Louvre éclairé. Incidemment, toujours au sujet de Leontyne, j'arrivais de Floride littéralement chocolat de teint et Leontyne, en me voyant, remarqua : « Tu as presque ma couleur ! » Ce sur quoi je lui dis en riant et curieux : « Est-ce que tu attrapes des coups de soleil ? » La réponse fusa : « Oui, bien sûr, j'ai des coups de soleil lorsque je suis trop au soleil ! Mais les tiens sont de plaisir, tu n'as pas à payer pour ! » Cela en disait long sur les années difficiles de sa jeunesse, avant qu'elle ne devienne la grande cantatrice de son temps. Après Marian Anderson, Leontyne Price fut la deuxième Afro-Américaine à devenir la déesse du Metropolitan Opera. Ce qui n'était pas évident de la part de Rudolf Bing, le directeur du Metropolitan Opera, à une époque où le racisme faisait rage.

C'est donc à New York, en 1947, qu'est né le phénomène Weissenberg, lorsqu'un jeune Bulgare entré l'année précédente à la Juilliard dans la classe d'Olga Samaroff (ex-femme de Stokowski) remporta, peu

avant ses dix-huit ans, le prestigieux Concours Leventritt, qui lui permit de faire ses débuts avec l'Orchestre
philharmonique de New York, à Carnegie Hall, sous la
direction de George Szell. Parmi les membres du jury,
outre Szell et Schnabel, il y avait de très importantes et
influentes personnalités de la vie musicale américaine,
tels Arthur Johnson, le président de la Columbia Artists
Management, ou Olin Downes, critique redouté du *New
York Times*... En même temps qu'il remportait ce
concours, Alexis devint ami avec Mme Leventritt et sa
famille, et en quelque sorte leur protégé et leur fierté.

Il tenta la prouesse de passer en même temps le
concours de l'Orchestre de Philadelphie en faisant des
aller-retour par train entre New York et Philadelphie. Il
remporta le premier prix, et joua presque immédiatement avec l'Orchestre de Philadelphie sous la direction
d'Eugene Ormandy, en dehors d'une cohorte d'autres
récompenses. Des années plus tard, il allait enregistrer
avec ce même orchestre et ce même chef et jouer d'innombrables fois avec l'Orchestre de Philadelphie que
ce soit sous la direction de Riccardo Muti, d'Eugene
Ormandy ou d'autres chefs célèbres.

La prestation d'Alexis (que l'on appelait alors « Sigi ») fit l'effet d'une bombe, et il ne fut plus question
que de ce nouveau et jeune génie du clavier.
Mme Leventritt en parla à Vladimir Horowitz, qui lui-
même en parla au violoniste Nathan Milstein, et ce dernier à Wanda Landowska... autant de « parrainages »
spirituels qui valent tous les prix et font à un inconnu
une gloire immédiate.

Weissenberg commença ainsi une carrière brillante, dont l'écho se propagea bientôt dans le monde

entier. Une tournée fut organisée qui l'emmena dans toutes les grandes capitales d'Amérique du Sud, puis certaines d'Europe. En 1947, Vladimir Horowitz tomba malade juste quelques jours avant les concerts qu'il devait donner avec son ami le grand chef d'orchestre William Steinberg, directeur de l'Orchestre de Pittsburgh. Consternation ! Horowitz prit son téléphone et dit à William Steinberg : « Il n'y a qu'une seule personne qui puisse me remplacer dans le troisième de Rachmaninov : c'est Sigi Weissenberg ! Prends-le, fais-moi confiance. » Ce qui fut fait. Alexis devait remporter des triomphes inoubliables, aussi bien de la part des musiciens de l'orchestre que du public et de William Steinberg (qui lui fit des compliments fabuleux et lui resta fidèle jusqu'à sa mort), et il obtint même des critiques extraordinaires. Ces concerts marquèrent, avec les débuts à Carnegie Hall et Philadelphie, les trois coups d'une carrière absolument unique aux États-Unis.

Parmi les innombrables retombées de cet épisode, à la fois impromptu et glorieux, deux faits allaient marquer l'avenir d'Alexis. D'une part, un jeune homme de son âge, l'un des premiers violons de l'orchestre de Pittsburgh, vint le voir et lui dit : « Vous ne me connaissez pas. Je suis premier violon dans cette ville où je suis né, mais également chef d'orchestre. Je n'oublierai jamais votre concert et je vous garantis que nous aurons l'occasion de nous retrouver dans la vie et de faire de la musique ensemble. » Le jeune homme s'appelait Lorin Maazel, et il devait effectivement devenir un grand ami d'Alexis et suivre sa carrière, comme Alexis a suivi celle de Lorin, à travers la vie et la musique. La deuxième conséquence fut, vingt ans plus tard, en 1967, après ces fameuses années sabbatiques dont on parlera plus loin et une disparition d'Alexis du territoire américain, le remplacement d'Arturo Benedetti Michelangeli. Curieusement, nous venions de décider, au cours d'un rendez-vous avec Aristote Onassis et Maria Callas, que nous ferions tous les quatre, avec Alexis, une croisière aux Bahamas sur le *Cristina*. Mais la croisière se transforma en une série de triomphes à Avery Fisher Hall, car c'est à ce moment qu'Arturo Benedetti Michelangeli annula subitement sa série de quatre concerts avec la Philharmonique de New York. C'était précisément William Steinberg qui dirigeait ces concerts. Lorsqu'il apprit cette défection, sa première réaction fut d'appeler Alexis, qui, avec le troisième de Rachmaninov, eut littéralement New York à ses pieds. Harold Schonberg écrivait dans le *New York Times* : « Voici un véritable triomphe. M. Weissenberg est une centrale électrique (*power house*). » Ce fut le départ de sa deuxième carrière américaine, cette fois de plus de vingt ans de succès, passant plus de trois mois par an minimum aux États-Unis, souvent plus.

Nous restâmes alors plusieurs années sans nous voir. Il avait donné un récital au Théâtre des Champs-Élysées auquel Peter de Jongh, Thérèse Darras et moi-même nous étions rendus et au cours duquel il avait joué la *Sonate en si mineur* de Chopin, parmi d'autres merveilles qui nous avaient bouleversés. En 1966, Alexis revenait sur la scène parisienne avec trois concerts à Gaveau, où il joua l'intégrale des *Partitas* de Bach, la *Fantaisie chromatique* et les *Variations Goldberg*. Éblouissant ! Je retrouvais le formidable technicien qui m'avait tant impressionné dans Rachmaninov en 1951, mais enrichi de plus d'intériorité, d'assurance, de maturité. Son jeu était devenu celui d'un très grand maître et aussi l'expression d'une réflexion profonde qui dépassait de beaucoup la virtuosité pour atteindre au cœur même de la musique, son essence et sa raison d'être.

À la fin du récital, je suis allé le féliciter. Il me remercia et demanda à me voir dès le lendemain. J'allai chez lui, rue Fabert, et d'emblée il me posa la question de confiance : « Accepterais-tu de me prendre dans ton bureau ? » avant d'ajouter : « J'ai fait le tour de la question, et si tu refuses, je pourrais bien renoncer à cette carrière... » Ainsi formulée, la responsabilité était énorme, mais je n'hésitai pas : c'était oui, bien sûr. Et pourtant, jusque-là, je n'avais pas voulu prendre de pianiste dans mon bureau. J'avais pourtant une passion particulière pour le piano, mais le fait que j'avais dû renoncer à entreprendre moi-même une carrière de pianiste m'avait laissé extrêmement exigeant, et j'avais une si haute idée de cet instrument que je n'avais encore jamais accepté de représenter un pianiste. Prendre Alexis ne manquerait donc pas de me placer dans une position délicate vis-à-vis de nombreux pianistes que j'admirais mais à qui j'avais donné une réponse négative. Il faut croire qu'Alexis était, entre tous, celui que j'attendais.

Weissenberg est doué d'une technique éblouissante et si naturelle qu'il n'a que relativement peu à travailler son instrument (Schnabel lui avait confié : « Mon cher Weissenberg, je n'ai rien à vous enseigner ; ce qu'il vous reste à apprendre, c'est la vie qui s'en chargera... »). Mais il n'est pas pour autant une mécanique bien huilée, un marathonien des gammes et des traits... La différence entre mécanique et technique réside dans le fait que la mécanique fait seulement appel à l'automatisme, à la répétition. La vraie technique, au sens noble du terme, se base sur la mécanique pour la transcender par la pensée, l'étude approfondie du son et du phrasé, l'écoute, les choix esthétiques – bref, autant par la réflexion que par le sentiment. Elle la plie suffisamment à son usage pour la faire totalement oublier. La technique d'un Weissenberg est au service d'une grande richesse de tempérament. Sa pudeur face aux œuvres est telle que ceux qui ne l'ont pas saisie l'ont taxé de froideur, alors que ce suprême dépouillement ne traduit en fait qu'un degré supérieur de style et d'élévation musicale. Jamais on ne relèvera dans son jeu un geste inutile ou spectaculaire. Il a déclaré un jour à Jacques Chancel : « Ce sont deux choses très différentes que de jouer la sonate *Pathétique* et de jouer pathétiquement cette œuvre de Beethoven. » Tout est dit !

Que de reproches n'a-t-il pas entendus tout au long de sa carrière concernant le fait qu'il ne souriait pas assez... Lorsque j'en discutais avec lui, en une sorte de plaisanterie, il me rétorquait invariablement qu'il n'entrait pas sur scène pour faire des sourires ni pour faire rire, mais pour accomplir vis-à-vis du compositeur et de lui-même, de son art et du public, quelque chose qui, toutes proportions gardées, était l'équivalent d'une messe dite par un prêtre. On n'imagine pas, et on ne le lui demandera pas, un prêtre faire rire ses paroissiens, en tout cas pas dans l'exercice de son sacerdoce. Car il s'agit véritablement, pour les artistes et les interprètes, d'un sacerdoce, avec tous les sacrifices que cela implique sur le plan de la vie personnelle, sur ce qu'il faut manger, boire ou ne pas boire, faire ou ne pas faire, et qu'on imagine difficilement de l'extérieur.

Alexis joue très « haut », et son toucher comme, d'ailleurs, son phrasé sont si particuliers qu'on les reconnaît entre mille. J'en admire la clarté qui favorise un contact direct avec l'instrument, sans barrières affectives inutiles, et qui lui autorise en même temps une infinie palette sonore. Parce qu'il a beaucoup joué Bach, on imagine Weissenberg comme un « anti-romantique » ; mais, il faut avoir entendu ses Chopin, ses Liszt, ses Schumann, ses Rachmaninov, ses Scriabine pour comprendre que son « romantisme » est d'une espèce rare, presque unique, un « romantisme intérieur », profond, réfléchi, douloureux sans débordement de pathos, quand tant de pianistes en font « des tonnes » ; alors qu'aucune douleur n'est plus vraie que celle qui reste contenue au cœur de l'être. Glenn Gould, dans ses mémoires, raconte qu'il avait toujours considéré les deux concertos de Chopin comme de la musique « salonnarde » et pas très intéressante, jusqu'au jour où il entendit l'intégrale pour piano et orchestre par Alexis (enregistrée en 1967 et qui est toujours la version de référence au jour où j'écris ces lignes) qui le fit totalement changer d'avis ! Et Glenn Gould ajoute que, ayant découvert la beauté extraordinaire de ces deux concertos et considérant qu'Alexis Weissenberg avait tout dit sur ce chapitre, il préférait les écouter par lui que de les mettre à son répertoire.

Il n'en est pas moins vrai que son jeu clair, intelligent, d'une suprême hauteur de vue convient admirablement à la musique pour clavier de Bach. Lorsque Weissenberg partit pour les États-Unis, après ses premiers triomphes, il demanda à Nathan Milstein, le célèbre violoniste, de le présenter à Wanda Landowska avec laquelle il souhaitait travailler le répertoire baroque et notamment la musique de Bach que la grande dame avait réussi à réimposer, à force de persévérance et d'une foi de croisée maintenue pendant presque un demi-siècle, se faisant véritablement réinventer un clavecin par la maison Pleyel au début du siècle[1]. Très âgée[2] en ce début des années 1950, figure légendaire outre-Atlantique où elle s'était réfugiée en 1941, elle était l'objet d'une dérision affectueuse (comme avait pu l'être Marguerite Long...) et son petit timbre pointu de vieille dame était très souvent imité. Un matin, Alexis, qui s'était couché très tard après avoir passé une soirée bien arrosée dans un club de jazz new-yorkais, reçoit un coup de téléphone : « Je suis madame Landowska, je voudrais parler à M. Weissenberg... » Sans la laisser continuer, Weissenberg lui raccroche au nez, après l'avoir copieusement insultée, persuadé que c'était une mauvaise plaisanterie d'un de ses amis... Quelques jours se passent et Alexis croise Milstein qui lui dit : « Qu'as-tu fait à Wanda ? » Le sol s'ouvre alors sous les pieds du jeune pianiste qui réalise, en une seconde, l'énormité de sa bévue. Catastrophé, il raconte à Nathan les circonstances du quiproquo et lui demande conseil. « Le meilleur moyen, lui répond Milstein, c'est que tu écrives à Wanda et que tu lui dises la vérité ; elle te pardonnera sûrement... » Ce que fit Alexis, et, bienveillante, la vieille et incomparable musicienne lui pardonna et lui donna les cours qu'il voulait avoir avec elle. Très impressionnée par son talent, Landowska lui confia : « Ah ! si j'avais joué du piano

---

1. Son premier clavecin fut commandé à Pleyel en 1912.
2. Wanda (Alexandra) Landowska : claveciniste et pédagogue française d'origine polonaise (Varsovie, 5 juillet 1879 ; Lakeville, Connecticut, 16 août 1959).

comme vous, je ne sais pas si je me serais intéressée au clavecin... » Quelle leçon de modestie, quel beau compliment, et quel encouragement aussi pour le jeune homme !

Tout comme Karajan, Weissenberg est un introverti, et c'est sans doute pour cela qu'il fut le soliste qui a le plus joué et enregistré avec le maestro, et le seul avec lequel il grava les cinq concertos de Beethoven : un monument. Alexis avait en commun avec un certain nombre d'interprètes exceptionnels de ce siècle de jouer avec vingt ans d'avance sur son temps. Et cela entraîne, pour chacun d'entre eux, une sorte d'incompréhension du public puisqu'ils ne répondent pas aux normes et aux références auxquelles est habitué le grand public et parfois même, hélas, les spécialistes, qui manquent singulièrement d'esprit d'analyse et surtout d'instinct par rapport au devenir de l'interprétation musicale.

Il était inévitable que ces deux tempéraments se rencontrent et se plaisent. Karajan avait évidemment entendu parler de Weissenberg, mais ne l'avait jamais entendu jouer. Alors qu'il cherchait un réalisateur pour tourner le *Concerto* de Tchaïkovski qu'il prévoyait de faire en février 1967 avec Richter, je lui ai fait diffuser le film d'un assistant de Bergman, Ake Falck, sur *Petrouchka* de Stravinski joué par Alexis. Dès les premières mesures, Karajan se tourne vers moi et me dit : « Je ne sais pas si je prendrai le metteur en scène, mais le pianiste certainement ! » À la fin de la projection, il était enthousiasmé par les deux (tout comme le sera Clouzot qui, après avoir vu ce film, envisagea de tourner les *Tableaux d'une exposition* avec Alexis. Malheureusement, la mort du cinéaste empêcha ce magnifique projet de voir le jour...) et me dit : « Croyez-vous que je

pourrai faire la connaissance de Weissenberg ? » Je lui
répondis : « Rien de plus facile, il est assis au fond de
la salle ! » (Alexis m'avait dit : « Personne ne me verra ;
je serai au fin fond de la salle. ») Je fis les présentations
en l'espace de quelques minutes. Alexis Weissenberg
crut rêver en entendant Karajan lui dire : « Me feriez-
vous le plaisir et l'honneur de faire le *Concerto* de Tchaïkovski avec l'Orchestre philharmonique de Berlin et
moi ? »... À deux jours de Noël, quel plus beau cadeau
rêver ? Et c'est ainsi que commença leur collaboration
et que fut tourné le *Concerto* de Tchaïkovski, non pas
avec Richter, comme prévu, mais avec Alexis...

Ce qui domine en cet homme, c'est l'intelligence, la
distinction, mais aussi une très grande générosité et un
don instinctif pour déceler le talent des autres... Loin
d'être « nombriliste » (tout comme Karajan), il éprouve
une vraie passion pour les jeunes et ne manque aucune
occasion de les aider, de leur prodiguer des conseils.
Par lui, j'ai connu de nombreux artistes qu'il a su
découvrir, entendre, comprendre, aimer et aider. Il
conçoit cela comme un devoir d'être humain et d'artiste. Yo-Yo Ma, Mark Zeltser, Jean-Bernard Pommier,
Rafael Orozco et tant d'autres lui doivent une partie de
leur carrière et d'avoir pu jouer avec Karajan, Maazel,
Ozawa ou Giulini, d'avoir pu enregistrer dans de
grandes firmes, d'avoir été pris par de grands imprésarios, ou de s'être produits sur des scènes prestigieuses...

Je ne puis pas non plus passer sous silence l'immense culture littéraire, architecturale, philosophique
(je revois toujours, sur sa table de chevet, des livres de
Bachelard ou Bergson et d'autres philosophes au côté
de romans policiers de son amie Agatha Christie), ciné-
matographique, picturale, théâtrale, d'Alexis... Tout le

passionne, sauf la politique et l'économie. Alexis traverse la vie comme un surdoué attentif et étonné par le monde. C'est aussi pour cela qu'il vit actuellement encore une de ses grandes périodes sabbatiques, où le piano joue certes un rôle primordial, mais est provisoirement mis de côté, jusqu'à ce qu'il y revienne, enrichi de mille choses qui échappent aux spécialistes vivant pour une unique passion. Ne parlons pas des antiquaires chez lesquels il fait de véritables « descentes ». Chacun de ses appartements – et aujourd'hui sa maison de Suisse – a été un véritable musée. Une tapisserie des Flandres côtoie une bibliothèque florentine du XVIᵉ siècle, un admirable tableau hollandais, des objets chinois uniques, ses deux pianos actuels, des mains orientales en bronze, des sanguines de toutes les époques, des dessins de Dali, un éléphant rose des Indes du IIᵉ siècle avant J.C.

Sur le plan musical, il ne connaît guère de frontières. Auteur inspiré par le jazz, il a composé des chansons admirables aussi bien pour des comédies musicales (*La Fugue, Nostalgie*) que pour Diane Dufresne, une *Sonate en état de jazz*, etc. Dans sa jeunesse, il a enregistré des disques extraordinaires, comme ce *Mr Nobody* où il joue des arrangements de *My Fair Lady* transcrits par lui et où son nom n'apparaît pas.

Avec tout cela, Alexis est le modèle de la simplicité et de l'esprit de bohème. Il est la joie de vivre. Il adore les bons vins et les bons cigares. Il adore voyager, il adore les blagues, il adore se promener, c'est un merveilleux compagnon aussi bien de voyage que de vacances.

J'aimerais citer une histoire qui nous enchante tous

deux et qui, de plus, est véridique. Au cours d'un dîner, un convive connaissant l'animosité, fabriquée par certains esprits tordus et totalement artificielle, entre Wanda Landowska, génie du clavecin, et Rosalyn Tureck, une très bonne claveciniste qui vit toujours, se pencha vers Mme Landowska et lui demanda : « Quelle est la différence entre votre manière de jouer Bach et celle de Mme Tureck ? » Wanda Landowska répondit, du tac au tac : « Mme Tureck est une grande claveciniste. Elle joue Bach à sa manière à elle. Moi, je joue Bach à sa manière *à lui*. »

Alexis écrit des lettres si belles que j'ai conservé toutes celles, nombreuses, que j'ai reçues de lui. Il dessine aussi merveilleusement, et il a fait quelques collages.

Au fil des ans, Alexis Weissenberg est devenu un véritable mythe pour tous ceux qui aiment la musique et le piano. Son éloignement de la scène, qui aurait pu entraîner pour des artistes moindres une sorte d'oubli, l'a au contraire transformé en une bienveillante statue du Commandeur. Il fait partie de plusieurs jurys de concours internationaux et donne de nombreux cours – des Master-Classes – dans lesquels il s'efforce de communiquer aux jeunes tout ce qu'il sait, tout ce qu'il ressent, bref *l'ineffable*.

Tom Deacon, un jeune et brillant producteur de disques de la marque Phonogram Philips, a eu l'idée, après accord avec les principales compagnies de disques, de faire paraître cent coffrets de deux CD, consacrés aux grands pianistes du XXe siècle. L'un des premiers fut celui d'Alexis Weissenberg. Ce disque a fait le tour du monde, et c'est à Alexis que Tom Deacon a demandé de faire de nombreux voyages de promotion de cette collection : Zürich, Londres, Copenhague, Amsterdam et New York où la conférence de presse s'est tenue chez Steinway. Alexis me raconta qu'il avait eu l'impression d'une boucle merveilleuse, puisque sa carrière avait précisément débuté via Steinway New York et que c'était une très belle manière, cinquante ans après, non pas de l'achever mais du moins d'y mettre un terme provisoire. Rendant compte de cette conférence et de cette collection, un journaliste de *Time Magazine* a écrit que s'il ne devait emporter qu'une seule œuvre parmi tout ce qu'il avait entendu par les pianistes de son temps ou du temps passé, ce serait le *Nocturne pour la main gauche* de Scriabine, enregistré par Alexis Weissenberg chez CBS (devenu Sony) vers 1949 et qui avait été, avant que je n'entende Alexis à Paris, un des chocs de ma vie, comme l'ensemble de ce disque, et notamment une *Étude* de Scriabine qui, aujourd'hui encore, me fait pleurer. Il s'agit d'un disque-culte !

Il se produisit alors une sorte d'engouement et de retour en arrière : les critiques et les journalistes qui avaient toujours admiré Alexis furent renforcés dans leur passion. Ceux qui l'avaient critiqué, voire « attaqué » – comme tous les grands, il a en effet une personnalité très forte et suscite, par conséquent, des réactions d'enthousiasme ou de rejet –, ont reconsidéré les erreurs de jugement qu'ils avaient pu commettre et, pour nombre d'entre eux, l'ont écrit.

L'extraordinaire carrière discographique d'Alexis couvre quarante années. Il n'a enregistré qu'avec les plus grands chefs et les plus grands orchestres de notre époque : huit concertos avec Karajan ; deux fois le *Concerto en ré mineur* de Brahms, avec Giulini, d'une part, et avec Riccardo Muti et l'Orchestre de Philadelphia, d'autre part ; le *Deuxième Concerto* de Bartók avec Eugene Ormandy ; deux concertos de Mozart avec Carlo Maria Giulini ; le *Troisième Concerto* de Rachmaninov à trois reprises : avec le fameux Orchestre de Chicago et Georges Prêtre, puis avec l'Orchestre de Boston et Ozawa (avec lequel il avait déjà fait le troisième de Prokofiev et le *Concerto en sol majeur* de Ravel), et enfin avec Leonard Bernstein, etc.

Rappelons pour mémoire l'œuvre intégrale de Chopin pour piano et orchestre avec Stanislas Skrowaczewski et une véritable anthologie de la musique pour piano de Bach à Stravinski en soliste. Parmi ces splendeurs, on retiendra particulièrement les *Nocturnes* de Chopin, les *Variations Goldberg*, les *Partitas* de Bach, la *Sonate* de Liszt, de nombreux Schumann, les *Sonates* de Scarlatti et celles de Rachmaninov ainsi que l'intégrale des *Préludes* de Rachmaninov, que ni Rachmaninov lui-même ni Horowitz n'avaient osé aborder, si grande est leur difficulté à la fois technique et d'inspiration. Ce dernier enregistrement me reporte à une époque extrêmement heureuse, d'un bonheur sans mélange, car il a été réalisé pour RCA Victor (maintenant BMG) sous la direction d'un homme qui allait jouer un rôle cardinal dans la vie musicale et personnelle d'Alexis Weissenberg et dans la mienne : Jack Pfeiffer. Cet admirable producteur de disques, décédé il y a peu de temps, a été tour à tour le producteur et l'ami de Wanda Landowska, de Jasha Heifetz, de Gregor Piatigorski, de Fritz Reiner, de Vladimir Horowitz, d'Artur Rubinstein pour de nombreux enregistrements, et finalement, pendant des années, d'Alexis Weissenberg.

Sublime musicien et ingénieur du son hors pair, Jack Pfeiffer s'attacha à Alexis et insista pour que l'enregistrement des *Préludes* de Rachmaninov ait lieu à Hollywood pendant les étés 1968 et 1969. Heifetz et Piatigorski habitaient à Hollywood. Ils y avaient des amis merveilleux d'origine russe, les Shapiro, chez lesquels nous passions toutes nos soirées. Il régnait là une atmosphère que je n'ai jamais retrouvée ailleurs. Une soirée, après le dîner, était dédiée aux jeux de cartes et la soirée suivante à la musique de chambre improvisée, Heifetz et Piatigorski jouant avec Brooks Smith des trios ou des sonates et Alexis jouant soit avec eux soit en solo, dans une atmosphère à la fois de recueillement et de gaieté sereine. Il n'y avait pas de chichis, pas de vedettes ; il y avait un groupe d'amis autour desquels s'organisaient des soirées inoubliables.

Les séances d'enregistrement dans l'après-midi, malgré l'extraordinaire difficulté des *Préludes* de Rachmaninov, se poursuivaient sans heurt, dans un climat de détente et de concentration. Puis, à un certain moment, Alexis en a eu assez des *Préludes* ; il s'est tourné vers Jack Pfeiffer et lui a dit : « J'ai envie d'enregistrer des sonates de Haydn. » Jack lui a dit : « Pas de problème, quand tu veux », et ils s'y mirent aussitôt, dans l'inspiration du moment...

Ceci se passait durant l'été 1969. Nous étions logés dans un merveilleux hôtel, nos chambres donnaient sur la piscine, et c'était le moment de l'arrivée des hommes sur la lune. Nous n'oublierons jamais cet instant. C'était aux environs de dix-huit heures, heure locale ; l'humanité entière retenait son souffle. Puis nous allâmes, invités par Heifetz, faire un petit séjour dans sa maison de Malibu Beach, et ce furent de nouvelles soirées merveilleuses, où Heifetz oubliait qui il était, tout en gardant son humour caustique, et où nous faisions de longues promenades sur la plage. Nous préférions nettement les promenades à la baignade : le Pacifique était d'une froideur exceptionnelle ; trente ans après, je frissonne encore en y pensant.

Jusqu'à sa mort, Jack Pfeiffer est resté un ami fidèle des artistes. Quelques années avant de mourir, il a enregistré un jeune pianiste, Evgueni Kissin, que j'avais moi-même enregistré avec Karajan pour son premier disque, le soir de la Saint-Sylvestre 1988. C'était le dernier concert du 31 décembre que Karajan devait donner, à la Philharmonie de Berlin, transmis par toutes les télévisions du monde et qui a fait l'objet d'un disque et d'une vidéo. À ce jour Alexis lui reste fidèle et profondément reconnaissant. Jack m'avait raconté cette histoire incroyable d'une séance avec Arthur Rubinstein enregistrant Chopin : le grand Arthur n'était pas dans sa meilleure humeur, mais grâce à la patience, au sourire et à la foi de Jack, à son échauffement pianistique aussi, l'atmosphère s'était finalement détendue. Rubinstein était en train de faire un disque admirable lorsque Jack, séparé du studio par une glace, vit entrer avec effroi une femme de ménage portant un seau et une serpillière. Elle s'approcha de Rubinstein au piano, déposa son seau avec fracas devant lui, éberlué, et lui dit en éclatant de rire : « Vous voulez dire que vous faites cela professionnellement ? »

Avec Alexis, comme avec Karajan et Callas, la vie n'était pas un « long fleuve tranquille ». S'il est toujours fidèle à ses amitiés, s'il est toujours plein d'humour, parfois sarcastique mais généralement bienveillant, s'il se montre toujours d'une générosité et d'une bonté telles que tous ceux qui l'ont vraiment approché peuvent en témoigner et en ont un souvenir ému, il arrivait parfois à Alexis d'avoir des sautes d'humeur qui se concentraient le plus souvent sur « l'affaire des pianos ». Sauf avec quelques techniciens extraordinaires comme Helmut Klemm à Paris, Angelo Fabbrini à Pescara, en Italie, deux techniciens américains ou encore Ricard de la Rosa, Alexis était d'une méfiance et d'une extraordinaire exigence pour les instruments. Je l'ai vu à maintes reprises hésiter pendant des heures sur le choix d'un piano, que ce soit chez Steinway à New York, Hambourg, Paris, etc., et aller choisir lui-même ses propres pianos à l'usine Steinway de Hambourg. Il a toujours ses deux pianos de concert qu'il change lorsqu'il estime le temps venu. À une époque, il avait l'habitude de faire venir trois ou quatre pianos pour tel récital à Carnegie Hall ou tel concert au Théâtre des Champs-Élysées, allant de l'un à l'autre, jamais tout à fait satisfait ou au contraire totalement enthousiaste, bref perfectionniste à un degré indescriptible et parfois terriblement agaçant pour l'ami et le manager que j'étais. Il me désarma lorsqu'un jour, dans une véritable crise de nerfs, je lui dis : « C'est impossible ; nous ne pouvons plus continuer ainsi ! Il faut trouver une solution. » La réponse fusa : « Est-ce que tu demanderais à Fangio de gagner des grands prix de Formule 1 avec une 2 CV ? » C'était d'une telle logique, c'était si bien illustré, que je ne pus que m'incliner et lui conseiller de voyager, quel qu'en soit le prix, avec des pianos qu'il choisirait et des techniciens qui le suivraient. Ce fut désormais le cas à peu près partout où il jouait, que ce soit aux États-Unis, au Japon et en Europe.

Parmi ces pianos figuraient parfois les siens propres, d'autres qu'il avait choisis dans les différentes maisons Steinway qu'il fréquentait assidûment.

Il y avait cependant deux ou trois pianistes qui, à ses yeux, savaient parfaitement choisir les pianos. Il s'agissait de Nikita Magaloff, de Claudio Arrau, auquel il était profondément attaché, et, dans une moindre mesure, d'Arturo Benedetti Michelangeli qu'il admirait profondément mais dont les goûts sur les pianos différaient parfois des siens. Si l'un de ces pianistes lui disait : « Tu peux jouer sur le piano x dans telle ville », le problème s'apaisait immédiatement et il n'y avait plus de discussion. Lorsque M. Fabbrini ou Helmut Klemm lui disaient : « Vous pouvez jouer tel ou tel piano », tout en lui donnant généralement un choix de deux ou trois instruments, il leur faisait confiance et ne s'en est jamais repenti.

Je voudrais conclure cet hommage à l'un des plus grands artistes du siècle[1] – qui, Dieu merci, reste bien parmi nous et le restera pour toujours grâce aux témoignages de disques, de vidéos, de cassettes pirates, de vidéos pirates (qui réapparaissent de toutes parts, du Japon, d'Italie ou des États-Unis) – avec deux histoires.

Alexis Weissenberg a été le seul artiste, à ma connaissance, à tutoyer Karajan et que Karajan tutoyait, et il a été d'innombrables fois l'hôte de la famille Karajan. J'avais demandé un jour à Karajan :

---

1. Il a récemment été le sujet d'un admirable film documentaire d'une heure et demie intitulé *I like Music*, réalisé par la télévision suisse italienne. Bourré d'archives sonores, de souvenirs et d'interviews de lui-même, il enthousiasme tous ceux qui le voient et l'entendent. Ce film passera certainement dans le monde entier !

« Mais comment se fait-il, Herbert, qu'Alexis soit le seul artiste qui soit reçu chez vous et qui séjourne aussi souvent ? » « C'est très simple, m'avait répondu Karajan, je ne pourrais jamais recevoir chez moi un artiste à qui je pourrais être amené à dire non. Or, avec Alexis, cela ne peut pas se produire... »

La seconde anecdote est une très belle histoire... Alexis avait enregistré avec Karajan et l'Orchestre philharmonique de Berlin un concerto de Beethoven. Le soir, avant de quitter le restaurant, Karajan dit à Alexis : « Qu'est-ce que tu fais demain ? » Alexis lui répondit : « Je retourne à Paris. » Et Karajan : « Je n'ai jamais vu ton nouvel appartement du quai d'Orsay. Tu ne m'invites pas ? » Alexis lui répondit : « Mais c'est parce que tu ne viens jamais à Paris... ou seulement pour des concerts, et tu files aussitôt. Je t'invite quand tu veux. » « Demain soir » ! fit Karajan. Le lendemain soir, j'allai chercher la famille Karajan. Éliette nous fit la surprise d'arriver déguisée « en sa sœur » (avec une perruque). Lorsque le valet de chambre d'Alexis ouvrit la porte, Éliette s'excusa de prendre la place de sa sœur, mais elle oublia de transformer sa voix et la supercherie fut immédiatement découverte par Alexis. Fou rire général ! Après le dîner, Herbert s'absenta quelques minutes et revint tout guilleret, en... samouraï ! Il avait trouvé chez Alexis un kimono et un masque japonais, ainsi qu'un sabre historique (qui lui avait été offert par notre amie, Michi Murayama, la fondatrice du Festival international d'Osaka). Nouveau fou rire devant la danse du sabre d'Herbert. Puis Herbert se met au piano avec Alexis et les voilà qui jouent des œuvres de Liszt et des valses viennoises à quatre mains. Éliette, ses deux filles, Isabel et Arabel, et moi-même étions dans une sorte d'extase amusée. Tout à coup, dans le salon de musique de ce superbe appartement, éclairé par les lumières des bateaux-mouches qui passaient sur la Seine, Karajan dit à Alexis : « Tout cela est tellement merveilleux ! Mais il est bien tard et nous n'avons pas vu le temps passer... Est-ce que tu nous jouerais un Bach ou un Chopin, en éteignant toutes les lumières et à la seule lueur des bateaux-mouches ? » Alexis se mit au piano et, lui qui détestait cela en général, joua un sublime *Nocturne posthume* de Chopin. Nous avions tous les larmes aux yeux quand nous prîmes congé. Je n'oublierai jamais, pendant que nous traversions le pont Alexandre III, Karajan se tournant vers Isabel et Arabel et leur disant : « Mes chéries, souvenez-vous toujours de cette soirée. Vous avez dîné chez le plus grand pianiste de notre époque et notre ami, vous l'avez entendu jouer pour nous seuls. Regardez autour de vous : cette ville, si belle et ce cadre admirable. C'est la seule ville au monde dans laquelle j'aurais pu habiter. N'oubliez jamais ces merveilleux instants d'amitié et de musique. »

Alexis et moi avons voyagé ensemble à travers le monde entier. Sa mère et ses enfants ont été ma famille, comme ma mère et ma famille ont été les siennes. Ses amis ont été les miens, mes amis ont été les siens, pleins d'admiration, de respect et d'affection. Il a connu tous les grands artistes et personnalités de ce siècle et tous l'ont admiré, respecté, aimé : Maria Callas, Onassis, Placido Domingo, toute la famille Aga Khan, la princesse Margaret d'Angleterre, tant et tant de compositeurs, son professeur Vladiguerov, en Bulgarie (admirable compositeur dont Karajan avait joué, dans sa jeunesse, le *Premier Concerto pour piano et orchestre*, lien supplémentaire entre eux deux).

Lorsque ma mère est morte en 1982, Alexis s'est presque senti orphelin. C'était mon frère et il était son fils adoptif. Nous avons partagé – et nous partageons –, Alexis et moi, un demi-siècle d'amitié, de complicité et de tendresse. Aujourd'hui nous sommes aussi proches qu'au tout premier jour de notre longue promenade commune à travers la vie et la Musique.

Interlude

Au fil de ces pages, j'aurai peut-être donné au lecteur l'impression que « tout le monde il est beau, il est gentil, il est content ».

Il est vrai que, pour une part – une part seulement –, cela correspond à ma personnalité, faite de passion et d'enthousiasme, les deux pôles et le moteur de mon existence, à tort ou à raison. Cela s'applique à la musique, aux artistes, aux voyages, aux amis, à ma famille (à ceux de ses membres que j'ai choisis), aux gens qui m'entourent, à mes collaborateurs. Mais la vraie clé de tout cela, c'est que, à part une petite « vacherie » que je glisse par-ci par-là parce qu'elle me vient à l'esprit ou qu'elle m'est « restée sur l'estomac », j'ai toujours essayé de voir les choses de manière plutôt positive. Malgré tous les *emmerdements* de la vie, les contrariétés et les problèmes, j'ai tendance à refouler, par un processus de « mémoire sélective », tout ce qui m'est désagréable ou toutes les déceptions que j'ai pu éprouver sur le plan affectif, sur le plan des artistes, parfois même les problèmes de santé. Aussi ai-je toujours essayé d'en voir le côté enivrant, passionnant.

J'ai toujours tenté de négliger le dérisoire ou l'ignoble que j'ai cependant côtoyé depuis mon enfance jusqu'à aujourd'hui : désillusions de la part des artistes, délations pendant la guerre, amis qui vous lâchent, êtres aimés ou admirés qui disparaissent, tragédies qui vous entourent, kyrielles de tristesses, de sorte que j'ai presque systématiquement éliminé de ce livre tout ce qui n'était pas pour moi beau et enthousiasmant. Si je déroge parfois à cette règle, c'est par indignation ou révolte devant l'immoralité, la malhonnêteté ou l'ingratitude. Ce n'est pas seulement dans ce livre, mais dans mon propre état d'esprit que j'ai essayé de réduire le négatif, et j'y ai été grandement aidé par la phrase que Karajan me répétait chaque fois que des contrariétés m'atteignaient, m'oppressaient (de tempérament je suis soucieux, stressé et souvent angoissé, alors que je suis généralement considéré comme gai et amusant) : « LAISSEZ FONDRE TOUT CELA COMME DE LA VIEILLE NEIGE AU SOLEIL ! » Ce conseil sempiternel et, répété mille fois me revient souvent à l'esprit, et j'en sais un gré infini à Herbert von Karajan.

Une autre raison c'est que j'ai le sentiment, la certitude, d'avoir eu beaucoup de chance dans ma vie et d'être extraordinairement privilégié d'avoir connu, aimé et côtoyé tant de grands artistes, tant d'hommes et de femmes attachants et brillants, que, par décence, par respect humain, il m'est comme un devoir moral de ne pas m'appesantir sur le reste. Procéder autrement m'apparaîtrait comme une ingratitude envers ce que les arts, la musique, la vie m'ont donné.

Je ne voudrais pas cependant que le lecteur s'imagine que la vie passe sur moi comme l'eau sur les plumes du canard. Je me suis demandé quand je devais m'en expliquer : au début du livre, à la fin ? Je me suis décidé pour cet interlude. Jusque-là, j'ai essayé de ne parler que des artistes qui me passionnent, que des amis qui m'entourent, des collaborateurs qui me secondent et qui forment la trame heureuse de ma vie quotidienne. Je pense souvent aussi à mes neveux et nièces qui sont comme mes propres enfants (que je n'ai pas !).

Comment expliquer cet enthousiasme sans tomber dans une stupide béatitude ? Comment, surtout, le faire comprendre au lecteur ? J'ai choisi de m'en expliquer pour lui faire comprendre mon interrogation qui, je l'espère du moins car c'est mon but, s'appliquera elle-même au fil invisible qui sous-tend l'évocation des artistes, des amis, mais aussi des paysages et des œuvres d'art. La vie m'a en effet permis d'être un témoin, parfois un confident et en tout cas un spectateur toujours aux aguets et à l'écoute.

J'aurais pu, bien sûr, dans un monde qui, comme tous les microcosmes, a des côtés moins enthousiasmants – pour ne pas dire franchement décevants –, rapporter mille et une anecdotes qui auraient apposé un sérieux bémol à mon propre enthousiasme et à celui que j'ai essayé de susciter.

Par exemple, j'avais beaucoup à dire sur Jacqueline Kennedy, pour des raisons évidentes qui ont trait à Maria Callas d'abord et à Onassis ensuite. Mais les hasards de la vie changent, parfois d'une manière tout à fait inattendue, vos impulsions premières, ce qui peut se révéler préférable. Le 20 novembre 1999, me trouvant aux États-Unis, j'ai vu par le plus grand des hasards à la télévision une émission de la NBC consacrée à John Kennedy Junior, émission posthume bien sûr : il s'agissait de sa dernière interview et de plusieurs de ses apparitions. Ces documents étaient très émouvants et ce jeune homme si charmant, comme un jeune prince, distingué, amusant, aucunement prétentieux, bref très loin de ce que peuvent ressentir les Européens au sujet de certains membres de la famille Kennedy. Le destin tragique de cette famille ne m'était ni étranger ni indifférent. J'avais pensé en évoquer certains aspects, mais lorsque John Kennedy Junior a dit dans cette émission, avec une émotion et une sincérité telles que la caméra ne pouvait pas les avoir truquées, combien il était fier de sa mère, qu'il avait gardé de sa jeunesse auprès d'elle, après l'horreur de l'assassinat de Dallas, une véritable vénération pour celle qu'il appelait Mom, je me suis dit : « Non, je préfère renoncer à telle ou telle histoire, même si elle eût amusé le lecteur. »

Il me semble que nous sommes chaque jour suffisamment en contact avec l'horreur, le terrorisme, l'abomination, la maladie et la souffrance, la délinquance, la misère, l'exclusion, la détresse, les guerres, les génocides, les déceptions amères et profondes, pour ne pas essayer de nous en abstraire, ne fût-ce qu'un moment, au travers de ce livre destiné à témoigner des beautés que j'ai entendues et vécues et de toutes les grandes traditions que j'ai évoquées dans le prélude. Tenter de montrer la continuité de la Beauté, les entrelacements de la musique, des arts, de leurs interprètes et de leurs créateurs, pour former un tout harmonieux, est le vrai but de ce livre.

Mes amis artistes

L'un des aspects les plus agréables de ce métier est de « lancer » un jeune artiste, de l'épauler à ses débuts, quand tout se joue ou presque. Que de fois ai-je assisté à de ces mauvais départs qui brisent une carrière ! Il y a des règles de stratégie où l'improvisation n'a pas droit de cité ; ce qui n'empêche pas une certaine souplesse et une vraie capacité à l'adaptation. En réalité, il y faut une attention de tous les instants. En général, lorsqu'un artiste se sent prêt à aborder une carrière, il est déjà bardé de diplômes et techniquement assuré. Ce qu'il lui manque, c'est l'expérience d'une vie de scène qui demande rigueur, organisation et un véritable entraînement, au sens sportif du terme. Notre rôle est de lui assurer certaines facilités matérielles (conseils sur les voyages, réservations d'hôtel, préparation des interviews, planning, etc.) qu'il ne saurait prendre en charge sans que cela nuise à sa préparation artistique. D'autre part, l'agent discute, prépare et rédige les contrats, mais se doit également – et cet aspect a souvent été négligé par le passé, ce à quoi, fort de mon expérience chez Pathé, je me suis efforcé de remédier – de « promouvoir » les artistes, d'en faire « la réclame » le mieux possible. Ce mot de réclame me fait toujours penser à Herbert von Karajan qui était parfois attaqué par la presse et qui, lorsque je m'en plaignais, me répondait : « Cela n'a aucune importance que l'on parle en bien ou en mal de nous, du moment qu'on en parle : la réclame c'est la réclame ! »

Rien n'est pire pour les organisateurs de concerts, les directeurs de théâtres ou les responsables des maisons de disques ou des radios et télévisions que d'être littéralement harcelé par un agent ; il convient donc d'avoir un certain doigté, le sens de la mesure, sans perdre de vue qu'il faudra parvenir à imposer nos artistes. Un réseau d'amitié, de bons rapports de travail, la confiance, sont autant d'atouts qui nous aident dans nos démarches, naturellement plus difficiles lorsqu'il s'agit de jeunes inconnus (il va sans dire qu'il n'était pas difficile de trouver des engagements à une Callas ou à un Karajan). Ce « marketing artistique » a, pour nous, quelque chose de très stimulant et donne au métier ce piquant qui nous empêche de nous endormir et d'attendre mollement les propositions d'engagement. Et c'est l'une des raisons qui nous ont poussés à toujours prendre en charge de nouveaux artistes aux côtés des noms célèbres, vis-à-vis desquels nous avons par ailleurs le devoir de rester proches artistiquement et moralement.

« À partir d'un point fixe, on peut bâtir un monde », disait à peu près Descartes. J'essaie modestement de fonctionner comme le souhaitait le père de la logique française. Dans mon métier, le point fixe dépend de l'état d'avancement dans lequel se trouve la carrière de l'interprète qui vient me voir. Il y a trois cas : celui du jeune qui démarre ; celui de l'interprète dont la carrière est déjà bien établie : l'artiste est connu, mais il s'agit de lui faire prendre un nouveau cap, d'atteindre un degré supérieur, la consécration, de le faire entrer dans le cercle réduit des stars ; celui, enfin, d'un artiste connu, mais dont la carrière piétine et pour qui les engagements se font plus rares, que ce soit affaire de malchance, d'erreurs de stratégie, de faiblesses passées et momentanées qui ont fait l'objet d'une méchante publicité entretenue par des confrères jaloux (imprésarios ou artistes concurrents). Sans oublier la presse et le public si prompts à brûler ce qu'ils ont adoré quelques années auparavant. Dans ce cas extrême, mais malheureusement assez fréquent – « le creux de la vague », comme on dit –, il convient de travailler à rétablir une image en étroite collaboration avec le musicien, en revoyant son répertoire et en essayant de lui créer une image nouvelle, de faire certaines concessions sur les cachets ou les lieux d'engagement – et ce n'est pas facile à admettre, pour quelqu'un qui a connu la célébrité, que d'accepter de descendre pour un temps d'une marche ou deux. Certains, dont le potentiel artistique était encore présent, n'ont pas voulu m'écouter et, par orgueil, ont définitivement brisé leur carrière : que d'aigreur alors, et, pour nous, l'impression d'un gâchis stupide... J'ai d'ailleurs eu maintes fois l'occasion de remarquer que cette « opération renouveau », appliquée à un nom déjà connu mais qui ne s'était pas manifesté pendant un certain temps, était souvent plus efficace que tout autre procédé, parce qu'elle donnait l'impression d'un second souffle, d'une fraîcheur retrouvée. Le public, la presse, les maisons de disques éprouvent alors un sentiment plus favorable qu'envers quelqu'un qui se traîne depuis de longues années sans jamais, comme on dit en langage sportif, « éclater ».

Dans tous les cas, il faut présenter l'artiste en montrant et en démontrant ses points forts, l'originalité, la spécificité de son talent ; d'où la nécessité pour un agent d'y entendre quelque chose, au sens propre... Car chaque artiste est unique et porte en lui quelque chose que les autres n'ont pas. C'est ce « quelque chose » qu'il faut percevoir et savoir apprécier dans son étendue mais aussi dans ses limites. Rien ne sera plus dommageable à une carrière que de leurrer un musicien sur ses propres capacités. Certains, rares, n'ont pas besoin des conseils, mais la plupart ont tout intérêt à savoir écouter un avis extérieur et avisé. Ou vous êtes vous-même bon juge et convaincu, ce qui vous permet d'être à votre tour convaincant, et vous acceptez alors de prendre en main la conduite des affaires de cet artiste, ou vous n'en êtes pas sûr, et vous devez vous désister. C'est là une règle absolue : un bon imprésario ne peut ni ne doit prendre la responsabilité d'une carrière qu'il ne juge pas totalement défendable. Cela peut paraître dur à certains, mais la médiocrité d'une carrière artistique est un cilice douloureux et humiliant pour qui prétend aborder les affaires de l'art en toute impunité. Quelle satisfaction – pour reprendre une fois de plus une comparaison sportive – trouverait un athlète professionnel dont les performances seraient cent fois inférieures à celles des meilleurs de sa catégorie ? On dira qu'il faut au théâtre des hallebardiers de figuration, mais qu'on songe à ce que leur vie recèle de souffrance et d'amertume quand ils se voient jouer *Hamlet* ou *Le*

Cid ? La vraie dureté ne vient pas de nous, mais de la vie qui est cruelle et injuste en un sens, mais moins souvent dans le domaine artistique qu'ailleurs.

Pour revenir à la stratégie qu'il convient d'adopter pour lancer un nouveau nom, je plaiderai, en règle générale, pour une préparation suffisamment lente : *chi va piano, va sano*... Sauf, bien entendu, lorsqu'il s'agit d'un phénomène tel que quelques concerts suffisent à l'imposer dans le monde entier. Mais il est inutile de préciser que ces météores ont la rareté des diamants noirs... C'est pourquoi – sauf, donc, dans le cas d'un talent si exceptionnel que le danger d'une faille dans la communication avec le public est pratiquement inexistant – mieux vaut présenter un artiste avec une certaine modestie avant une première grande apparition en public. Tâter le terrain, humer l'air, prendre le pouls. Ne pas accorder d'importance à certaines mauvaises critiques, et surtout en convaincre les artistes trop sensibles ! On pourrait multiplier les exemples de gens dont le talent était réellement indiscutable et qui ont été cruellement attaqués par la critique tout au long de leur vie, sans que cela ne les empêche de faire une grande carrière.

Il ne faut donc pas annoncer, à grand renfort de trompettes que vous présentez le nouveau Messie, car vous créez une attente à laquelle risque de succéder un rejet ou une déception. Il faut, au contraire, bien doser l'action et savoir apprécier la préparation qui convient et qui diffère suivant les talents ; là encore, l'expérience est capitale... Ainsi, Nicolaï Gedda, lorsqu'il était jeune, avait une voix d'une beauté saisissante, un timbre tout à fait unique, mais une puissance d'émission limitée. Il aurait été très maladroit et nuisible à sa carrière de le présenter comme un nouveau Caruso... Tout le monde aurait attendu de ce Viking à la haute stature une voix immense, telle qu'on imagine celle de Caruso ou, plus près de nous, celle d'un Mario Del Monaco ; la déception eût été grande, malgré l'extraordinaire beauté de son instrument. Il était bien préférable de laisser le charme agir de lui-même, et de laisser croire au public et à la presse qu'ils avaient « découvert » ce magnifique ténor...

Autre exemple : il eût été stupide de comparer Élisabeth Schwarzkopf à Montserrat Caballé, toutes deux sopranos, dont les rôles au théâtre étaient naturellement opposés. L'art de Schwarzkopf n'avait rien de spectaculaire, et il fallait au contraire en souligner le raffinement, l'adéquation aux rôles mozartiens ou straussiens, quand l'immense voix de Caballé pouvait affronter les grands italiens ou même Salomé, etc. Là encore, deux personnalités distinctes, bien qu'aussi importantes l'une que l'autre artistiquement parlant, exigeaient des stratégies différentes.

Même chose pour les instrumentistes ; on ne présente pas un pianiste que l'on considère surtout destiné à un répertoire classique comme tel autre mieux prédisposé au romantisme ou au contemporain... Autrement dit, on ne présente pas Clara Haskil comme Alexis Weissenberg ou Vladimir Horowitz, même si leur immense talent leur a souvent permis de jouer des styles très différents. Encore une fois, il ne s'agit pas d'opposer des niveaux de talent, mais de bien distinguer les caractères et tempéraments de chacun, donc les affinités de répertoire, de couleur et d'interprétation, ainsi que l'impression que l'artiste peut faire sur le public, selon qu'il s'agisse d'un coup de foudre définitif ou d'un long phénomène d'assimilation.

Ces remarques paraîtront d'une grande banalité à certains ; elles le seraient si on voyait ces principes élémentaires observés par chacun de ceux qui sont chargés de conduire les carrières musicales. Car c'est le rôle et le talent de l'imprésario, comme de l'artiste et de tous ceux qui interviennent dans la production artistique, que de savoir mettre en évidence les qualités d'un interprète. Si doute il y a, mieux vaut alors viser plus bas et entendre le public, ravi, déclarer : « Quelle modestie, c'est beaucoup plus extraordinaire que je ne le pensais ! » En revanche, décevoir une attente peut se révéler catastrophique.

Ces principes énoncés, je voudrais évoquer ici quelques artistes avec lesquels j'ai entretenu des rapports plus particuliers d'admiration et d'affection mêlées. Car, oui, le coup de foudre existe... Il m'est arrivé d'être littéralement renversé par un ou une interprète dont le talent et la personnalité, le rayonnement vous frappent à l'estomac dès la minute où vous les rencontrez.

Il est évidemment impossible, et il serait malvenu, de dresser une liste exhaustive des artistes que j'admire, et plus difficile encore de parler de chacun de ceux auxquels me lient des sentiments d'amitié. Je serai donc partial, et je n'en évoquerai que quelques-uns...

Jesus Lopez Cobos avait suscité mon admiration et mon amitié lorsque, sous le règne de Rolf Liebermann, il avait dirigé, entre autres, une extraordinaire production de *La Cenerentola* de Rossini, avec Teresa Berganza et Tom Krause. Nous l'avons représenté pour la France pendant des années mais, étant attaché à l'Orchestre de

Cincinnati et à l'Orchestre de chambre de Lausanne, il était pratiquement « intouchable » sur le plan des dates et nous avions tout le mal du monde à trouver l'occasion de travailler pour lui. Mais de vieilles relations d'affection subsistaient, malgré de longues absences, et dans la période de Noël 1998 j'eus, avec lui, un dîner merveilleux à la Coupole où il m'annonça des changements drastiques et les plus heureux dans sa vie personnelle comme dans sa vie professionnelle. Il a épousé une femme qui fait son bonheur et celui de ses enfants (d'un autre mariage). L'idée nous vint à tous les deux qu'il serait peut-être temps, maintenant qu'il était dégagé de ses obligations contractuelles, d'étendre notre représentation afin que nous puissions bâtir ensemble une carrière encore plus internationale et encore plus prestigieuse, ce qui serait une sorte de merveilleuse boucle, à la fois dans sa vie personnelle, dans sa vie artistique et dans nos relations d'affection. C'est maintenant chose faite et je suis heureux de pouvoir dire que c'est une joie de travailler pour un être aussi généreux et aussi talentueux. C'est un véritable gentleman de la musique.

Daniel Oren, très grand chef d'orchestre israélien, est le dernier arrivé dans le bureau. Je l'avais connu aux environs de 1975 lorsqu'il avait gagné le premier prix du Concours Karajan à Berlin. Il avait créé une véritable sensation. Karajan s'était beaucoup intéressé à lui et avait eu de longues conversations concernant son avenir. J'avais particulièrement suivi sa carrière à travers ses représentations lyriques auxquelles j'avais assisté en Italie et qui étaient plus étonnantes les unes que les autres. Un voyage au Japon en mai 1998 m'a permis de l'entendre diriger en concert *Nabucco* avec mon cher Ferruccio Furlanetto. Là encore, ce fut un « coup de foudre » artistique. Depuis il a fait ses débuts à l'Opéra de Paris (sur l'impulsion de Hugues Gall) dans d'inoubliables représentations de *La Bohème* et, plus tard, de *Rigoletto*. Doté d'une personnalité d'une extraordinaire richesse, d'une sensibilité de nuance et de force, il est capable d'obtenir des chanteurs qu'ils se surpassent, quel que soit leur niveau. Thérèse et moi étions totalement bouleversés, en larmes. Et là se produisirent deux extraordinaires coïncidences, l'une tragique et l'autre heureuse. Le lendemain de la première de *La Bohème* à l'Opéra de Paris, sa mère mourut subitement à Rome. Comme j'avais avec lui des relations très amicales – parfois professionnelles lorsqu'il s'agissait d'idées concernant des chanteurs ou de possibles solistes – et que par ailleurs il existait une relation très forte entre Ivo Pogorelich et lui-même, il s'adressa tout naturellement à moi. Je lui conseillai, le cœur brisé, de continuer ses spectacles à l'Opéra de Paris, malgré le deuil qui le torturait et la tradition juive qui lui ordonnait de veiller auprès de l'être disparu et de prier. Je lui recommandai de n'en dire rien à personne. Il fit un voyage éclair à Rome pour les funérailles de sa mère et continua ses représentations de *La Bohème* comme si de rien n'était. Hugues Gall ne fut prévenu, par moi, qu'après qu'il avait quitté Paris, laissant derrière lui une série de triomphes.

Daniel Oren m'avait demandé un rendez-vous à la fin de ses spectacles à Paris. Cela n'avait rien en soi d'exceptionnel, puisque nous nous étions très peu vus, et pour cause, durant ses spectacles, si ce n'est à l'Opéra même. Il voulait tout simplement me demander de le représenter pour le monde, ce qui était une surprise totale pour moi.

Daniel Oren est doté d'un caractère disons difficile, ou considéré comme tel, parce qu'exigeant pour les autres comme pour lui-même, de sorte que cet être ombrageux s'est fait beaucoup d'ennemis. Je n'aurais jamais cru qu'il accepterait l'idée de confier sa carrière, à quelqu'un, ni de respecter psychologiquement et moralement le contrat suivant : une séparation absolue entre les offres musicales qui le concernent quasi exclusivement et la conduite de sa carrière qu'il nous confie intégralement. Mais il a accepté d'abdiquer une partie de ses prérogatives jalousement gardées jusqu'à présent et de me confier une carrière qui, selon moi, est promise, pour cet artiste de quarante-quatre ans, aux plus hauts sommets qu'il est en train d'atteindre à une vitesse foudroyante. Nos relations depuis sont parfois agitées mais toujours constructives et affectueuses. Elles me font penser à la formule de Karajan : « *Rough it will be but boring never* [1] *!* »

J'ai connu Ivo Pogorelich de deux manières : la première, par l'intermédiaire d'Alexis Weissenberg qui, après l'avoir entendu en Allemagne, s'est, comme à son habitude, précipité au téléphone pour me dire : « Tu dois absolument prendre Ivo Pogorelich : c'est un des plus grands pianistes que j'ai jamais entendus de ma vie ! » Et dans le même temps, la firme Deutsche Gramophon, à laquelle il était lié par contrat, me disait son regret de ne pas le voir apparaître suffisamment en

---

1. « Nos relations seront parfois tumultueuses mais jamais ennuyeuses » (v. chapitre Karajan).

France. D'autre part, grâce à une amie qui s'occupe de lui à Londres, j'ai eu la chance de devenir son représentant pour la France et Monaco et de suivre une carrière hautement discutée. Comme tous les grands artistes, et parce qu'il joue, tout en les revisitant, les œuvres de l'intérieur, à travers le filtre d'une personnalité très excentrique, presque iconoclaste, il est critiqué, attaqué, voire incompris. Mais il possède une technique pianistique probablement unique, qui fait plier l'univers musical.

Malgré toutes les prévisions des Cassandre qui m'annonçaient, là aussi, une personnalité difficile à cerner, je n'ai eu que des joies et des fiertés, avec des moments mouvementés. Chaque concert d'Ivo Pogorelich, ou chacun de ses disques, représente pour moi un diamant brut, que ce soit les *Sonates* de Scarlatti, les œuvres de Rachmaninov ou de Chopin (en particulier les vingt-quatre *Préludes* que personne n'a jamais joués comme lui !). Ceux qui ont assisté à son récital il y a quelques années au Théâtre du Châtelet à Paris, au cours duquel il a donné, après la deuxième *Sonate* de Rachmaninov, *Islamey* de Balakirev en bis, ont certainement compris – ou auraient dû comprendre – qu'il s'agissait d'un coup de force tel que si nous avions été dans un studio et que j'avais été le producteur en charge de cet enregistrement, je n'aurais pas demandé une seule correction.

Mais il faudrait citer bien d'autres noms, par exemple Sasha Rojdestvenski, jeune et admirable violoniste russe, mon ami Gary Hoffman, exceptionnel violoncelliste, être rare auquel m'attachent des années d'affection et de tendresse. Je n'oublierai jamais, entre autres merveilles, le *Concerto* de Dvorak que j'ai entendu aussi bien à Paris qu'au Festival de Colmar, ainsi que le *Double Concerto* de Brahms avec Vladimir Spivakov ou les *Sonates pour violoncelle et piano* de Rachmaninov et de Chopin avec Philippe Bianconi.

Là comme ailleurs, il y a renouvellement des cadres et des générations. Le principe est toujours le même : lorsqu'un artiste a déjà une carrière bien avancée et internationale, ce qui est le cas de Gary Hoffman, il est alors possible, dans un bureau comme le nôtre, de prendre en charge de jeunes instrumentistes, chefs ou chanteurs exceptionnels, à qui l'on bâtira une carrière digne de leur talent. L'exemple est l'arrivée très récente dans mon bureau d'un violoncelliste d'une trentaine d'années, d'une extraordinaire pudeur, Xavier Phillips. Il joue certaines œuvres comme peu d'artistes, notamment le premier *Concerto* de Chostakovitch pour orchestre, ou le *Concerto* de Dvorak avec lequel il a bouleversé non seulement le public, la critique, mais également des chefs d'orchestre tels que Jesus Lopez Cobos et plus récemment Christoph Eschenbach. Ce dernier, à sa nomination au poste de directeur musical de l'Orchestre de Paris, a indiqué le nom de Xavier Phillips comme le premier des solistes qu'il voulait voir engagé par l'orchestre. Rostropovitch aussi l'admire beaucoup et le protège activement en le dirigeant lui-même à Washington et New York dans la Symphonie concertante de Prokofiev que celui-ci lui avait dédiée. Telle est cette chaîne qui donne à chacun sa chance lorsqu'un autre artiste, dans cette même catégorie, est parvenu à une sorte de « sommet ». Muti lui-même lui a récemment ouvert les portes de la Scala de Milan.

Avant d'évoquer d'autres artistes qui occupent dans ma vie une place considérable, en raison de leur talent mais aussi de liens d'affection tout à fait spéciaux qui nous unissent, je voudrais, sans que cela apparaisse comme une liste froide et impersonnelle, mentionner ceux de la jeune génération qui portent déjà – chacun selon sa personnalité – la promesse de carrières internationales. Je ne peux, certes, les citer tous, mais je voudrais attirer l'attention du lecteur sur le renouveau fabuleux du chant français, après une éclipse de près de vingt ans qui se situe après la fin de la carrière de Régine Crespin, Jane Berbié, Gabriel Bacquier et quelques autres de cette génération exceptionnelle. En ce qui concerne Jane Berbié, des sentiments de très fidèle et tendre amitié nous unissent toujours. Elle est également très proche de mon collaborateur et ami Daniel Lombard. Maintenant professeur, elle nous fait l'amitié de nous confier quelques-uns de ses plus beaux trésors : des élèves qui sont devenus des maîtres sous son impulsion, comme Thierry Félix, admirable récitaliste mais également chanteur d'opéra, et Sophie Koch, qui est en train d'accomplir une carrière digne de l'héritière, qu'elle me semble être, d'une triple filiation : Teresa Berganza via Jane Berbié, Sena Jurinac et Christa Ludwig. Ses débuts à l'Opéra de Vienne dans le rôle-titre du *Chevalier à la rose* de Strauss constituent, je crois, une première pour une Française, entre autres succès tant à Covent Garden qu'à Dresde (*Ariane à Naxos* de Strauss), Cherubino à Vienne, *Cenerentola, Le Barbier de Séville* dans tous ces théâtres, ainsi qu'à la Scala de Milan, à Munich, au Japon, à l'Opéra de Paris... Sophie Koch possède une voix hors pair, un physique de cinéma, une musicalité idéale, toujours à la recherche du mieux à accomplir. Elle provoque, chez moi comme chez tant de grands chefs d'orchestre et d'auditeurs, larmes et émotions rares.

J'aimerais également citer une découverte faite par Thérèse Darras : Nora Gubisch, très belle mezzo-soprano, inspirée par l'exemple incomparable de Martha Mödl, inoubliable interprète de Strauss et de Wagner. Ces jeunes représentent, pour tous les membres de notre bureau, une source d'enthousiasme perpétuellement renouvelé.

Le grand baryton français Jean-Luc Chaignaud est venu chez nous de la manière suivante : Christa Ludwig me téléphona il y a quelques années, avant ses adieux glorieux, en me disant : « Serais-tu capable de me faire confiance et de prendre quelqu'un dans ton bureau sans l'avoir jamais entendu ? » Réponse : « Oui, évidemment, puisque cela vient de toi ! » Et c'est ainsi que Jean-Luc Chaignaud, dont j'ai déjà parlé à l'occasion de sa découverte par Karajan, est devenu un des meilleurs barytons de notre époque. Il a une voix magnifique, c'est un chanteur-né d'opéra, doué d'un physique exceptionnel, d'une grande musicalité qui lui permet d'aborder aussi bien l'opéra que des oratorios et le domaine du récital. Il s'en fut sagement pour cinq ans à l'Opéra de Vienne où il chanta vingt ou vingt-cinq rôles qui constituent à proprement parler les fondements de la maison musicale sur laquelle allait se bâtir sa carrière internationale. Grâce à sa connaissance de rôles rarement donnés en France et de la langue allemande, il interprète maintenant des rôles allant d'Eugène Onéguine en russe à Posa en italien, sans oublier tous les grands opéras italiens, tous les opéras français et, en concert, les Mahler, Hugo Wolf, Duparc, Fauré et Ravel, etc. Je suis heureux de voir sa carrière s'épanouir. Comme les coïncidences n'en sont jamais vraiment, il se trouve être l'un des artistes que le chef d'orchestre Daniel Oren apprécie. Il sera un jour un grand Wolfram dans *Tannhäuser*.

Daniel Oren a pour dieu, parmi les chanteurs, le plus grand baryton italien, Leo Nucci, qui demeure un de mes très proches amis même si nos relations sont plus espacées que nous ne le voudrions. Du reste, dans les trois années à venir, Daniel Oren, Leo Nucci et Ferruccio Furlanetto, auront l'occasion de travailler ensemble à travers le monde. Nous avons eu la chance d'entendre Leo Nucci, absolument fabuleux, avec Daniel Oren à l'Opéra Bastille dans *Rigoletto*, où il a remporté un triomphe rare chez nous.

La mère de Christa Ludwig fut un remarquable professeur (et d'abord pour sa fille). Elle eut, entre autres élèves, une magnifique mezzo-soprano à laquelle je suis particulièrement attaché : Elsa Maurus, aussi à l'aise dans *Carmen* ou Mozart que dans les cycles avec orchestre de Mahler. C'est une récitaliste hors pair, polyglotte, douée d'une grande culture musicale et vocale et d'une telle sensibilité que Christa Ludwig lui dit, alors qu'Elsa était en train de franchir la porte de l'école normale supérieure « Mais qu'allez-vous faire à Normale sup avec une voix pareille ? » La prédiction se révéla être juste. Elsa est en train d'accomplir un parcours sans faute, notamment sous la baguette de Georges Prêtre dont elle a également été la soliste avec la Philharmonique de Vienne au Musikverein de Vienne et à la Scala de Milan. Elle est aussi l'une des voix préférées de Vladimir Spivakov.

Parmi les artistes de mon bureau auxquels me lient des années d'amitié et d'affection, figurent évidemment le magnifique José Carreras, un des ténors qui, avec Placido Domingo, ont compté dans ce siècle. Il fut découvert en 1977 par Herbert von Karajan et projeté aussitôt sous les projecteurs du monde de la musique. De nombreux souvenirs communs nous lient, presque tous très joyeux, mais l'un d'entre eux très douloureux : c'est l'épisode dramatique de la leucémie qui aurait pu l'emporter et dont il est sorti vainqueur grâce à sa volonté et au génie de la médecine. Il a affronté cette épreuve avec un courage exemplaire.

Nous avons, parmi nos artistes, deux basses. Tom Krause est mon ami depuis plus de vingt-cinq ans, mais aussi Kurt Moll, la plus grande basse allemande de son temps. Après avoir été un des artistes préférés de Rolf Liebermann, Tom Krause a été, pendant dix années de suite, le Comte des *Noces de Figaro* de Karajan, dans la mise en scène de Jean-Pierre Ponnelle, au Festival de Salzbourg. Un jour où je faisais observer à Karajan que, lui qui changeait souvent ses distributions, n'avait jamais pris un autre Comte que Tom Krause, il me répondit : « Tout simplement parce que c'est la première fois que j'ai un Comte qui ne ressemble pas à un cocher. » Sa voix, son charme, son exceptionnelle profondeur philosophique et mystique, et toutes les amitiés qu'il a su se créer à travers le monde expliquent l'exceptionnelle réussite de sa carrière. Favori de l'ère Liebermann à l'Opéra de Paris, puis à Salzbourg avec Karajan, il revient régulièrement à l'Opéra de Paris à la demande de Hugues Gall, qui lui voue une fidélité sans faille. Le hasard veut que nous nous voyons parfois en

Floride – pas assez à mon goût. Nous avons passé bien des moments merveilleux ensemble et continuons à le faire chaque fois que ses passages à Paris ou en Floride (sur la plage ou autour de la piscine) nous le permettent.

Kurt Moll est pour moi un incomparable baron Ochs du *Chevalier à la rose* et certainement le plus génial Gurnemanz de *Parsifal*. Une anecdote le concernant m'a laissé des traces profondes. Lors de l'enregistrement de *Parsifal* à Berlin avec la Philharmonie et Karajan, il régnait entre les chanteurs, l'orchestre, les techniciens, Karajan et moi-même une atmosphère de grande cordialité et connivence. Kurt Moll, Peter Hoffmann et d'autres se rendaient le matin à la piscine de l'hôtel Kempinski, où nous habitions. Malgré mon horreur du matin et poussé par l'amitié, j'allais souvent les rejoindre et prenais mon petit déjeuner au bar de la piscine, avant de partir pour la première séance. Kurt Moll faisait la joie de tout le monde par sa gaieté et son humour. Un jour, Karajan me dit : « J'ai un problème, parce que j'ai une passion pour Kurt Moll, comme vous. Je ne vois personne d'autre que lui pour le rôle du baron Ochs dans le *Chevalier à la rose* que je veux enregistrer et produire au Festival de Salzbourg. Mais il a fait le baron Ochs dans une mise en scène que je n'ai pas du tout aimée au Festival de Salzbourg, il y a quelques années. Je voudrais que vous lui demandiez s'il serait prêt à oublier tout ce qu'il a appris avec mes collègues et à recommencer ce personnage à partir de zéro. » On imagine mon appréhension à l'idée d'une pareille requête. Je me rendis auprès de Kurt Moll un matin, à la piscine, et lui posai cette question assez incongrue, il faut le dire, à ce stade de sa carrière... Il me regarda, avec ses yeux presque enfantins et rieurs, et me dit : « Mais il n'y a aucun problème. Pour Karajan, je me jetterais au feu ! J'oublie tout, je ne connais même plus une note du baron Ochs jusqu'à ce que je recommence avec le maestro. » Ce qui donna l'extraordinaire version du dernier *Chevalier à la rose* de Karajan avec Anna Tomova-Sintov, Agnès Baltsa et Kurt Moll dans le rôle du Baron et le Philharmonique de Vienne.

Autre immense artiste qui fut une véritable reine, notamment à Paris où elle résida pendant de nombreuses années : Shirley Verrett. Depuis Callas, qui lui fit comprendre que l'opéra ce n'était pas seulement chanter mais exprimer, je ne crois pas avoir vu et entendu souvent une telle chanteuse/actrice : ses légendaires Amneris, Azucena, sa majestueuse et impétueuse Éboli et plus tard son incandescente Lady Macbeth, ses Cassandre et Iphigénie, ou encore sa Médée aux accents déchirants, restent des moments inoubliables, non seulement pour moi mais dans l'histoire de l'opéra en général, par la somptueuse couleur de sa voix, son jeu scénique intense, sans oublier la beauté sculpturale de la femme. Aujourd'hui, Shirley se consacre notamment à l'enseignement où elle apporte son savoir et son art à de nouveaux talents, contribuant ainsi à cet éternel renouveau du chant.

Nous n'étions pas spécialisés dans la musique de chambre, nous n'avions même aucunement orienté le bureau vers ce créneau musical, lorsque Thérèse Darras me proposa un jeune trio français, le Trio Wanderer.

J'étais plutôt rétif pour une raison de créneau musical et sans les connaître. Encore une fois, ce n'était pas de ma part un manque d'intérêt pour la musique de chambre, qui a été une des bases de ma vie, mais une appréhension à aborder un champ d'activité que je connaissais mal sur le plan des sociétés de musique et des festivals programmant ce genre de concerts. Mais Thérèse insista et me demanda de lui faire confiance, ce qui allait de soi. Bien m'en prit et je devrais remercier le ciel tous les jours de l'obstination de Thérèse, car le Trio Wanderer (avec au piano Vincent Coq, au violon Jean-Marc Phillips-Varjabédian et au violoncelle Raphael Pidoux) devait devenir, par son exceptionnel talent, par leur extraordinaire intelligence, par la variété de leur imagination et de leur répertoire, par la perfection de leur chant instrumental, une des gloires de notre bureau. Il y eut dans le passé le fameux Trio Cortot/Thibaud/Casals, Rubinstein/Heifetz/Piatigorski, et le Beaux Arts Trio. Nous avons maintenant les Wanderer ! Quelle belle succession sur une période de soixante-dix ans...

Ces trois musiciens se sentent comme des frères, et sont aussi devenus pour moi de très jeunes frères alors qu'ils ont, tous, moins de la moitié de mon âge. Ils font partie de ces artistes qui, à force de talent, d'organisation mentale, d'absolue adéquation à l'époque que nous vivons (problèmes de transport, d'hôtels ou difficultés économiques des sociétés qui les engagent) deviennent autogénérateurs de leurs propres engagements – avec notre attention de tous les instants, cela va sans dire ! Il se crée un tel lien entre le public et eux, ainsi qu'entre les organisateurs de leurs concerts et eux, que deux fois sur trois ils sont réinvités sur-le-champ.

Ils ont eu l'honneur rare, en l'espace de trois ans, d'être distingués à deux reprises dans le cadre des Victoires de la Musique. Si l'on ajoute les disques extraordinaires qu'ils ont fait, dont j'ai eu le privilège d'être le producteur pour Sony (trios de Mendelssohn et idéale combinaison du trio de Dvorak *Dumky* avec celui de Smetana), si l'on prend un de leurs derniers albums (enregistré sous contrat pour Harmonia Mundi/Le Chant du Monde par un de mes collègues) dédié, pour l'année Chausson en 1999, aux trios de Chausson et de Ravel, on arrive à la conclusion qu'il n'y a tout simplement pas de « scories » dans leur jeu, et qu'ils réussissent au plan matériel ce qui semble de nos jours impossible, c'est-à-dire vendre. Leurs Schubert sont des références.

Wanderer signifie : voyageur. Et de fait, ils parcourent le monde à une vitesse et un rythme tels qu'il m'arrive de ne pas pouvoir les suivre à la trace, d'un continent à l'autre. Je ne les remercierai jamais assez pour leur confiance, mais aussi pour leur amitié, leur modestie et le fait que, comme des enfants totalement adoptés, ils se sentent chez nous comme chez eux. Il n'est que de mentionner leur nom ou de voir apparaître l'un d'entre eux au bureau pour que l'ensemble de mes collaborateurs et moi-même ayons le sourire. Leurs appels, leurs e-mails, leurs fax sont autant de joies (et Dieu seul connaît leur débit journalier !). Tout dans leur vie privée et dans leurs rapports avec nous n'est que joie et lumière. De plus, par son extraordinaire réussite, due aussi – il faut lui rendre hommage – au dévouement incessant et à l'incroyable acharnement de Thérèse, le Trio Wanderer a ouvert la voie à d'autres ensembles de musique de chambre qui, même s'ils me sont moins proches personnellement, sont aussi source de joie et de fierté. Quand j'écoute l'extraordinaire Quatuor Talich (chacun des quatre, plus charmants les uns que les autres), le Quintette Moraguès (composé de cinq virtuoses d'instruments à vent, tous exceptionnels), je suis très fier de les accueillir et de les représenter. Lorsque j'ai entendu la clarinette de Pascal Moraguès (un son à proprement parler divin !) sous la direction de Christoph Eschenbach, je me suis dit que nous étions bien privilégiés de recevoir du ciel ce cadeau d'une telle beauté...

Lambert Wilson occupe une place unique dans mon bureau, entièrement consacré à la musique : il est ici l'un des seuls acteurs[1]. Mais outre le fait qu'il s'agit d'un artiste que je n'hésiterai pas à comparer à Gérard Philipe, le plus grand des Ruy Blas, l'interprète idéal de Marivaux ou de Musset (je rêve de le voir dans *Lorenzaccio* !), Lambert est un être profondément musicien qui chante merveilleusement. Nous le représentons en tant que récitant pour des œuvres telles que *Le Martyre de saint Sébastien* (rôle de saint Sébastien), *Oedipus Rex*, *Perséphone*, des soirées spéciales consacrées à Proust et à la musique de son temps. Sur le plan personnel et affectif, c'est un être unique, même s'il est parfois brouillon (ou très « artiste » ?) et difficile à atteindre. Mais il est tellement poétique dans sa nature, comme dans sa vie et dans son interprétation, que je lui voue une admiration et une affection très particulières. Georges Wilson, le « monstre sacré » (et son père), nous

---

1. Nous travaillons aussi avec joie avec le jeune et brillant sociétaire de la Comédie-Française, Éric Genovese.

fait l'honneur de partager avec nous son talent et sa gloire.

Je voudrais encore citer Riccardo Muti, le génial chef d'orchestre italien, descendant direct des plus belles traditions du monde (d'un côté Toscanini et, de l'autre, Karajan), Rostropovitch qui m'a complètement réconcilié, après Piatigorski, avec le violoncelle dont des années de mauvaises traditions ou de mauvaise technique m'avaient totalement détourné.

Lorin Maazel fait également partie de ces artistes et ce depuis 1957, année bénie puisque c'est celle où je me suis lié avec Maria Callas, Herbert von Karajan, sir Thomas Beecham et Lorin, que je considère comme un des deux ou trois plus grands chefs actuels dans le monde, une sorte de génie sur le plan de la mémoire musicale et de la conception intellectuelle. Il s'agit vraiment d'un être exceptionnel par sa mémoire prodigieuse, son intelligence, sa technique unique (même certains de ses collègues jaloux reconnaissent qu'il n'est guère étonnant qu'il soit là où il est). Lorsque je l'avais entendu pour la première fois en 1957 à la Société des concerts du Conservatoire, où il avait dirigé notamment la *Sixième Symphonie* de Tchaïkovski, j'avais été transporté et j'étais allé le lui dire. Puis nous avons déjeuné ensemble dans un restaurant de l'avenue Marceau et je lui ai déclaré que je lui resterai fidèle toute ma vie. Deux jours plus tard, je l'ai accompagné à la gare. Dans la conversation, il m'a dit d'un air un peu cynique (il ne s'agit que d'une attitude, que beaucoup de gens interprètent mal, alors qu'en fait sa soi-disant arrogance ou son prétendu cynisme ne sont que le reflet d'une profonde timidité, très difficile à capter) : « Vous savez, je crois que les enthousiasmes passent et que vous entendrez beaucoup d'artistes qui vous transporteront et vous en feront oublier d'autres. » Je pris le pari que tel ne serait pas le cas entre lui et moi et qu'il pouvait considérer que *sempre fidelis* serait une sorte de mot de passe entre nous. Nous verrions bien si la vie ferait en sorte que nos destins se croisent et que je reste véritablement *sempre fidelis*. La vie l'a prouvé, puisqu'en 2002, je peux dire que rien n'est changé par rapport à 1957 ! Lorin Maazel a reconnu lui-même, ainsi que sa merveilleuse femme, Dietlinde (ex-Turban, qui a quitté sa brillante carrière d'actrice pour se consacrer à son mari et à leurs enfants), que notre amitié était exactement ce qu'elle était il y a plus de quarante ans. De sorte que je n'ai jamais besoin de lui dire que je l'attends : il suffit que je lui fasse parvenir ces deux mots, *sempre fidelis*, et il sait exactement de qui il s'agit ! Il y a plus de trente ans déjà, au Festival de Bayreuth, lorsqu'il avait dirigé l'un des plus beaux *Lohengrin* de ma mémoire musicale, c'était grâce à ce code que je m'étais fait introduire dans sa loge.

Lorin Maazel a pris une certaine distance, non pas avec la musique mais avec la carrière ; il voulait profiter un peu plus de la vie. Il a raison. Il passe plusieurs mois par an dans son immense domaine en Virginie et s'efforce de ne faire que ce qui lui plaît. Mais il vient d'accepter la direction du New York Philharmonie. J'ai toujours considéré que *choisir* était le summum d'une vie et d'une carrière...

Un ami qui m'est particulièrement proche et pour lequel j'ai une affection et une admiration, aussi bien

personnelle que musicale, sans faille est Semyon Bychkov, directeur de l'Orchestre WDR de Cologne, directeur musical de l'Opéra Semper de Dresde (celui-là
même où tous les grands opéras de Richard Strauss ont
été créés). Il est aussi pour moi un jeune frère,
remarqué par Karajan qui fut le premier à l'inviter pour
une tournée avec la Philharmonie de Berlin lorsqu'il
avait trente ans. Durant les dernières années de son
mandat de directeur de l'Orchestre de Paris, Semyon
est devenu un ami si généreux, si intelligent et si respec-
tueux de la pensée musicale de Karajan, que je voudrais
lui rendre un hommage vibrant. J'ai eu la joie d'être,
avec Ferruccio Furlanetto, son témoin à son mariage
avec Marielle Labèque (amie très chère de longue date)
à Biarritz, en juillet 1999. Là aussi, la passion réciproque qui anime Ferruccio et Semyon me conforte
dans la croyance qu'il existe véritablement dans ce
monde de la musique, par ailleurs si ingrat, des affinités entre artistes qui constituent les lettres de
noblesse d'eux-mêmes et de leur art.

Je regretterai toute ma vie le départ de Semyon de
l'Orchestre de Paris. Je soulignerai seulement que l'arrivée de Christoph Eschenbach se fit sur la suggestion
de Semyon Bychkov, ce qui en dit long sur sa noblesse
artistique et humaine. Je n'ai pas eu la chance d'enregistrer de disques avec lui, mais il m'a fait l'honneur de
m'inviter, plusieurs semaines durant l'automne et l'hiver 1998 à Cologne, pour conseiller les techniciens
chargés de l'enregistrement d'un certain nombre
d'œuvres pour la télévision et la radio : Schubert-Berio,
la *Quatrième Symphonie* de Brahms, la *Troisième Symphonie* de Beethoven, un inoubliable *Heldenleben* de
Richard Strauss, une fantastique *Electra*.

Malgré l'éloignement géographique, mes coups de fil avec Semyon me sont précieux, ainsi que chacune de nos rencontres. Ses spectacles ou concerts sont toujours une grande joie et une intense émotion pour moi, que ce soit pour un concert à la Staatskapelle de Dresde, pour le *Bal masqué*, ou *Lady Macbeth de Mzensk* de Chostakovitch à Florence, ou la *Dame de Pique* à Amsterdam et tant d'autres. Je n'oublierai jamais sa *Salomé*, son *Eugène Oneguine*. Semyon est un des rares chefs d'orchestre qui ait réussi à me faire venir trois fois avec enthousiasme à des représentations de *Parsifal* en l'espace de dix jours !

Un immense chef d'orchestre qui, à grands pas, poursuit une ascension spectaculaire et totalement méritée n'est autre que Christian Thielemann, directeur musical du Deutsche Opera à Berlin. Bayreuth et tous les grands théâtres et orchestres du monde se l'arrachent. Lui aussi fait partie du testament musical de Karajan qu'il vénère.

Il resterait beaucoup à dire, mais je ne voudrais pas conclure ce chapitre sans parler de deux artistes auxquels je suis profondément attaché et qui tiennent dans ma vie quotidienne une place considérable. L'un est l'extraordinaire violoniste Vladimir Spivakov, à la personnalité aussi mystique que religieuse et profonde. Pour moi, il est tout simplement le successeur direct de la lignée violonistique de Heifetz, Milstein et Oïstrakh. L'histoire de notre première rencontre mérite d'être contée : je l'avais entendu à de nombreuses reprises, souvent par le disque, lorsqu'en 1989 j'assistai au concert de la Philharmonique de Saint-Petersbourg à Paris, sous la direction de son chef Yuri Temirkanov, au cours duquel Vladimir Spivakov interpréta le

Concerto de Tchaïkovski. Lorsqu'il entama la première entrée du violon, Thérèse et moi nous tournâmes l'un vers l'autre : c'était incroyable, on eût dit que son violon était sonorisé, tant la sonorité était large, profonde et remplissait la salle Pleyel ! Je ne fis pas sa connaissance à cette occasion. Mais, en 1996, alors que je ne l'avais pas entendu depuis 1989, sauf par ses disques, sa femme téléphona à mon bureau en me demandant un rendez-vous. Problème : il était seize heures, et il partait le lendemain pour les États-Unis... J'hésitai en raison de mon emploi du temps. Thérèse me cria de son bureau : « Mais vous vous rendez compte, c'est Spivakov ! Vous vous souvenez de ce merveilleux Tchaïkovski que nous avons entendu en 1989 ! » Rendez-vous fut pris une demi-heure plus tard. Ce fut un entretien difficile, parce qu'il avait traversé des années de profond découragement, de « galère ». Un esprit diabolique semblait l'avoir détruit : il doutait de lui-même et de son violon, mais il me proposa de me confier sa carrière. J'étais conscient de l'importance de l'artiste, dont il fallait restaurer la confiance, à qui il fallait rendre sa joie de vivre et dont il fallait redonner au monde une nouvelle image. Notre entretien, prévu pour une demi-heure, dura trois heures. J'en sortis l'âme fière mais aussi conscient de l'énorme responsabilité que cela constituait. Je demandai un ou deux mois de réflexion avant de prendre une décision. Le poids d'une vie me paraissait soudain se trouver entre mes mains. Le hasard fit que nous eûmes une longue conversation téléphonique, sa femme et moi, en Floride (elle se trouvait à Palm Beach, moi à Key Biscayne, mais des pluies diluviennes nous empêchèrent de nous rencontrer). Cette conversation fut aussi longue que notre rendez-vous à Paris, mais ma décision était prise. Et au mois d'avril 1996, nous nous rencontrâmes de nouveau dans mon bureau pour sceller un contrat d'exclusivité mondiale.

Grâce à Vladimir Spivakov et à sa femme, ainsi qu'à sa merveilleuse famille (il a trois filles plus charmantes les unes que les autres), j'allais connaître les passages difficiles propres aux Slaves (plus slave que Vladimir, c'est impossible !) mais aussi d'extraordinaires moments d'émotion. À Rome, après un splendide *Concerto* de Tchaïkovski dirigé par Temirkanov, j'allais faire, grâce à lui, la connaissance d'un couple – Kiko et Patricia Bemberg – qui devait devenir, en l'espace de cinq minutes, des amis très proches. Ce fut un de ces coups de foudre amicaux qui constituent une révolution dans une vie personnelle. Après deux heures de conversation lors d'un souper commun à Rome, l'un des convives se tourna vers Patricia et moi et nous demanda depuis combien de temps nous nous connaissions. Nous éclatâmes de rire et je n'osai répondre. Mais Patricia dit avec un grand sourire de Madone et la plus parfaite tranquillité : « Depuis toujours ! » C'est resté vrai, plus vrai que jamais, et il ne s'écoule pas un jour sans qu'une pensée ne me relie à cet extraordinaire couple fait de contradictions : elle, d'origine mi-irlandaise et mi-italienne, lui français mais fortement influencé par l'Argentine. Ils sont, au sens propre et de la manière la plus anonyme, d'admirables mais toujours discrets mécènes (qui vont tressaillir et m'en vouloir – un peu – de leur rendre cet hommage public), non seulement pour les artistes (notamment Vladimir Spivakov, qu'ils couvrent de leur affection et de leur protection), mais aussi pour d'innombrables anonymes, dont je ne sais rien si ce n'est qu'ils existent. Grâce à eux et à un autre mécène espagnol, un jour d'octobre 1997, l'impensable se produisit : Vladimir Spivakov eut en mains un des plus beaux Stradivarius du monde, le *Hrimali* de 1712, qui lui a rendu sa confiance, sa joie de vivre et son potentiel sans limite, à la fois d'expression, de couleur et de virtuosité.

Je voudrais terminer ce chapitre par l'évocation d'un des plus grands artistes que j'ai rencontrés et qui, pour beaucoup, fait figure de légende : Carlos Kleiber, que Karajan admirait profondément, la réciproque n'étant pas moindre. J'éprouve pour Carlos Kleiber une amitié admirative qui ne s'est jamais démentie. À ce jour, je le considère comme un des plus grands chefs d'orchestre de notre époque, bien que trop lointain. Karajan avait invité Kleiber à diriger la *Symphonie du Nouveau Monde* avec la Philharmonique de Berlin pour des concerts et un enregistrement. La veille de mon départ, un lundi de Pentecôte, je téléphonai à Kleiber à l'hôtel Kempinski, à Berlin, pour m'entendre dire : « J'allais t'appeler pour te dire de ne pas venir, car je pars ce soir. Je ne fais pas les concerts. » Carlos Kleiber est malheureusement de la race des artistes qui annulent souvent. Karajan, l'Orchestre philharmonique de Berlin et son intendant étaient à Salzbourg ; je n'avais aucun moyen de les joindre. Je leur laissai un message à la Philharmonie, qu'ils trouvèrent le lendemain. Bien des années plus tard, j'ai eu la joie d'être choisi par Carlos Kleiber pour enregistrer pour Sony une symphonie de Mozart et surtout *Heldenleben* de Richard Strauss, avec l'Orchestre philharmonique de Vienne. Ce fut un éblouissement.

Carlos est à la fois un sage chinois et un enfant de dix ans... Je me souviendrai toujours, parmi mille autres péripéties durant cet enregistrement, de deux épisodes : à la suite d'une prise complète de *Heldenleben*, je demandai au technicien le minutage qui était précisément de quarante minutes. J'arrive chez Carlos et lui dis que c'était sublime. Mais sa seule préoccupation était de connaître le timing exact. Lorsque je lui répondis « quarante minutes » – je le verrai toute ma vie durant –, il se mit à sauter, les mains appuyées sur le piano en disant : « C'était le rêve de ma vie ! » Je l'interrogeai et il me répondit : « Strauss avait écrit sur la partition « *Circa 40'* ». Mais Strauss lui-même, qui dirigeait effectivement *Heldenleben* en quarante minutes, avait donné sa bénédiction à Karajan qui, lui, mettait quarante-quatre ou quarante-cinq minutes. Je trouve la seconde anecdote hilarante : la veille de l'enregistrement de *Heldenleben*, un collègue de Carlos (que je ne nommerai pas, par bonté) avait fait à l'Opéra une répétition générale avec la Philharmonique de Vienne du *Crépuscule des Dieux*, qui est pour l'orchestre une véritable épreuve de force. La dernière note achevée, les musiciens s'apprêtaient à partir, soulagés, après quatre heures dans la fosse d'orchestre, lorsque ce chef les rappela : « Messieurs, il est minuit moins le quart : j'ai encore dix minutes ! Nous allons faire une petite séance d'accords des bois, des cordes et des cuivres ! » L'orchestre, furieux, se plia à ce caprice ; il n'avait pas le choix. Mais le lendemain, la rumeur avait circulé à travers Vienne. Nous faisions, le matin, un enregistrement de *La Vie d'un héros*. Les dernières deux ou trois mesures sont d'une extrême difficulté de justesse, car la tessiture est très élevée pour les instruments concernés. L'enregistrement avait été admirable, à l'exception précisément de la dernière mesure, ce qui n'avait pas d'importance puisque nous avions d'autres séances pour la refaire. Et j'entendis subitement Carlos Kleiber dire : « C'était magnifique, messieurs. Pour ce qui concerne la dernière mesure, vous la répéterez avec mon collègue de l'Opéra ! » Fou rire général des musiciens !

Ferruccio Furlanetto

Last but not least, Ferruccio Furlanetto ! Avant d'évoquer nos relations personnelles et notre travail commun, je dois déclarer que je le considère comme *le* Chaliapine italien, la plus grande basse actuelle, pour le répertoire italien, russe et français. Je ne mentionne pas Mozart, car il *est* Mozart.

J'ai rencontré Ferruccio Furlanetto en 1980 au Metropolitan Opera de New York, grâce à notre ami commun Leo Nucci.

Cette basse, venant du Frioul (la région au nord-est de Venise), à l'aspect à la fois élégant, distingué mais très réservé, devait devenir, avec sa femme, Adriana, et leur fils Ugo, parmi mes amis les plus intimes.

Ferruccio Furlanetto est l'un des artistes les plus équilibrés qu'il m'ait été donné de rencontrer, et c'est ce qui explique une vie personnelle et une carrière sans tache. Doué d'une voix d'une beauté inouïe – et ceci dès ses débuts –, une voix de basse d'une exceptionnelle longueur de tessiture et d'une grande largeur de timbre, d'une palette de couleurs sonores reflétant tous les états d'âme : de la tristesse à la joie, de la misère à la splendeur, de la gaieté populaire dans Figaro ou dans Leporello, au drame pathétique de Boris Godounov, du mysticisme du *Requiem* de Verdi et de Zaccharia dans *Nabucco*, au cynisme total de Don Giovanni tout au long du rôle, et notamment dans la scène finale. Bref, la voix de Ferruccio contient l'univers.

À cette voix s'ajoute une incroyable flexibilité d'acteur qui a évidemment été renforcée par sa collaboration avec les plus grands metteurs en scène de son temps. Beaucoup ont travaillé sur Ferruccio lui-même, le premier d'entre eux étant bien sûr Jean-Pierre Ponnelle qui a imaginé toutes ses productions de Mozart en fonction de la personnalité exceptionnelle de Ferruccio Furlanetto. C'est aussi à partir de lui que Zeffirelli a conçu son *Don Giovanni* et que Wernicke a imaginé le terroriste sicilien des *Vêpres siciliennes*. Piero Faggioni a revu son *Boris Godounov* à l'Opéra de Rome en tenant compte de la personnalité de Ferruccio. De même Michael Hampe, auteur de l'inoubliable *Cosi* dirigé avec génie par Riccardo Muti, avec cette fantastique équipe de Pagano, dont nous admirons toujours les décors, costumes et couleurs de Frigerio. Et que dire de Patrice Chéreau, qui n'a accepté de faire le célèbre *Don Juan* de Salzbourg qu'après avoir rencontré Ferruccio Furlanetto. Et si, après ces deux années de représentations au Festival de Salzbourg qui s'achevèrent sur un triomphe inoubliable, Patrice Chéreau a renoncé (espérons, pour le théâtre lyrique, que sa décision est provisoire !) à la reprise de son œuvre, c'est parce qu'il ne pouvait supporter l'idée que son *Don Juan* puisse être interprété par d'autres que ceux pour lesquels il l'avait conçu. Exemple : au moment de la Sérénade, il avait demandé à Ferruccio de lui donner des idées en chantant et en mimant selon sa propre fantaisie, et le moindre des gestes de Ferruccio (qui, à la fin de la Sérénade, fait un geste – les deux mains levées au-dessus de sa tête – qui rappelle la bouffée de fumée qui s'échapperait d'une cigarette) répond à ce côté éphémère que désirait inconsciemment Chéreau. Lorsque, dans *Don Carlo*, à la fin du duo dramatique avec Posa dans le premier acte, Graham Vic ne laisse pas, ce qui est habituel, Posa baiser la main du roi, Ferruccio se tourne et le congédie avec un geste de la main droite qui signifie à la fois : retirez-vous, mais vous restez attaché à ma personne.

Ferruccio ne s'est jamais vraiment consolé de la mort de Jean-Pierre Ponnelle, qui était pour lui un grand metteur en scène, un grand artiste et un grand ami. Consciemment ou non, Ferruccio, chaque fois qu'il interprète un personnage de Mozart ou de Rossini, garde en mémoire les recommandations de Jean-Pierre. Il insiste toujours pour que ses mises en scène (par exemple *Figaro* ou *Le Turc en Italie* à l'Opéra de Vienne ou au Metropolitan de New York) soient préservées. Même lorsque Ferruccio chante dans des spectacles dont la mise en scène est assurée par un autre que Ponnelle (à l'exception de Chéreau dans *Don Giovanni*), il a toujours présent à la pensée la conception, les idées et le souvenir impérissable du grand metteur en scène.

Bref, je ne vois pas de sentiment humain, de situation tragique ou comique dans lesquels Ferruccio ne se soit pas totalement exprimé, aussi bien au moyen de sa voix que de ses mimiques ou de son expression scénique. Son port altier dans Philippe II, comique et profondément humain dans Leporello, ont fait de lui l'un des artistes les plus complets qui se puisse concevoir. Sa musicalité originelle qu'il a, comme sa voix, développé au prix d'un travail incessant et d'un incroyable perfectionnisme, a fait de lui l'homme Protée du théâtre lyrique, passant tour à tour d'un rôle à l'autre dans plusieurs opéras de Mozart (Don Giovanni et Leporello, Guglielmo et Alfonso dans *Cosi*, Figaro et le Comte dans *les Noces de Figaro*) et pouvant alterner d'un jour à l'autre. Il l'a fait avec Samuel Ramey au Metropolitan Opera, alternant tous les trois jours Don Giovanni et Leporello avec une facilité déconcertante, alors que l'on avait le sentiment qu'à un moment ou à un autre une expression pouvait échapper au personnage qu'il incarnait trois jours plus tôt. Cet aspect caméléon – tout en restant soi-même – est un phénomène de schizophrénie artistique, au sens le plus noble du terme, que je crois n'avoir jamais vu ailleurs. Ce n'est pas un hasard si Karajan, Muti, Maazel, Levine, Ozawa, Bychkov et tant d'autres, et, parmi les metteurs en scène, Strehler, Zeffirelli, Karajan, Chéreau, Wernicke, Faggioni, etc. l'ont tous adopté avec passion. Je crois savoir, bien que Ferruccio soit extrêmement discret, que Chéreau lui a écrit, après la première année des représentations de *Don Giovanni* à Salzbourg, qu'il avait « réalisé un rêve qu'il avait formé et qu'il n'aurait jamais cru possible ».

On ne peut pas comprendre l'universalité de Ferruccio si l'on n'a pas conscience de l'équilibre phénoménal d'un esprit organisé, non pas à quatre-vingt-dix, mais à cent cinquante pour cent dans la vie quotidienne, profondément modeste, extraordinairement actif. Son organisation mentale et nerveuse doit beaucoup à sa capacité de récupération par le sommeil et le soleil ; il peut dormir très tard le matin et, par amour de la nature et du sport, il passe autant de temps que possible en plein air. Il n'oublie rien dans la vie quotidienne, est partout à la fois, s'occupe de ses comptes, n'est jamais en retard ni pour un rendez-vous ni pour une répétition. Il sait organiser ses loisirs et ses vacances ainsi que ménager sa vie de famille avec sa femme, Adriana, et son fils (qui constituent la raison de l'équilibre majeur de sa vie). Il a quatre chiens avec lesquels il se comporte comme un père. Son sport préféré est le golf. Toutes ses tournées, tous ses engagements lui sont des prétextes à jouer au golf, véritable passion de sa vie. Il est capable de s'organiser un week-end de golf dans un des paradis de ce sport. Son handicap est de onze, mais il joue couramment à sept, ce qui, me dit-on, est quasi professionnel. Il adore les vieilles voitures et en fait collection...

Quant à l'ami, rien ne peut décrire le mélange de légèreté et d'attention, de liberté et d'attachement dont il est capable. S'il devait exister un exemple d'artiste aussi exceptionnel comme musicien, acteur, collègue, ami, être humain surdoué mais aussi parfaitement accessible et qui n'est que bonté, tendant vers le bonheur des autres d'abord et de lui-même ensuite, il faudrait inventer Ferruccio ou penser à Alexis Weissenberg. Je n'en donnerai qu'un exemple : il y a bien des années, la Scala avait demandé qu'il vienne chanter le *Don Giovanni* de Strehler, sous la direction de Riccardo Muti. J'ignore pourquoi, mais je n'étais pas satisfait du résultat de mes propres négociations financières avec mon ami Cesare Mazzonis, qui était à l'époque directeur artistique de la Scala et qui dirige aujourd'hui le Mai florentin. Bref, je n'avais pas bien

fait mon travail. Lors d'une conversation avec Ferruccio, je lui dis que j'allais reprendre la négociation et
j'entendis : « Il n'en est pas question : tu as donné ta
parole ! Il n'est pas question que ta parole soit remise
en cause par toi-même. » Cette phrase, prononcée par
un artiste à son propre détriment et adressée à l'ami, je
ne l'avais jamais entendue dans la bouche de quicon-
que ! Le hasard fit que, peu après, l'artiste qui devait
chanter Figaro, toujours à la Scala, au même moment
que le *Don Giovanni*, également dans une mise en scène
de Strehler et sous la direction de Muti, tomba malade.
La Scala s'adressa à moi, et lorsque je demandai à Ferruccio si je pouvais négocier librement, il me répondit :
« Cela, c'est une autre affaire. Tu ne t'es engagé à rien.
Tu es libre de négocier selon ce qui te semble bon. » Et
l'équilibre se trouva ainsi à peu près rétabli. Mais la
grandeur de l'attitude de Ferruccio et la noblesse qu'il
voulait que son ami et manager ait dans sa propre attitude m'ont servi d'exemple et me resteront toujours
présents à l'esprit.

Ferruccio est si bien organisé dans sa vie quotidienne, bien qu'il soit engagé cinq ans à l'avance dans
les plus grands théâtres du monde, qu'il nous règle nos
honoraires avant même d'avoir reçu notre facture ! Ce
détail peut paraître anodin au lecteur, mais c'est chose
fort rare dans notre profession !

Ferruccio Furlanetto a cinquante ans et, comme l'a
très justement écrit André Tubeuf dans *Le Point* : « À ce
jour, il a accompli une carrière sans scorie, sans
compromis artistique ou personnel, et il laisse déjà,
derrière lui et devant lui, un univers de beauté. »

À la sortie d'une représentation à la Scala d'un *Don
Giovanni* particulièrement cynique, je trouvai Ferruc-

cio tout souriant et tranquille dans sa loge (il est l'un des artistes les plus rapides pour se démaquiller et sortir du théâtre). Je m'en émerveillai, car même Maria Callas prenait quelques minutes avant de « redescendre » parmi nous, et lui demandai : « Mais comment une transformation à vue aussi immédiate est-elle possible aussitôt le rideau baissé ? » Il me répondit en haussant les épaules et avec un sourire : « Schizophrénie, schizophrénie ! »

L'année 1986 devait marquer le tournant de cette carrière. C'est alors que tout se déclencha, grâce à Herbert von Karajan qui l'avait entendu en audition. « C'est l'une des plus belles voix, la plus sombre et noire, que j'aie jamais entendues de ma vie entière ! » me dit-il. Cette année-là, au Festival de Pâques de Salzbourg, l'artiste devant interpréter le rôle de Philippe II dans *Don Carlos* tomba malade. Ferruccio était à Salzbourg pour chanter avec Karajan la *Messe du Couronnement* de Mozart et le *Te Deum* de Bruckner. Karajan me téléphona à midi pour me demander si Ferruccio était arrivé. Je lui répondis par l'affirmative et Karajan me dit simplement : « Appelez-le et dites-lui qu'à seize heures il chante Philippe dans *Don Carlos* à la générale, au Grosses Festspielhaus. » Je téléphonai immédiatement à Ferruccio, en tremblant devant sa réaction. Il n'y en eut aucune, si ce n'est qu'il me demanda : « Quand vais-je répéter avec le maître ? » Je lui répondis : « Jamais, parce qu'il va déjeuner et ensuite faire sa sieste. » Ferruccio se rendit alors au Grosses Festspielhaus et, pendant qu'on essayait et refaisait à sa taille les costumes, il regarda la vidéo des répétitions pour assimiler, en l'espace de trois heures à peine, la mise en scène, les décors et le personnage voulu par Karajan. À seize heures, la générale publique commença. J'étais dans la cabine d'enregistrement avec l'équipe de Deutsche Gramophon cependant que les cameramen s'affairaient (car il s'agissait de faire à la fois un disque et un film, dont j'étais le producteur musical). L'orchestre était la Philharmonie de Berlin. Cinq minutes avant, Ferruccio Furlanetto me dit : « Pourrais-je quand même voir le maître une minute ? » Je le conduisis dans le bureau de Karajan, qui se mit au piano, joua trois mesures de l'air de Philippe, se tourna vers lui et lui dit simplement : « Vous connaissez votre rôle. Moi, je connais l'opéra. Vous chantez exactement de la manière que vous souhaitez. Je suis là pour vous accompagner. »

La même année, après un triomphe dans ce *Don Carlos* « improvisé » avec José Carreras dans le rôle-titre, Ferruccio fit ses débuts au Festival de Salzbourg d'été dans le rôle de Figaro, mis en scène par Jean-Pierre Ponnelle, sous la direction de James Levine, qui l'avait découvert des années auparavant. Il fit également ses débuts à l'Opéra de Vienne. Quelques mois plus tôt, nous séjournions à Vienne pour des enregistrements avec la Philharmonie. Nous allâmes, comme souvent, voir le début d'une représentation dans la loge du directeur de l'Opéra, à qui Karajan demanda : « Qu'y a-t-il de spécial dans votre saison ? » Lorsque le maître apprit que Ferruccio faisait ses débuts dans le rôle de Figaro, il répondit : « Eh bien, vous allez entendre quelque chose que vous n'êtes pas prêts d'oublier ! »

On retiendra quelques dates et événements dans la carrière de Ferruccio Furlanetto : Philippe II avec Karajan, ses débuts avec les *Noces de Figaro* au Festival de

Salzbourg, toute son activité Verdi et la série de récitals avec Alexis Weissenberg.

L'année 2000 a précisément marqué la troisième production du Festival de Salzbourg de *Don Giovanni* pour Ferruccio Furlanetto. Il a interprété les rôles de Don Giovanni et de Leporello tour à tour, dans trois productions différentes, sous la direction de Karajan, Muti et Barenboïm et, en 2000, Gerguiev. Avec Karajan et Hampe, il était Leporello. Dans la géniale production de Chéreau, il fut le Don Giovanni du siècle. Ces trois productions ont été réalisées avec la Philharmonie de Vienne dans la fosse.

Nous sommes en 2002, Ferruccio n'a presque plus de dates libres jusqu'en 2006 ; il va d'un triomphe à l'autre dans le monde entier, du Metropolitan Opera et du Teatro Colon aux opéras et festivals les plus célèbres d'Europe : la Bastille, la Scala, Salzbourg, Aix-en-Provence, l'Opéra de Berlin, l'Opéra de Rome, le Maggio Fiorentino, Covent Garden, etc. L'Opéra de Vienne est un de ses ports d'attache, comme Salzbourg. Je dirais même que Salzbourg est *son* festival, comme l'Opéra de Vienne est *son* opéra. Il remporte à Vienne des succès inimaginables et a le public à ses pieds. Ferruccio aura pratiquement couvert tous les grands Verdi entre 1999 et 2003 à l'Opéra de Vienne, pour le Jubilé qui s'étale entre 1999 et 2002. Summum de l'honneur, pour son retour à la Scala, il a été invité par Riccardo Muti à chanter – après plusieurs années d'absence en raison de son emploi du temps surchargé – toute une série de *Requiem* de Verdi. L'un d'eux a précisément été donné le soir du centième anniversaire de la mort de Verdi, en 1901, au Grand Hôtel de la Ville, à Milan. La Scala entière se transporta ensuite au Musikverein de Vienne.

Je n'ai pas besoin d'expliquer ce que signifia, pour le monde de la musique, cet Everest de prestige, mais aussi l'événement que constituèrent ces *Requiem*, inoubliables de ferveur et de beauté.

Ses récitals consacrés à la musique russe avec Alexis Weissenberg ont également remporté d'incroyables triomphes dans tous les grands théâtres et les plus prestigieuses salles de concert d'Europe. La collaboration de deux êtres aussi bons et aussi grands ne pouvait produire que des merveilles. Ils ont l'un pour l'autre un respect et une affection sans limites. Je suis persuadé que cette collaboration a joué un rôle considérable dans l'évolution artistique et l'expression dramatique de Ferruccio. Indiscutablement, ses récitals avec un musicien comme Alexis Weissenberg et le répertoire russe ont considérablement élargi la dimension dramatique innée de Ferruccio. Cela l'a mené directement au grand répertoire russe, comme Boris Godounov, qu'il interprète maintenant de manière grandiose. Pour rien au monde, Ferruccio ne donnerait le récital Rachmaninov-Moussorgski sans Alexis.

Si le lecteur a le sentiment que seules l'affection et l'amour m'ont dicté ce chapitre qui sera certainement considéré comme excessivement laudatif, qu'il se détrompe. J'ai procédé à une étude très attentive de Ferruccio Furlanetto, qui aurait pu être critique tant elle est raisonnée. Mais il s'agit d'un phénomène que je n'avais jamais rencontré auparavant. Je n'aurais certainement pas parlé de cette sorte, s'il ne s'agissait d'une personnalité si complète qu'elle en devient presque irréelle. En outre, je n'ai jamais hésité à lui adresser des critiques, que ce soit au théâtre ou durant les nombreux enregistrements que nous fîmes ensemble. Cela aussi fait partie de la vérité due et de l'estime réciproque.

Cela aura été un des très grands cadeaux de mon existence que de connaître Ferruccio jeune, au Metropolitan de New York, et qu'il m'ait laissé l'enregistrer, le représenter, l'accompagner et le conseiller tout au long de sa vie artistique et personnelle, en me donnant, chaque fois que cela était nécessaire, « carte blanche », et en m'accordant sa confiance et son amitié.

Autoportrait

Au désagréable et pourtant utile exercice de l'auto-portrait, c'est évidemment au travers des réactions que j'ai pu susciter que j'ai fini, peu à peu, par me découvrir. Si l'on m'interroge sur mes défauts, j'avouerai ceux-ci : mauvais caractère et susceptibilité parfois ridicule (qui ont nettement tendance à s'atténuer avec l'âge, Dieu merci !). Mes réactions, souvent violentes, ont été le plus souvent une manière d'autodéfense aux multiples agressions auxquelles mes métiers m'ont exposé, mais aussi de défense de mes amis ou des artistes que je jugeais outrageusement dévalorisés ou critiqués stupidement. Il va sans dire que ce « défaut » devient nécessité et parfois vertu – et notre début de siècle en état de fascination devant les stars du « music-circus » est une source d'énervement permanent – lorsque je vois des artistes de grand talent attaqués ou oubliés, supplantés par les plus médiocres éléments « fabriqués » artificiellement par des médias sans scrupules artistiques et ignorants : ténor braillard, soprano de bas étage, violoniste ou pianiste qui conjuguent la guimauve sur tous les tons du racolage le plus odieux... Mais je n'ai pas toujours, loin de là, ces bonnes excuses !

Je ne suis pas rancunier ; ma très bonne mémoire m'a cependant obligé à beaucoup pardonner à défaut de pouvoir compter sur l'oubli, mais je me venge bien rarement...

Mon exigence m'a poussé à une intransigeance excessive qui n'a pas toujours été bien acceptée, ni seulement comprise. Si je déteste l'amateurisme dans le travail, j'ai au contraire une bienveillante sympathie pour les amateurs de toute sorte, dont les maladresses et le bon vouloir donnent si souvent des résultats charmants, sincères et sans prétention.

Je déteste les annulations de rendez-vous, les retards, les oublis... En ce sens, je suis impatient et profondément angoissé.

Mon esprit digressif passe pour une dispersion, et c'est souvent le cas ; mais je crois avoir aussi de l'esprit de synthèse. Ma logique est implacable, et je souffre lorsque, dans l'intérêt des artistes ou de mes amis, je dois accepter pour vraie une opinion indiscutablement fausse à mes yeux. Je reconnais que *ma* logique n'est pas forcément celle des autres, mais cela me coûte un grand effort.

J'avais une tendance naturelle à la paresse que mes parents ont heureusement combattue et, comme beaucoup de paresseux dotés de volonté, j'ai fini par travailler énormément, tout au long de ma vie. Beaucoup, plus, au bout du compte, que les travailleurs « naturels ».

J'ai la passion de la vérité, l'abomination du mensonge, cette sensibilité extrême à l'injustice dont je parlais, une grande propension à l'admiration, la reconnaissance de ce que je dois aux êtres et à ceux qui m'entourent, la passion de l'amitié vécue comme une responsabilité particulière. Et parce que je doute beaucoup, je suis naturellement perfectionniste (jusqu'à la manie, je l'admets). Le stress est mon lot quotidien bien que je m'efforce de le combattre.

Mes éventuels inconvénients de santé m'inquiètent modérément, les maladies des autres me révoltent (je ne peux me priver de citer ici Guitry qui faisait ce constat ironique que nous avons « décidément trop d'organes »...), mais je m'oblige à oublier les petits problèmes quotidiens, autant par agacement que par volonté.

Je reste très conscient de mes limites, notamment intellectuelles, lorsque, malgré ma bonne volonté, je bute devant certaines œuvres qui me sont étrangères. Je compte alors sur mon honnêteté pour émettre un jugement qui m'est toujours propre, c'est-à-dire subjectif, ou pour observer un silence prudent.

Ma timidité m'a beaucoup gêné professionnellement, autant que ma mauvaise mémoire des noms, des chiffres, parfois même des visages. C'est la raison de l'habitude que j'ai vite prise de toujours me présenter et demander à mes interlocuteurs d'en faire autant lorsqu'ils ne me sont pas complètement familiers.

Je compte sur mon instinct pour guider mes sympathies et mes antipathies ; il est assez rarement démenti. Cependant je n'ai connu personnellement que trop d'exceptions à cette règle de conduite.

Je m'imagine parfois simple à comprendre ; on me

dit compliqué. Je me crois correct ou aimable, du moins au premier abord et sauf mauvaise humeur passagère ; ma voix, insupportable à mes oreilles, me fait passer pour cassant et désagréable, surtout au téléphone. Certains, même parmi mes artistes ou amis, m'accusent d'« aboyer » ! Combien de fois ai-je dû m'en expliquer, voire m'en excuser ! On a pu prendre ma sorte de politesse pour superficielle, alors qu'elle constitue une règle d'éducation qui m'est d'autant plus chère que notre époque en ignore presque tout.

À sa mort, ma mère m'a laissé une admirable lettre où elle me disait notamment que, en cas de conflit d'intérêt entre moi et ceux qui me sont proches et que j'aime, il me faudrait toujours choisir le parti de l'autre. J'ai tenté de mettre ce conseil maternel en pratique et suis, malgré certaines apparences, profondément à l'écoute des autres.

Ma vie quotidienne

Mon travail organise mes journées. J'ai dit combien j'aime Paris, et pourtant je dois avouer que je suis de moins en moins préoccupé de ce qu'on appelle la « vie parisienne ». Cocktails, restaurants, visites protocolaires me sont devenus presque indifférents (c'est un euphémisme !), et je n'y sacrifie plus que quand mes activités d'imprésario m'y contraignent absolument. Du reste, je n'ai jamais été mondain. En fait, j'ai une allergie pour les snobs et ce qu'on appelle le « Tout Paris » ou le « Tout New York », etc. Si je sors, c'est pour aller au concert ou à l'Opéra, et c'est uniquement par amour de la musique et non pas, contrairement à ce que beaucoup pensent, parce que tel ou tel de mes artistes se produit. Combien de fois, lorsque j'assiste à une représentation, ne m'a-t-on pas demandé : « Quel artiste avez-vous ce soir à l'Opéra ? » ou bien au concert : « Le chef d'orchestre ou le soliste sont-ils vôtres ? » Je vais au concert ou à l'Opéra pour la musique, quelles que soient les circonstances, que les artistes soient représentés par mon bureau ou pas, et j'y suis fort assidu.

Si je vais au restaurant, c'est avec des artistes ou des directeurs de théâtres, pour des raisons professionnelles ou amicales. Et je garde mon temps libre pour réfléchir, écouter des disques, aller au cinéma ou au théâtre, voir mes amis, dîner avec eux, jouer au bridge par exemple...

À Paris, je ne visite que rarement des musées ou des expositions, alors qu'à l'étranger je mets toutes mes heures de liberté à profit pour cela – au point que je connais beaucoup mieux les musées américains, italiens ou allemands que les musées français. Faut-il que j'avoue n'être pas encore allé au Louvre depuis sa réouverture ?

Paradoxalement, c'est lors de mes voyages d'affaires que je visite des musées. C'est ainsi que je suis familier avec tous les grands musées américains. Je ne parle pas de ceux de Venise ou des villes où je me rends pour les vacances et pour mon plaisir personnel. Par exemple, je suis allé à New York pour assister à un sublime concert de Vladimir Spivakov et Kun Woo Paik à Carnegie Hall. Mon collaborateur, assistant et ami, Grégoire Iserentant, m'accompagnait. Il s'agissait de sa première visite dans cette ville fascinante. Malgré mes rendez-vous et grâce au fait que ce voyage avait lieu un week-end, nous avons visité le département d'égyptologie du Metropolitan Museum que je ne me lasse jamais de redécouvrir.

Le week-end suivant, je suis allé à Trieste assister à une admirable représentation d'*Adriana Lecouvreur* sous la direction de Daniel Oren qui transforma, pour un soir, l'orchestre du Teatro Verdi en un enchantement de couleur et d'émotion dramatique qu'il est parmi les très rares chefs à pouvoir créer. J'ai profité de ces deux jours pour revoir cette ville que j'avais visitée il y a de nombreuses années, mais que j'avais oubliée. J'ai admiré la place du Gouvernement, face à la mer (la plus vaste place du monde en bordure de mer ou d'océan). J'ai retrouvé avec beaucoup d'émotion l'atmosphère très autrichienne de cette ancienne possession des Habsbourg. Je me suis promené, j'ai humé l'air. Ceci représente pour moi, en plus du fait d'avoir assisté à un spectacle extraordinaire et d'avoir rencontré Daniel Oren, une merveilleuse justification de ce séjour, cette fois avec mon ami et collaborateur Daniel Lombard, qui a éprouvé les mêmes sentiments que moi. Au reste, nous ressentons souvent des impressions communes lorsque nous allons ensemble quelque part, que ce soit à Bayreuth, à Dresde – ville merveilleuse malgré les terribles destructions infligées tour à tour par la guerre et par l'ex-gouvernement communiste –, ou tout récemment à Berlin, pour rencontrer Christian Thielemann qui dirigea un *Tristan und Isolde* mémorable. Revoir cette ville que j'avais quittée le 1er janvier 1989 après le concert du Nouvel An avec Herbert von Karajan, qui m'avait dit en partant que, lui vivant, le Mur ne tomberait jamais (il avait malheureusement raison), fut pour moi un choc.

Chacun de mes collaborateurs – du moins les plus importants – est chargé des artistes soit par affinités, soit par spécialisation, soit par le hasard des rencontres. J'ai toujours une grande joie à sortir avec mes amis, à voyager, comme j'ai eu l'occasion de le faire si souvent avec Thérèse Darras, un peu moins, mais toujours avec plaisir, avec Clarisse de Monredon. Daniel Lombard fait partie de mes compagnons de voyage habituels en Allemagne et en Italie. Grégoire Iserentant m'accompagne très souvent à travers mes pérégrinations. J'aime l'idée qu'ils puissent aller écouter eux-mêmes tel ou tel artiste, afin d'établir des liens qui ne peuvent en aucune manière être remplacés par une visite au bureau ou dix mille coups de téléphone.

J'ai la chance d'avoir une équipe dont l'âge moyen rajeunit au fil des ans, et il est bien agréable pour Thérèse Darras et moi-même d'être entourés de jeunes gens pleins d'esprit et d'initiative. Je n'aurais garde d'oublier Patricia Danthois, qui se dévoue avec une passion très personnelle pour ses artistes. Françoise Ploquin, notre expert-comptable, nous aide de ses conseils à la fois éclairés, logiques et amicaux. Je la considère comme notre directrice administrative et souvent comme notre mentor sur le plan des décisions concernant l'entreprise.

Nous formons une petite équipe soudée, ce qui correspond exactement à l'idée que j'avais de ce métier d'artisan au sein d'une très petite structure mais qui travaille en profondeur et en communiquant sans cesse.

J'ai toujours eu le matin en horreur, et j'arrive rarement au bureau avant dix heures et demie. Le bureau, du reste, n'ouvre qu'à dix heures puisque notre métier est essentiellement vespéral.

En revanche, j'emporte à la maison tous les contrats, les biographies d'artistes à revoir et tout ce qui demande une concentration que l'activité du bureau ne me permet pas d'avoir. C'est ainsi que je travaille le soir, au retour du spectacle, étudiant les dossiers délicats, songeant avant de m'endormir aux décisions à prendre le lendemain, quelle que soit l'heure de mon retour. Par je ne sais quel processus mystérieux, au réveil, la solution des problèmes est souvent trouvée ou ébauchée. En tout cas, il se fait dans mon esprit, pendant mon sommeil – à travers les rêves, probablement –, une sorte de clarté qui me permet de dicter le lendemain matin ce courrier « écrit en rêve », ce qui m'occupe jusqu'en début d'après-midi.

Je déjeune rarement d'autre chose que d'un fruit ou d'un sandwich au bureau. En règle générale, il est beaucoup plus aisé d'atteindre mes interlocuteurs (surtout les organisateurs de concerts et les directeurs de théâtre) vers seize heures. En fin d'après-midi, je repasse rapidement chez moi, avant de ressortir. Cette petite heure m'est indispensable pour arriver au concert l'esprit libre et prêt à une écoute active, détachée des soucis du bureau. Ce petit sas de tranquillité me permet de partir au concert ou à l'Opéra avec Grégoire, fidèle compagnon de notre activité musicale vespérale, comme un être nouveau et totalement disponible pour admirer ce à quoi je vais assister, prêt à l'émotion.

Durant les week-ends, j'ai parfois l'occasion de retrouver sur l'une des chaînes câblées – notamment Mezzo – de très beaux souvenirs du passé. Je suis récemment tombé par hasard sur un film de 1961 d'un concert à Londres de Yehudi Menuhin interprétant le *Premier Concerto* de Bruch sous la direction de Ferenc Fricsay. C'était à pleurer seul dans son coin ! La personnalité, la culture, le sens moral, l'amour de l'humanité de Yehudi Menuhin se reflètent intégralement dans la beauté de son jeu. Lorsqu'il a fait ses débuts à Carnegie Hall, à l'âge de dix ans environ, l'histoire – réelle ou apocryphe – dit qu'Arthur Rubinstein et Jasha Heifetz se trouvaient dans deux loges voisines et qu'à l'entracte du concert de Menuhin, qui stupéfia l'Amérique, Heifetz, se levant brusquement, dit d'un air dépité : « Oh ! ce qu'il peut faire chaud ce soir, ici ! » Et Rubinstein de répondre : « Pas pour un pianiste ! » Si ce n'est pas vrai, c'est bien trouvé !

Bien sûr, j'aime lire : les classiques – et surtout Stendhal, que j'adore –, la presse aussi et les livres d'histoire ; notamment l'histoire de l'Ancien Régime. La Russie me passionne.

La lecture a toujours fait partie de ma vie, et je regrette de m'apercevoir que les jeunes lisent de moins en moins.

J'aime les romans lorsqu'ils sont vraiment intéressants, mais surtout je me passionne pour tout ce qui se rapporte, de près ou de loin, à l'Histoire, que ce soit les livres d'Hélène Carrère d'Encausse ou d'Henri Troyat sur la Russie, *L'Affaire Dreyfus* de mon ami Jean-Denis Bredin, *Les Mémoires d'exil* de Frédéric Mitterrand, qui m'ont profondément touché, etc. Les trois tomes d'Alain Peyrefitte, *C'était de Gaulle*, m'ont ainsi passionné, ainsi que la vie de Golda Meir.

Bien entendu, j'ai beaucoup plus le temps de lire en vacances, que ce soit en Corse ou en Floride. Même à Paris cela m'arrive parfois, le soir, lorsque j'ai fini mon travail et lu les journaux, avant de m'endormir. En revanche, je lis très peu dans la journée car j'ai besoin de me concentrer, et je ne trouve cette concentration que le soir, dans la quiétude de la nuit.

Mes vacances

De 1939, début de la guerre, jusqu'à la fin des années 1950, la plus grande partie de mes vacances s'est déroulée, comme c'était le cas pour la plupart des familles ayant une maison à la campagne, dans la propriété que possédaient mes parents à Amboise, en Touraine. À l'époque, il était inconcevable de ne pas revenir vers le cocon familial. C'était une ravissante propriété avec tennis, située dans cette magnifique vallée de la Loire, apaisante, douce. Nous avions la possibilité de nous baigner dans le fleuve, mais il y avait aussi un bassin, des terres, des arbres admirables et une très belle roseraie, fierté de ma mère.

Ces vacances étaient faites de jeux, de promenades en voiture ou à bicyclette, de tennis, de sport, de cueillette de fruits, de promenades dans la forêt d'Amboise toute proche, de visites des châteaux de la Loire dont j'étais, en quelque sorte, le guide attitré, notamment après la guerre lorsque, à la maison qui s'appelait La Richardière, se retrouvaient des amis et la famille. La plupart du temps nous étions une vingtaine et la vie se passait, joyeuse, faite de jeux, croquet, Monopoly, tennis, et que sais-je ? Le soir, canasta, bridge, puzzles nous occupaient. Lorsque mon frère Jean-Pierre s'y maria, ce fut également le lieu de vacances de sa femme et de leurs quatre enfants, parfois entrecoupés par des sauts à La Baule où mon frère et ma belle-sœur ont habité quelques années. À la suite de drames familiaux (mon frère Jean-Pierre disparut en 1958 et mon père en 1959), nous fûmes dans l'obligation de nous séparer de cette maison, et les vacances ne furent plus du tout les mêmes. La vente de cette maison qui nous semblait être le berceau de la famille, bien que mes parents ne l'aient achetée qu'en 1937, fut un véritable crève-cœur. Nous avions tous l'impression d'y être nés. C'était pour toutes les générations, celle de mes parents comme celles qui les suivaient, un lieu qui nous avait toujours servi de refuge, à la fois physique et moral.

Durant les années 60, je suis allé beaucoup à la montagne, principalement l'hiver, car j'étais très attiré par le ski et la beauté des paysages. J'avais déjà effectué en 1946 un séjour d'un an à Font-Romeu, qui m'avait donné le goût des sports d'hiver ; mais c'est à Méribel, avec quelques escapades à l'Alpe d'Huez et une ou deux stations de ce type, que je m'installais l'hiver pour une quinzaine de jours avec tout un groupe d'amis. Méribel était suffisamment en altitude pour que l'on y profite du soleil. J'ai gardé de ces années un souvenir qui ne s'est altéré qu'en 1967, où j'ai eu mauvais temps, mauvaise neige, grands froids et où j'ai été littéralement dégoûté des sports d'hiver. J'ai pensé que ce n'était que passager, mais les choses de la vie ont fait que ce furent mes dernières vacances « à la neige ». J'ai également passé à Chamonix des vacances d'été de rêve. J'y avais des amis et de la famille, j'y faisais du cheval, je m'y promenais et, le soir, les parties de poker et de bridge se succédaient. C'est là que je fis la connaissance d'un homme qui, jusqu'à sa mort il y a quelques mois, devait susciter en moi affection, admiration et, malgré la diffé-rence d'âge, une immense camaraderie : Roger Frison-Roche, le grand guide, le grand aventurier, l'auteur de nombreux livres, dont le fameux *Premier de cordée*. Mais, là aussi, l'expérience des vacances d'été à Chamo-nix devait s'achever pour moi un certain été qui fut marqué par vingt-quatre jours de pluie consécutifs. Je n'en ai pas moins gardé de cet admirable massif du Mont-Blanc, de la mer de Glace, des Dru, du mont Blanc lui-même, un souvenir ému que je retrouve chaque fois que je survole les Alpes, ce qui m'arrive très souvent lors de mes voyages aériens à travers l'Europe.

Après ces expériences de froid, de pluie, de beaux jours aussi, allait venir le choc de la Floride du Sud, où j'avais été invité par des amis. Auparavant je découvris avec délectation l'Italie, dans les années 50, puis, vers la fin de ces mêmes années, grâce à Maria Callas et Onassis, la Grèce, ses îles et la vie de rêve de ce pays enchanté.

La première invitation d'Onassis fut sur le *Cristina*, ancré près son île de Skorpios, non loin de Corfou. Nous n'étions jamais plus de quatre ou six invités (plus souvent quatre que six) sur ce yacht de plus de cent mètres, dont l'équipage comprenait quarante-huit marins, huit officiers, le commandant et son second, sans parler du personnel domestique, cuisiniers, femme de chambre, maître d'hôtel, pilote pour l'hydravion de bord, etc. Raffinement et simplicité étaient poussés à l'extrême. Maria gérait ce petit monde en parfaite maîtresse de maison, et Aristote était un hôte très attentionné. Et Dieu sait que mettre si vite et si bien à l'aise le jeune homme timide que j'étais alors n'était pas chose facile !

Lors de cette première invitation d'Onassis, le voyage me donna déjà un avant-goût de mon séjour. Je voyageai avec Olympic Airways, la compagnie d'Aristote Onassis. Je n'eus pas à me soucier de mes bagages dont on m'avait d'ailleurs recommandé qu'ils soient succincts (pantalons en toile blanche, chemises de soie ou Lacoste, maillots de bain). À Athènes, on me conduisit dans un avion plus petit qui allait atterrir sur un terrain d'aviation de l'OTAN où des officiers du *Cristina* m'accueillirent pour m'emmener en vedette à Skorpios. Lorsque j'aperçus de loin le *Cristina*, imposant, magnifique, entièrement blanc, je fus ébahi et émerveillé. Maria et Aristo (c'est ainsi que j'appelais Onassis, qui me tutoyait et que je vouvoyais) m'attendaient près de l'échelle de coupée. Ils me dirent : « Tu as dû avoir bien chaud pendant ce voyage. On va te conduire à ta cabine. Mets-toi en maillot de bain et viens nous rejoindre à l'arrière du bateau, près de la piscine ! » On m'offrit la cabine « Santorin » occupée précédemment par Churchill (chacune des cabines portait le nom d'une île grecque). Cette chambre, équipée de tous les moyens de communication imaginables, tenait davantage de la suite que de la cabine, avec son grand lit, son petit salon et sa merveilleuse salle de bains. Toutes les cabines étaient semblables : moquette blanche, dessusde-lit blanc, rideau blanc séparant la chambre du petit salon, boiseries blanches aux murs avec un simple liseré doré. Mais chaque salle de bains était unique et semblait sortie de l'univers des *Mille et Une Nuits* : robinetterie d'une beauté inouïe, marbres de diverses couleurs et décoration basée sur une pierre dure, chaque fois différente : malachite, lapis-lazuli ou onyx. C'étaient véritablement des œuvres d'art !

Énervé par le voyage autant que « bluffé » par ce que je venais de voir, je ne sais pas comment je m'y pris, mais je posai très imprudemment le pied sur la fermeture aiguisée de ma Samsonite et me coupai si profondément que le sang se mit à jaillir en gerbe sur la moquette et le couvre-lit blancs, le rideau blanc, les murs blancs ! Catastrophé, j'essayai en vain de stopper l'hémorragie en trempant mon pied dans l'eau froide du lavabo. Maria, inquiète de mon retard, vint frapper à ma porte et me demander ce qui se passait. Je lui répondis : « Entre, mais n'aie pas peur... », ce qu'elle fit et, évidemment, elle poussa un hurlement d'effroi en voyant cette boucherie invraisemblable. Heureusement pour moi, le beau-frère d'Aristote était médecin et réussit en un tournemain à me faire un bandage efficace et relativement étanche afin que je puisse me baigner. Penaud et bouleversé, j'ai rejoint la piscine, confus d'avoir en si peu de temps créé autant de désagréments et si maladroitement attiré l'attention sur moi. En hôte parfait, Onassis me rassura et me conseilla d'oublier cet incident et de profiter des joies du bain. Deux heures plus tard, je retrouvai ma cabine dans un état impeccable, exactement comme je l'avais trouvée en arrivant. Je n'ai jamais compris comment le nécessaire avait été fait si vite !

J'ai parlé de l'attention qu'Onassis portait à ses hôtes ; il me revient en mémoire un détail significatif de l'élégance de ce caractère. Après l'incident du pied ensanglanté, il me demanda ce que je fumais. Je lui donnai le nom d'une marque américaine, tout en lui précisant que n'importe quoi ferait parfaitement l'affaire. Il m'offrit alors une cigarette grecque et l'atmosphère merveilleuse autour de la piscine me fit oublier ce cauchemar. Mais quelle ne fut pas ma stupéfaction, lorsque je regagnai ma cabine le soir, de trouver une cartouche des cigarettes que je fumais habituellement. Le soir j'interrogeai Aristote sur ce petit miracle ; il me répondit que ce n'était rien, que l'avion était allé les chercher à Athènes... ! Excusez du peu !

Sur le *Cristina*, la vie était délicieusement et paradoxalement simple, rythmée par les baignades, les promenades en voilier (il y avait parfois, mais rarement, un matelot du *Cristina* ; même alors, Onassis tenait la barre, car il était vraiment un homme de mer. Nous étions étendus à l'avant du voilier, Maria et moi, et passions des moments enchantés...) et les expéditions à terre. Parfois, nous prenions l'une des vedettes rapides du *Cristina* pour faire des promenades plus lointaines, accompagnés d'un officier. Nous vivions, bercés par la fantaisie, le soleil resplendissant et la beauté incroyable du paysage. Le soir, il nous arrivait de partir en expédition à terre sur l'une des îles proches de Skorpios, où nous nous mêlions aux pêcheurs. Au son des bouzoukis jouant des sirtakis, ils dansaient la fameuse danse avec le mouchoir. Maria chantait, admirablement, les sirtakis qu'elle connaissait. Loin d'être considérés comme des intrus par les pêcheurs, nous étions accueillis avec toute l'hospitalité grecque et personne ne s'étonnait de voir Maria et Onassis se joindre à la foule. Il nous arrivait souvent d'acheter directement aux pêcheurs des poissons ou des langoustes que nous allions déguster à bord.

Une atmosphère très particulière régnait sur le *Cristina*, pleine de fantaisie et de tranquillité. Le rythme de la journée était en gros le suivant : réveil tardif, sport, bain puis apéritif grec avec toutes les spécialités, déjeuner très simple au bord de la piscine (en maillot de bain et chemise). Après le déjeuner, lorsque nous étions à l'ancre, Aristo avait l'habitude de faire une grande promenade en kayak ; il était, il faut le dire, très sportif. Nous attendions un peu que le soleil perde de son ardeur en nous baignant dans la piscine ou la mer (une sorte de toboggan permettait de plonger directement du bateau dans l'eau !). En général, il y avait à ce moment-là un consensus pour faire une promenade en bateau, comme je l'ai dit, soit en voilier, soit en vedette. Nous rentrions vers dix-huit ou dix-neuf heures. Aristo s'éclipsait pour faire une courte sieste avant l'apéritif qui était servi sur le *sun deck*, précédant un dîner tardif sans façon. Après le dîner, s'engageaient souvent d'interminables conversations nocturnes qui s'achevaient vers trois ou quatre heures du matin. Aussi bien Onassis que Maria étaient des êtres du soir, et ce rythme me convenait admirablement. Dans la grande salle à manger (que nous n'utilisions pas pour les repas) transformée en cinéma avec un grand écran, il nous arrivait de regarder des films ou des émissions de télévision de Maria. Lorsque nous voguions – car le bateau ne restait pas toujours à l'ancre et nous avons fait de nombreuses croisières –, Onassis demandait parfois à Maria de chanter, ce qu'elle faisait très volontiers. J'avais alors la joie et l'honneur de l'accompagner, pour un ou deux auditeurs. Peut-on imaginer privilège plus rare : la voix de Maria s'élevant au clair de lune sur une mer impavide...

Malheureusement pour moi, et malgré l'insistance de Maria et Aristote pour que je prolonge mes vacances, je devais rentrer à Paris où mon travail chez Pathé Marconi me réclamait ; rupture brutale et retour à la vie normale évidemment un peu brusque... Onassis était tellement hospitalier, bien qu'étant un travailleur forcené, que je possède des dizaines de télégrammes radio m'invitant à venir pour un week-end prolongé. Malheureusement, il m'était rarement possible de succomber à la tentation...

Mais il y avait aussi les croisières qui étaient décidées de la manière la plus démocratique qui soit, au cours d'une de nos rencontres habituelles, la plupart du temps chez Maxim's, la « cantine » d'Onassis. Chacun faisait part de son choix ou de son rêve et, lorsqu'il y avait concordance, la destination s'imposait et vogue la galère ! En 1964, au cours de l'un de ces dîners à quatre (toujours les mêmes : Maria, Aristo, Maggie von Zuylen et moi), Onassis nous informa qu'il devait rencontrer le roi Fayçal d'Arabie Saoudite à Djedda, capitale d'été de la cour (Ryad étant celle d'hiver). Il nous expliqua qu'il s'agissait d'un rendez-vous d'affaires qui lui prendrait quarante-huit heures s'il s'y rendait en avion, mais que nous pouvions aussi transformer ce voyage en une croisière, en faisant l'école buissonnière. Nous acceptâmes à l'unanimité cette offre incroyable et nous voilà partis, en juin 1964, vers l'Égypte, le canal de Suez et la mer Rouge. Nous rejoignîmes le *Cristina* à Glyfada, port de

plaisance à côté de l'aéroport d'Athènes, et j'eus subitement l'envie, pendant une escale en Crète, d'aller voir
pour la première fois de ma vie les pyramides et le
sphinx. C'était également une première pour Maria qui
ne connaissait pas l'Égypte. En revanche, Maggie von
Zuylen y était née. Aristote agréa immédiatement cette
proposition et organisa toute l'expédition. Nous nous
dirigeâmes vers Port-Saïd, qui à l'époque n'était pas
encore pollué et constituait un véritable vivier de dau-
phins. J'ai le souvenir de ces merveilleux animaux
s'ébattant autour du *Cristina* comme s'ils étaient venus
nous accueillir.

La veille de l'arrivée à Port-Saïd, à l'occasion de
l'une de mes nombreuses visites dans le poste de
commandement, j'appris par le commandant que
l'Égypte subissait une épouvantable vague de chaleur
tout à fait inhabituelle au mois de juin. Lorsque je
communiquai cette information à Maria et Maggie,
nous en fûmes « défrisés » ; aucun de nous n'avait envie
de supporter 50° à l'ombre pour faire cette excursion,
d'autant que, à l'époque, c'était une piste, et non la
route actuelle, qui reliait Port-Saïd au Caire. Maria me
chargea de cette délicate ambassade auprès d'Aristote,
afin d'annuler notre visite. Il me toisa froidement et me
répondit qu'une chose résolue et planifiée ne supportait
aucun changement et qu'il nous faudrait assumer notre
choix ; nous avions décidé de cette visite ensemble et il
avait organisé un rendez-vous d'affaires au Caire.
C'était sans appel. Il ajouta seulement : « Je ferais n'importe quoi pour mes amis, mais jamais je n'admettrai
des caprices en fonction du temps qu'il fait ! » Il avait
raison : gâter ses amis est une joie, supporter leurs
caprices est intolérable. Je l'appris à mes dépens et

devais m'en souvenir ma vie durant. Je supporte très mal, moi aussi, je dois le dire, les caprices des uns et des autres lorsqu'un plan a été élaboré en commun.

Nous voilà donc partis de Port-Saïd au Caire par une chaleur insupportable. Nous vîmes le sphinx et les splendeurs des pyramides éclairées. Profitant de cette escale au Caire, Onassis organisa un souper avec l'ambassadeur d'Arabie à l'hôtel Semiramis. Aussi anodine fût-elle en raison de notre présence, la conversation évoqua cependant, mais d'une manière très légère et superficielle, le futur entretien avec le roi. J'avais été surpris, bien que l'hôtel fût très luxueux, du grand nombre de maîtres d'hôtel et de garçons attachés à notre petite table où trônait un énorme bouquet de fleurs. Soudain, Aristote tira une fleur et une forêt de micros tomba du vase ! Ce qui eut comme effet secondaire immédiat de faire disparaître la majorité des serveurs, qui étaient tous des espions de Nasser, lequel avait, ironiquement, envoyé à Onassis, par radio, un message de bienvenue extrêmement chaleureux quelques heures plus tôt !

Puis, de nuit et à travers le désert, nous rejoignîmes en voiture le *Cristina* qui, pendant notre arrêt au Caire, avait entamé son périple nord-sud sur le canal de Suez, où la circulation se fait à sens unique et où il est donc impossible de s'arrêter. Les bateaux en provenance du nord doivent faire escale sur le lac Amer, situé à peu près aux deux tiers du canal, afin de permettre aux bateaux venant du sud de poursuivre leur voyage vers Port-Saïd, et vice versa. Il nous fallut donc sauter sur le *Cristina* en mouvement, avec l'aide des officiers, à partir de la vedette rapide qui nous avait amenés à Ismaïlia. Nous en avions profité pour dévaliser un marché du Caire en pastèques. La traversée du canal de Suez fut féerique. Nous avions l'impression, Maria et moi, dans le calme et la chaleur de la nuit, la beauté des paysages sauvages, les palmeraies innombrables et divines, de revivre la scène du Nil d'*Aïda*. Nous fûmes tellement bouleversés par cette atmosphère si mystérieuse, sous une lune qui éclairait le paysage comme en plein jour, que nous restâmes sur le pont, pétrifiés par tant de beauté jusqu'au lever du soleil sur le lac Amer. À notre arrivée sur le lac, les sirènes d'une grande partie de la flotte pétrolière d'Onassis (Olympic Maritimes) saluèrent le *Cristina*, le navire amiral. J'étais chargé, grâce à un bouton qui se situait près de l'immense sofa de la piscine, de répondre aux sirènes des uns et des autres... À notre réveil, nous étions déjà sur la mer Rouge. Nous fîmes quelques crochets vers la côte orientale pour apercevoir Eilat et Akaba, puis traversâmes la mer Rouge pour longer les côtes du Soudan, si belles, et enfin retraversâmes la mer Rouge dans la direction nord-ouest - sud-est pour finalement arriver à Djedda, but de notre voyage.

Nous y avons été reçus avec une débauche de luxe. Le ministre de la cour du roi avait organisé une somptueuse réception en l'honneur d'Onassis. Les hommes pouvaient être habillés de manière informelle (pantalon et chemise, évidemment), mais les femmes devaient porter des bas, ce que Maria refusa tout net, étant donné la chaleur. Commença alors une dispute où Aristote et Maria passaient du français (ou éventuellement de l'anglais) au grec, ce qui était le signe des grandes tempêtes. Maggie et moi entendîmes avec horreur

Onassis dire à Maria, qui refusait de céder : « C'est très simple : ou tu portes ces bas, ou tu ne viens pas... D'ailleurs, je ne peux pas comprendre ton obstination, puisque le bateau est climatisé, de même que les voitures qui nous attendent et le palais où nous allons. » « Je ne mettrai pas ces bas, répondit Maria. Après tout, je suis Maria Callas ! » ce qui était une forme de colère incroyable et tout à fait inhabituelle de la part de Maria. « Qu'est-ce que tu crois que cela peut leur faire que tu sois Maria Callas ? rétorqua Onassis, furieux. Ici, en Arabie, Maria Callas vaut moins qu'une m... parce qu'avec une m... on peut au moins faire pousser un palmier ! » Crise de nerfs, larmes, bouderies, ambassade de ma part, et finalement Maria céda.

Notre séjour fut enchanteur, grâce à la piscine que l'on maintenait à une température de 27-28°, alors que jamais, durant la dizaine de jours que nous passâmes à Djedda, le mercure ne descendit en dessous de 44° à l'ombre, même la nuit ! Accompagné d'un officier, je me suis amusé à aller faire les souks de nuit. Chacun de nous était indépendant, disposait de sa voiture, et Onassis travaillait. Pendant ce séjour, le roi nous invita à un méchoui dans son palais de Taïf, dans la montagne. Incident amusant quand j'y repense mais pénible sur le moment : nous voyagions dans l'avion du roi, mais sans lui, et Onassis occupait son siège. Juste après avoir décollé, l'avion retomba brutalement sur la piste, et nous nous retrouvâmes tous les quatre par terre, les ceintures de sécurité ayant lâché. Nous étions un peu assommés lorsque le ministre de la cour vint de la cabine avant pour nous expliquer que le pilote se confondait en excuses : il avait emprunté la mauvaise piste et avait préféré atterrir brutalement plutôt que de percuter un palmier... Nous partîmes finalement et eûmes un privilège que peu de non-musulmans ont connu : une dérogation spéciale nous permit de survoler La Mecque ! Nous vîmes très clairement la fameuse Pierre noire et l'immense foule des pèlerins qui envahissait le lieu saint.

Un méchoui nous attendait à Taif, après quelques incidents dont un assez comique. Il faisait une chaleur affreuse. Onassis voyageait dans la voiture qui nous précédait et, subitement, au milieu du désert et des montagnes, nous vîmes sa voiture s'arrêter et il en descendit, rouge comme un crabe, en disant : « Moi, je ne vais pas plus loin dans ces conditions ! » Le chauffeur s'était trompé et avait mis le chauffage au lieu de l'air conditionné... Le méchoui était somptueux, servi sur un merveilleux tapis d'Orient suintant de graisse, au milieu de jardins magnifiques. Nous nous reposâmes ensuite dans les immenses pièces du palais, rafraîchies au moyen de grands blocs de glace sur lesquels nous nous frottions littéralement, en attendant, sans nous l'avouer, de regagner au plus vite le *Cristina* et son air conditionné. Nous les retrouvâmes trois heures plus tard. Je dus, hélas, rentrer à Paris en avion, tandis que Maria, Maggie et Onassis allaient, eux, à Skorpios. Je voyageai sur une ligne saoudienne et fus invité dans le cockpit par le commandant, qui était américain. Nous volions plein nord et c'est avec une émotion particulière que je vis d'une manière panoramique l'État d'Israël, qui apparaissait, à dix mille mètres d'altitude, comme une mince bande de terre le long de la mer. En 1964, Israël paraissait si minuscule que l'on pouvait se demander comment un tel État était viable. Je connaissais ce pays depuis mon voyage en 1956, mais je n'aurais jamais imaginé que du ciel, coincé entre la Méditerranée et la Jordanie, il puisse paraître si irréel. Nous atterrîmes à Beyrouth. Je n'oublierai jamais le survol de la forêt de cèdres, la descente sur la magnifique baie de Beyrouth et la beauté luxuriante de la végétation.

Je suis retourné à plusieurs reprises sur le *Cristina*, et de chaque séjour j'ai gardé un souvenir ébloui. Mais je savais au fond de moi que ces croisières de rêve n'appartenaient pas à la vie réelle, celle du travail, ni même à celle des vraies vacances. J'avais conscience qu'il fallait que je considère que j'avais vécu de beaux rêves, mais que je devais revenir sur terre, les pieds bien accrochés au sol et la tête dirigée vers la réalité de la vie quotidienne.

J'ai complété ma connaissance de l'Égypte par un très beau voyage avec ma mère en février 1966, au Caire d'abord, puis sur un bateau de Louksor à Assouan, où nous séjournâmes après avoir visité les principaux tombeaux, la Vallée des Rois à Louksor et la Vallée des Reines. Tout au long du Nil, sur le bateau, nous eûmes le sentiment de voir des scènes de la Bible : femmes portant des jarres sur la tête, ânes tournant inlassablement pour tirer l'eau du puits, nous étions transportés deux mille ans en arrière... Nous visitâmes quelques-uns des plus beaux temples entre Louksor et Assouan. Chaque visite était un choc. Un conseil à ceux qui envisagent un voyage en Grèce et en Égypte : commencez par la Grèce, car – à l'exception du Parthénon, de Delphes et d'Epidaure – aussi sublime soit-elle, sur le plan de la conservation des monuments elle ne peut se comparer à l'Égypte. La beauté désorganisée mais d'une incroyable richesse du musée du Caire, la foule indescriptible, l'inoubliable gare du Caire, tout cela s'entremêlait pour notre plus grande émotion. Par la suite, je suis retourné plusieurs fois en Égypte, brièvement, au cours de croisières avec certains de mes neveux, des cousins ou des amis. J'ai également retrouvé les îles grecques avec la même émotion que celle que j'avais ressentie pendant la période du *Cristina*. J'ai séjourné à plusieurs reprises, avec des amis chers et mes neveux, à Rhodes. Bref, j'ai mieux compris ce que dit toujours mon ami Alexis Weissenberg : « Tout ce qu'il y a de plus beau dans la civilisation du monde se trouve autour de la Méditerranée. »

Venise, sépulcrale et vivante, que j'ai connue en 1955 avec mes parents, demeure l'un de mes lieux de pèlerinage privilégiés. Le choc que j'ai senti devant cette cité unique tient tout à la fois de l'instinct et de la réminiscence, cette impression de déjà-vu, d'aisance naturelle, de retour en terre familière.

Habitué, avec Alexis, mes neveux et parfois des amis, de l'Hôtel Bauer, nous passions des journées entières à nous émerveiller de tout, des plus célèbres monuments jusqu'aux ruelles apparemment les plus insignifiantes. Je n'arrive pas à comprendre que l'on puisse qualifier Venise de « ville morte », alors qu'une grande part de son pouvoir de fascination tient à ce mélange d'une architecture ancienne et d'une vie urbaine si intense. Je ne me lasse pas de la diversité des styles fondue par l'usure du temps, la lumière changeante et cette atmosphère à la fois populaire et aristocratique sur laquelle le tourisme ne semble guère avoir de prise. Je me réjouis toujours, et je m'étonne, de

constater que l'immense majorité des visiteurs s'agglu-
tinent entre San Marco et le Rialto sans s'aventurer seulement vers un chemin de traverse qui les conduirait
vers une ravissante petite église romane ou de la
Renaissance, un musée moins connu que l'Academia.
La capacité humaine à dominer la nature me fascine,
et ici elle atteint au génie : La *Cathédrale engloutie* de
Debussy qui émerge soudain, la *Cité de Kitège* de Rim-
ski... ville fantôme ressuscitée, grouillant de monde,
fascinante quand le brouillard se lève et efface toute
forme, livrée aux eaux qui la rongent autant que les
pigeons et leurs fientes acides, et que la volonté des
hommes maintient en dépit de tout. La restauration de
Venise au fil des ans en est la preuve. Reste le problème
de la Fenice, le plus beau théâtre du monde, détruit par
un incendie et qui attend sous un triste hangar d'être
enfin reconstruit à l'identique. Mais je suis confiant : le
monde entier se mobilise ; il y a les fonds, il y a la
volonté, il y a surtout l'impérieuse nécessité de faire
revivre cette merveille.

Manie de voyageur amoureux, je caresse les
Tétrarques de porphyre à l'angle entre San Marco et le
palais des Doges, je déambule dans les ruelles, attentif
aux monuments, à l'atmosphère, aux gens, parfois à un
musicien qui ajoute à l'insolite d'une promenade nocturne, aux chats qui traînent comme leurs cousins des
forums romains...

En 1967, j'ai découvert, invité par des amis, le sud-
est de la Floride. De la villa de mes amis sur la côte,
j'apercevais une île ravissante, Key Biscayne, où nous
allions nous baigner, à cause de ses plages immenses et
désertes. Key Biscayne appartient à une série d'îles qui

partent du nord de Miami – en fait, des Bahamas – et émaillent l'océan jusqu'à une cinquantaine de kilomètres de Cuba. La dernière est la fameuse Key West, immortalisée par les récits d'Hemingway. En 1972, des immeubles commencèrent à s'élever dans Key Biscayne, et à partir de 1973 je décidai d'y passer chaque année une partie de mes vacances, en mars puis de nouveau en novembre, ce qui faisait dire invariablement à Herbert von Karajan, à chacun de mes départs vers le paradis floridien : « Vous n'avez qu'une idée, c'est d'aller vous tremper le cul dans l'eau chaude ! »

Ce petit paradis terrestre, où la nature est merveilleusement bien préservée, ne ressemble heureusement pas à Miami – surtout Miami Beach – partiellement saccagée par un urbanisme incontrôlé et où il ne reste des plages que ce qu'ont bien voulu leur laisser les immenses avenues goudronnées. Key Biscayne est protégée et entretenue comme un jardin d'Eden, et les plaies laissées par le passage du cyclone Andrews sont aujourd'hui totalement effacées. Les nombreux canaux qui sillonnent l'île m'évoquent naturellement ceux de la cité des Doges. Si l'architecture y est résolument moderne, elle a su ne pas se faire trop envahissante et, à quelques exceptions près, la nature la cerne assez bien pour la faire oublier. La plage, le golf, le tennis rythment la vie de cette station touristique pour privilégiés. Le véritable luxe de cet endroit est d'avoir laissé à la nature une grande partie de ses droits, de l'avoir domestiquée, tout en respectant son abondance native. La végétation et la faune – les palmiers, les banyans aux multiples racines enchevêtrées, les hibiscus, les lauriers, mais aussi les racoons (sorte de gros chats un peu déformés et sauvages), les pélicans, les ibis, les flamands blancs et roses qui affluent à marée basse, les iguanes géants, les écureuils gris, mille espèces de poissons, les barracudas, les poissons volants –, la mer d'une incroyable clarté, tout ce monde tropical assure un dépaysement fantastique et bienfaisant.

Depuis bientôt trente ans que je hante ce lieu, j'ai su convaincre de sa beauté maints amis, aussi bien personnels qu'artistes. Leonard Bernstein, Placido Domingo, Michael Tilson-Thomas, mon cher Alexis Weissenberg (dont la mère avait un appartement à Key Biscayne), Ferruccio Furlanetto (qui en a un maintenant), Tom Krause (qui en a également un) et tant d'autres... y sont venus au cours de ces vingt-sept dernières années. Ma mère y a passé bien des hivers enchantés qui lui rappelaient l'Alger de sa jeunesse.

Key Biscayne est un paradis pour les joueurs et les amateurs de tennis et de golf. On y trouve une densité exceptionnelle de joueurs de très haut niveau et certains des plus importants tournois mondiaux de golf et de tennis y ont lieu. Le stade réservé au tennis est immense et totalement invisible, caché par un mur de verdure imposé par clause spéciale de la famille donatrice du terrain ; c'est toujours ce souci de préserver « Paradise Island » d'un développement qui a détruit d'autres très beaux lieux. C'est là que se déroule un des plus célèbres tournois de tennis, The Key Biscayne Tennis Open.

La population locale est essentiellement hispanique et s'est parfaitement intégrée aux Floridiens d'origine ou à ceux qui viennent y passer l'hiver, fuyant les frimas.

Si je suis moins tenté par les voyages maintenant, à l'exception de quelques pays qui me font encore rêver, comme un éventuel retour en Égypte et surtout la découverte de l'Inde, et de Saint-Petersbourg aussi, c'est que j'ai tendance à être comblé par la Floride l'hiver, la Corse l'été et tous les lieux que ma profession me conduit à fréquenter à l'occasion des festivals : Colmar, Orange, Aix-en-Provence, Osaka, Salzbourg...

Je n'aurais garde d'oublier le Maroc et la merveille absolue de Marrakech, où je retourne un peu comme à Venise, en pèlerinage, et chaque fois dans l'extase. Il en est de même de l'Espagne en général, mais très particulièrement de l'Andalousie et de Séville, « le pays où fleurit l'oranger ».

L'été, dans la première quinzaine d'août, avec un groupe d'amis et parfois certains membres de nos familles respectives, nous allons en Corse, à Porticcio, à une quinzaine de kilomètres au sud d'Ajaccio. Je n'ai découvert l'île de Beauté que tard dans ma vie, il y a environ douze ou quinze ans. C'est devenu un rituel, avec un groupe de base de deux couples de mes amis : d'une part, Hervé Cren, grand avocat parisien que je connais depuis ma jeunesse (nos deux mères étaient amies lorsqu'elles avaient dix ans), et sa femme, Colette, qui est une de mes amies les plus proches et, d'autre part, Michèle et Fivo Paladino, deux célèbres joueurs de bridge, qui nous font la gentillesse de jouer tous les après-midi dans des parties qui durent parfois de quinze à dix-neuf heures. Michèle – hélas ! – nous a quittés, mais Fivo continue bravement, généreusement et par fidélité affectueuse cette tradition estivale.

Grâce à Hervé Cren, j'ai connu l'un des plus grands avocats français, Jean-Denis Bredin, de l'Académie

Française, Danielle Bredin, également avocate, et une autre amie de cœur, Camille Spinozi, femme d'une intelligence éblouissante, avocate auprès du Conseil d'État et de la Cour de cassation, professeur de droit comparé à Paris. J'éprouve pour Jean-Denis Bredin la plus vive admiration et la plus grande tendresse.

Les journées s'écoulent doucement : grasse matinée, petit déjeuner face à la baie d'Ajaccio, plage jusqu'aux environs de quatorze heures, piscine dans la villa que nous occupons, déjeuner tardif et très simple sur une terrasse à la vue admirable, bridge, et souvent, vers la fin de l'après-midi, lorsque le soleil calme ses ardeurs, tennis avec Hervé et Colette. Le soir, nous sommes fidèles à quelques restaurants, notamment sur la plage de Rupione.

L'île de Beauté mérite vraiment son nom : plages somptueuses, quasi désertes même lorsqu'on dit qu'il y a beaucoup de monde, voisinage sympathique dans lequel nous retrouvons souvent les habitués de notre plage favorite, les calanques de Plana, véritables cathédrales de pierre rouge, les forêts admirables – notamment Vezzavona –, les montagnes et leurs cascades.

Nous avons établi nos quartiers d'été à Porticcio et, de là, rayonnons pour quelques promenades en bateau qui nous ont fait découvrir la côte vue de la mer et l'admirable chapelet des tours génoises qui émaillent les sommets de l'île.

En réalité, j'ai passé ma vie à voyager. Certains artistes m'ont conduit une quinzaine de fois au Japon, et une fois en Amérique du Sud avec Alexis Weissenberg pour une série de concerts à Buenos Aires. Nous fîmes un arrêt à Copacabana, dans cette ville de Rio qui, véritablement, est indescriptible de beauté. Je me suis même rendu, avec mes amis Furlanetto ainsi que Thérèse Darras et Jean-Pierre, son mari et mon ami de quarante ans, au Festival de musique de Macao. Séjour exceptionnel, dans un hôtel face à la mer, dans un monde si différent du nôtre et si étrange. J'ai déjà évoqué Hong-Kong où j'ai été si souvent avec Alexis, et une fois avec Ferruccio et Adriana, sa femme que j'adore. J'ai beaucoup admiré la baie de Hong-Kong : les jonques aux voiles rouges ou ocre, le trafic maritime incessant, donnent à la fois une impression de tournis et de splendeur. J'ai passé, comme producteur de disques, des semaines entières à San Francisco dont la baie, elle aussi, fait partie des merveilles du monde. San Francisco, avec sa configuration tout à fait exception-nelle, est la ville la plus européenne de l'Amérique, mais aussi la plus étrange, avec ses dénivellations étourdis-santes et ses angles de vue toujours surprenants.

L'Amérique est quasiment mon second pays : j'y suis allé – et continue de le faire – des centaines de fois, du nord au sud, de l'est à l'ouest.

À l'époque, parcourir ainsi le monde était moins répandu qu'aujourd'hui et cette série de voyages appa-raissait, jusqu'à il y a quelques années, comme un extraordinaire privilège et un enrichissement de l'esprit ainsi que du corps.

Mais, si le soleil et l'océan me sont indispensables, autant que le dépaysement, je reste passionnément attaché à ma ville de Paris que je ne quitterai jamais. L'idée de retraite m'est odieuse, et si j'adore partir, j'aime encore plus revenir...

De la vie musicale
à travers le monde

C'est peut-être le moment et le lieu de régler mes comptes avec les critiques et une certaine presse. Après toute une vie d'expérience, force m'est de constater qu'il y a, dans le domaine de la critique, une très grande propension à suivre des modes, des jugements, repris sans le moindre souci d'analyse ou de remise en cause, et je n'ai lu que très rarement des papiers informés, honnêtes et libres, de ces sortes de critiques (bonnes ou mauvaises, peu importe) qui font avancer les choses parce qu'elles reposent sur une connaissance du sujet et une certaine objectivité. À l'inverse, que de méconnaissances, d'ignorance crasse et parfois de méchanceté et d'aigreurs. Parfois même priment les intérêts personnels ! Le pire mais le plus courant est ce mélange d'incompétence et de suffisance. Il existe des exceptions mais si peu qu'elles méritent qu'on s'en souvienne.

Certes il y a, ou il y a eu, certaines personnalités

géniales dans la presse musicale : Schumann, Berlioz, Reynaldo Hahn au XIXe siècle, et au XXe, à un moindre degré, Clarendon ou Pierre-Petit, morts tous deux. Aux USA, il y eut Harold Schoenberg, le tout-puissant critique du *New York Times* ; Joachim Keyser en Allemagne est un spécialiste du piano, tout comme Marcel Prawy est la mémoire vivante de l'Opéra de Vienne – ces deux derniers étant surtout des musicologues. Malheureusement, la presse musicale est remplie de pseudo-critiques.

Cela dit, il faut faire un distinguo entre le critique et le journaliste d'information qui, lui, peut être bien renseigné et à l'écoute, et reste un des éléments essentiels au lancement d'artistes ; on ne le dira jamais assez. Mais là encore, on se borne trop souvent à continuer à encenser des artistes qui n'en ont nul besoin, ou qui cherchent à « se faire mousser ». Il est très rare que les critiques découvrent de jeunes talents, tout simplement parce qu'ils préfèrent se précipiter au centième concert d'une célébrité plutôt qu'assister au premier concert d'un débutant. Il en a toujours été ainsi : Rubinstein, toujours aussi génial à quatre-vingt-cinq ans, éclipsait dans la presse tel concert d'un nouvel artiste encore inconnu. Je peux citer un cas récent : celui des débuts de Xavier Phillips à l'Orchestre de Paris, un des plus grands violoncellistes actuels selon Rostropovitch, dont le concert est passé totalement inaperçu (sauf par le public qui l'a ovationné), car tous ces messieurs de la presse s'étaient précipités, le même soir, à un concert de Valery Gergiev, et n'apportaient rien à la gloire déjà établie de ce dernier !

Le même phénomène existe dans des pays comme l'Allemagne ou l'Autriche, mais je pense que la curiosité y est quand même plus aiguisée que chez nous.

Autre chose pour laquelle j'ai une aversion particulière : la déformation commerciale, au sens le plus péjoratif du mot, de la musique classique dans des simulacres de musique prétendument destinés au plus grand nombre.

Nous assistons à des engouements volatiles pour de fausses valeurs qui encombrent le marché et ce, au détriment des vrais artistes. De plus en plus d'offres se créent autour de certains « noms » : j'en veux pour preuve la farce comique que constitue Andrea Bocelli, autour duquel il se ferait beaucoup de tapage si, malheureusement pour lui, il n'était atteint de cécité, ou l'insignifiance musicale de la « Dame aux loups », qui ferait mieux de se consacrer à ces beaux animaux qu'au piano. Tout ceci est lamentable.

Il en va de même pour les grandes messes-concerts devant cinquante ou cent mille personnes, dans des conditions acoustiques abominables, où se déversent les sous-produits de ce que les maisons de disques ont pudiquement baptisé *cross overs*, c'est-à-dire une sorte d'adaptation perverse de la musique dite « classique » à un public plus varié, lequel finit par croire que ce qu'il entend représente la vraie tradition de la musique classique. Tout ce qui tire, à des fins mercantiles, la bonne foi du public vers le bas est méprisable.

Néanmoins, tout n'est pas à jeter de ce qu'ont apporté les modes, les engouements brutaux, les gloires éphémères. La renaissance baroque fait partie de ces exceptions notables.

Il est un domaine qui mérite que l'on s'y attarde un peu : celui des maisons de disques. Il y a trop d'enregistrements, c'est un fait. Et surtout, il existe trop de versions des mêmes ouvrages. Il n'est que de se rendre chez Virgin ou à la Fnac ; l'abondance vous fait reculer et vous coupe l'envie de chercher la perle rare. Il y a là un vrai paradoxe : d'un côté, les maisons de disques n'arrêtent pas de sortir des milliers de disques, de l'autre, elles sont incapables d'avoir une politique cohérente. Résultat, les « majors » s'effondrent les unes après les autres ou sont rachetées par des firmes gigantesques qui n'ont aucun sens de la fonction réelle d'une maison de disques. D'où une mauvaise politique, un manque total de hardiesse, un goût immodéré pour de fausses valeurs ou pour des artistes qu'une publicité tapageuse entretient. Finalement, l'auditeur n'achète que ce dont il entend parler et s'éloigne des vraies valeurs musicales. Certes, un petit nombre d'amateurs de musique cherche très souvent ces fameux enregistrements dits « pirates », la plupart ayant été faits dans un lointain passé, qui intéressent beaucoup plus que la quarantième version de tel opéra dont il existe déjà un « enregistrement du siècle ».

La seule exception à cette situation catastrophique est celle des « petits » labels qui, eux, font preuve de qualité, de recherche, avec ce désir de servir la musique et ses interprètes et de trouver les pépites d'or, car elles existent. Je citerai par exemple Delta/Capriccio, Harmonia Mundi, Calliope, Lyrinx, Naxos. Ces maisons ont une politique cohérente dans la recherche du répertoire, le choix et la cohésion artistique entre l'interprète et telle ou telle œuvre, le marketing à bon escient, la présentation motivée et artistiquement pensée dans ces moindres détails et savent profiter d'un créneau que les *majors*, par leur folie des grandeurs, n'ont pas su trouver ou retrouver.

Je n'aime pas le mot « agent ». J'ai toujours eu de très bons rapports, en France et à l'étranger, avec mes collègues, mais rares sont ceux que j'ai véritablement traités comme des alter ego. Ce n'est pas de l'orgueil mal placé, mais une question de principe : beaucoup en effet sont arrivés à la musique par les affaires ou le droit. Or, j'ai toujours considéré la ligne droite comme étant le chemin le plus court, et celui de la musique passe par la musique.

Cela dit, certains managers exceptionnels – rares, il est vrai – ont, par leur flair, leur goût, leur intelligence et leur sens artistique et moral, acquis mon admiration et parfois même mon amitié.

Ma grande réserve, plus nette aujourd'hui que jamais, sur la manière de construire des carrières, concerne spécialement certains managers américains. Ne connaissant ni l'Europe ni notre système de pensée, ils prétendent nous conquérir, sans aucun sens moral ni éthique de la profession, oubliant que l'Europe est le berceau de la musique (même si les interprètes américains ont fort bien servi cette musique occidentale). À de très rares exceptions près, cette vision américaine reste l'aspect négatif de la profession et la manifestation incongrue d'un certain impérialisme américain.

Revenons au répertoire et aux carrières. Chacun redécouvre avec éblouissement les distributions d'antan, plus homogènes, plus régulières que la moyenne de ce que l'on entend de nos jours. Où est le temps du vieux Met avec des chefs comme Bruno Walter, Karl Böhm, Dimitri Mitropoulos, Fritz Reiner, Erich Kleiber ? Des mezzo-sopranos comme Fedora Barbieri, Gulietta Simionato, Christa Ludwig, Shirley Verrett ?

Des sopranos comme Leontyne Price, Zinka Milanov, Maria Callas, Birgit Nilsson ? Des ténors tels Giuseppe Di Stefano, Franco Corelli, Richard Tucker, Jussi Björling, Nicolaï Gedda, Mario Del Monaco ? Et les grands barytons que furent Tito Gobbi, Leonard Warren, Robert Merill, Piero Capucilli ? Les basses comme Ezio Pinza, Cesare Siepi, Nicolaï Ghiaurov ?

L'espèce, bien sûr, n'a pas disparu, mais elle s'est raréfiée ; et il n'y a plus ce matériel humain égal, cette constellation qui n'a pratiquement jamais été remplacée.

Certains noms restent quand même dans la lignée de leurs aînés, et sans pouvoir les citer tous, je voudrais cependant mentionner Renée Flemming, Violetta Urmana, Marcelo Alvarez, Roberto Alagna, Leo Nucci, Olga Borodina, Barbara Frittoli, Susan Graham, Ferruccio Furlanetto, Sophie Koch, Riccardo Muti, Semyon Bychkov, Christian Thielemann, James Conlon, Lorin Maazel, Valery Gergiev, James Levine...

Mais les temps ont changé : tout va plus vite. Les théâtres veulent sans cesse de nouveaux talents, s'arrachent les artistes cinq ans à l'avance et finissent par devoir user de compromis. Les artistes eux-mêmes sont parfois trop pressés d'arriver, au détriment de la qualité et de la longueur de leur carrière.

Il est toujours possible de distribuer des opéras de Mozart. Le baroque trouve aussi de belles distributions. Quant à la découverte ou la redécouverte de ce répertoire, lorsqu'il est interprété par des artistes de premier plan, scrupuleux, attentifs, rigoureux (je pense au Giardino Armonico, à William Christie et ses Arts florissants), bien que ne faisant pas partie des admirateurs inconditionnels du baroque ni même de son interprétation qui trop souvent est livrée à des charlatans de la musique, je reconnais bien volontiers que l'apport est beaucoup plus important que les « dégâts » provoqués par cette nouvelle vague.

Certains Verdi (la récente commémoration l'a prouvé) permettent également de monter d'excellentes distributions. Mais où trouve-t-on une voix capable d'affronter ce rôle sublime mais terrifiant qu'est Otello, mis à part Galouzine ? Et pour Iago, ou bien ce sont des hurleurs (qui plus est, hurlant faux), ou bien les artistes ne veulent pas chanter ce rôle ! Il y a bien Nucci, mais il est un des derniers.

On distribue Puccini, même *Turandot* ! Mais par manque cruel de sopranos dramatiques et de ténors capables d'affronter ce répertoire, il n'est pratiquement plus possible de distribuer Wagner, et ce, malgré de brillants barytons et de magnifiques basses, comme Kurt Moll, Jan-Hendrik Rootering, René Pape, Franz-Joseph Selig... Et faute de pouvoir supporter certains hurlements, il m'arrive de plus en plus souvent de devoir quitter la salle !

On parle toujours de « l'avant et l'après Callas ». Je constate que les belles voix et les beaux physiques de théâtre se sont raréfiés. Mais il y a d'heureuses surprises : je pense par exemple à un récent *Billy Budd* de Benjamin Britten avec Bo Skhovus, d'une sculpturale beauté. Mais que de fois voyons-nous sur scène de grosses dames de cent vingt kilos qui ne peuvent en aucun cas nous faire croire aux personnages ! Cela dit, les voix n'ont pas disparu. Simplement le marché actuel, l'appât du gain, le travail sournois de quelques maisons de disques à la responsabilité écrasante, les voyages incessants dans des conditions pas toujours des plus confortables, le mauvais choix des interprètes pour des ouvrages dont la moitié n'est pas adaptée à leur voix, les théâtres se les arrachant sous prétexte de publicité, tout ceci mène inéluctablement à des catastrophes : en dix ans, leur carrière est finie. Cheryl Studer a malheureusement fait les frais de cette politique hasardeuse. Il m'est aussi arrivé, lors d'un enregistrement avec Karajan, de devoir remplacer l'artiste qui devait chanter Ortrud, car des problèmes de santé l'avaient obligée à se retirer de la scène !

Grâce à André Malraux et Jacques Duhamel, la politique musicale française a été clarifiée. Il s'agit à la fois d'un enseignement, dans lequel on apprend la musique le plus jeune possible, et d'une politique où les subventions jouent un rôle capital, pour les institutions nationales, les orchestres, relayés par Radio-France, l'Orchestre de Paris (à la fois subventionné par la ville de Paris et par l'État), l'Opéra de Paris. Ce dernier perçoit deux tiers de son budget (environ un milliard de francs) de l'État, qui verse approximativement 630 millions, le montant des recettes étant d'environ 370 millions. C'est un cas de figure suffisamment extraordinaire pour en parler. Environ un million de spectateurs vont à l'Opéra de Paris, Garnier et la Bastille confondus ! Qui plus est, les spectacles sont relayés, là encore, par Radio-France, certains sont même télévisés, et le contribuable français peut s'enorgueillir de cet état de fait, avec raison ! Il ne faut pas oublier que l'opéra était, à l'origine, une institution monarchique dans laquelle tout était pris en charge par le gouvernement royal. La tradition s'est maintenue, mais de manière républicaine, à ceci près qu'aujourd'hui la part des recettes est considérable. Ce phénomène est un miracle et la vraie réussite de Hugues Gall, qui monte trois cent quatre-vingt-cinq spectacles par an dont les recettes apportent un tiers du budget total !

Toutes ces subventions, venant à la fois du ministère de la Culture et des fonds de l'État, s'adressent aussi aux autres grandes institutions françaises : les Opéras nationaux de Lyon, Bordeaux, entre autres, et les orchestres nationaux (Lille, Toulouse, Lyon...) Pour le reste, et du fait de la décentralisation, les subsides accordés aux orchestres et opéras, viennent en partie des conseils généraux ou régionaux et des municipalités. Ce système fonctionne très bien, et selon la politique du verre à moitié vide ou à moitié plein – je le considère pour ma part comme à moitié plein –, cela contribue à l'amélioration du futur. Le mauvais côté de la chose est que ces fonds étant à la discrétion de la classe politique, cela entraîne immanquablement des interventions et considérations politiciennes, de copinage, avec les décideurs, les metteurs en scène, les artistes pistonnés, etc.

Une anecdote me revient. Jacques Rouché, un des grands directeurs de l'Opéra de Paris, était à ce titre l'objet de demandes d'hommes politiques, ce qu'il ne refusait jamais, à une seule condition : que ces derniers assistent à l'audition, à ses côtés. Si par extraordinaire le « protégé » s'avérait excellent, il était aussitôt engagé. Mais, dans 90 % des cas, le résultat était désastreux et, se tournant alors vers son interlocuteur, Jacques Rouché lui demandait : « Y tenez-vous vraiment ? Que dira-t-on, si l'on apprend que c'est grâce à votre inter-vention auprès de moi ? » Et le politicien se retirait, rouge, en se confondant en excuses.

Force est de reconnaître que c'est grâce à l'argent que la musique vit, et, même s'il corrompt parfois, il vaut mieux de l'argent et de la musique que pas de musique. Et cela est vrai de tout ce qui fait la culture.

Qu'en est-il maintenant de nos voisins ?

Il en va pratiquement de même à Vienne, au sein du Bundestheaterholding sous la direction de Georg Springer, qui regroupe le Wiener Staatsoper, le Volk-soper (l'Opéra populaire) et le Burgtheater (notre Comédie-Française). Et, en prime, l'Orchestre philhar-monique de Vienne dans la fosse.

En Grande-Bretagne, plus tournée vers les États-Unis que vers l'Europe à laquelle elle est supposée appartenir, le gouvernement est très pingre. Les orchestres anglais ont besoin des investissements exté-rieurs, comme les disques et les opéras, de subterfuges, ce qui conduit à des cachets misérables, à l'exception du Royal Opera House de Covent Garden, un des plus grands Opéras au monde. L'argent privé et les grosses industries s'intéressent financièrement aux arts, musique comprise.

En Allemagne, la situation est quasiment iden-tique, bien que plus compliquée, qu'en France pour deux raisons : le découpage en Länder et le fait que ce qui fut anciennement la République démocratique aspire, depuis la réunification, une énorme partie des subventions pour rattraper cinquante ans de disette communiste. C'est un paradoxe et un scandale que le

Deutsche Oper Berlin et son magnifique directeur musical, Christian Thielemann, doivent se battre pour exister, la situation financière étant inférieure à celle du Staatsoper (à l'origine à l'Est). L'Orchestre philharmonique de Berlin se situe au-dessus de la mêlée, mais ses subventions n'avaient pas bougé depuis la mort de Karajan, jusqu'à l'arrivée aujourd'hui de sir Simon Rattle qui a posé ses conditions pour la survie de son orchestre. Berceau de la culture musicale, l'Allemagne n'assure pas la politique de ses moyens et de ses devoirs envers son passé.

L'Italie peut s'enorgueillir de posséder quelques-uns de plus beaux Opéras ou sociétés de musique de chambre. Mais un gouvernement qui change sans cesse, un jeu constant de chaises musicales parmi les directeurs, ont conduit certaines institutions à recourir à des mécènes et des sponsors : ainsi la Scala est devenue une Fondation, de même que le Théâtre de Gênes, celui de Florence et son célèbre Mai musical. Cela n'empêche d'ailleurs pas que, malgré des fonds bancaires protégés et intouchables, un théâtre comme la Fenice de Venise, joyau de l'opéra occidental, reste toujours, cinq ans après sa destruction, une ruine, alors que l'Espagne a su rebâtir en trois ans le Liceo de Barcelone, brûlé avant le désastre de la Fenice... Il semblerait que celle-ci puisse rouvrir à la fin de 2003 ou début 2004, reconstruite à l'identique.

Pendant ce temps, à six mille kilomètres de nos côtes, l'Amérique a probablement résolu le problème : il n'y a aucune aide de l'État fédéral à ce que l'on nomme les Performing Arts (théâtres, orchestres, danse, sociétés de musique de chambre, etc.). Tout est privatisé. Des mécènes et sponsors donnent des dizaines de millions de dollars pour faire vivre leur patrimoine musical et culturel. (Tout va bien aussi longtemps qu'ils ne se mêlent pas d'intervenir, car la situation peut alors devenir dramatique !) Force est de reconnaître que les USA comptent trois des plus grands Opéras du monde : Le Metropolitan Opera de New York, l'Opéra de San Francisco et celui de Chicago, une vingtaine des plus grands et beaux orchestres du monde et quelques-unes des meilleures salles de concerts (Carnegie Hall, notamment) à faire pâlir d'envie et de jalousie les Européens, et particulièrement les Parisiens... Certes, les tarifs sont très élevés ; mais la proportion de la population allant à l'opéra ou au concert est très inattendue pour un pays sans argent fédéral.

Au reste, l'Amérique a toujours attiré les plus grands artistes, les Landowska, Heifetz, Horowitz, Mitropoulos, Koussevitski, Reiner, Milstein, Rubinstein, Piatigorski, Rachmaninov, et ce n'est pas un hasard si beaucoup s'y sont établis. Nombreux sont les grands interprètes européens qui y font régulièrement de grandes tournées. Aucune capitale européenne, que ce soit Berlin, Vienne, Londres ou Paris, ne peut soutenir la comparaison avec le niveau musical proposé dans ce pays.

À Carnegie Hall, comme dans n'importe quelle grande ville américaine – et parfois les moins grandes –, il n'y a pas de date bonne ou mauvaise. Carnegie Hall propose des concerts tous les soirs et souvent deux fois par jour, notamment le week-end. Le Met joue le samedi en matinée et en soirée, et cette règle s'applique à l'ensemble du territoire des États-Unis. J'y pense avec admiration mais aussi avec une certaine amertume, alors qu'en France, à l'exception de l'Opéra de Paris, il n'y a guère plus de cent ou deux cents dates possibles, compte tenu des vacances scolaires, des ponts, du fait que pendant l'été – et à l'exception des festivals – il n'y a aucune activité musicale dans les grandes villes. Bref, les fêtes et le départ systématique le week-end vers la campagne nous contraignent à des calculs savants et à connaître d'avance les dates de Roland-Garros, de la coupe du monde de football... Il nous faut ensuite « piocher » la date où on aura une chance raisonnable d'avoir des spectateurs dans la salle !

Nous assistons aujourd'hui à un engouement spectaculaire pour la musique. Les grandes salles de concert, à Paris et en province, connaissent une fréquentation très importante. La Bastille, je l'ai dit, a des recettes fabuleuses pour un théâtre tout en maintenant des tarifs souvent inférieurs à ceux des grandes scènes internationales (comme Covent Garden ou l'Opéra de Vienne).

Et les festivals ? Ils sont légion, en France et à l'étranger, et beaucoup ne fonctionnent qu'avec des moyens réduits, mais ils ont un public fervent et fidèle qui vient dans ces lieux magiques que sont orangeries, églises, châteaux... Peut-être y a-t-il un peu trop de ces festivals, car l'abondance se retourne parfois contre elle-même, mais on ne saurait rester insensible à la ferveur musicale qui se dégage de ces soirées.

Mélomanes avertis ou non, il y a donc un public. Une précision, à laquelle je tiens : lorsque je dis, à propos d'un auditeur ou d'un public, qu'il est « non connaisseur », cela ne signifie en rien qu'il faille avoir étudié la musique pour aller au concert ou à l'Opéra. Je dirais presque le contraire : un savoir rudimentaire et hautement surestimé est même souvent néfaste à la bonne écoute de la musique. Tout être humain doté de sensibilité, sans aucune connaissance préalable, doit être considéré comme un amateur potentiel de cet art. Il faut se lancer, si on est tenté. Aujourd'hui, la musique ne connaît plus de clivage social. Il faut acheter un billet bon marché et aller au concert ou à l'Opéra et être prêt à recevoir. Avoir fait trois ans de piano ou avoir une grand-mère chanteuse ne vous donne pas plus le droit à être considéré comme connaisseur que toute personne se dirigeant spontanément vers la musique, le cœur et l'esprit ouverts.

Il faut insister, car le phénomène est nouveau et porteur d'espoir, sur l'apparition du sponsoring et du mécénat en Europe. Chez nous, ce sont par exemple France Telecom pour la voix, Pinault-Printemps-Redoute, Accentur pour les jeunes chambristes, LVMH, les grandes banques, Vivendi (voir son action auprès du festival d'Aix-en-Provence). Ce phénomène n'en est probablement qu'à ses prémices, car le meilleur de l'avenir et de la pérennité de la musique dans le monde se trouve paradoxalement dans l'économie et dans les grandes entreprises, tant décriées par les intellectuels.

Un élément, dont il n'a été question qu'en filigrane et qui revêt cependant une importance capitale, sans que, la plupart du temps, le public ou les interprètes en soient véritablement conscients, est ce que l'on appelle la phénoménologie musicale. La musique repose sur trois moteurs essentiels qui sont le son, la mélodie et le rythme. Karajan disait aux musiciens d'orchestre et aux solistes qu'une note isolée n'a pas de valeur intrinsèque si elle ne précède ou ne suit une autre note, d'où la notion de binôme cellulaire du phrasé, partie intégrante du style. Cela est particulièrement vrai pour le chant (notamment le *bel canto*) mais vaut pour la musique dans sa globalité.

Ainsi, la valeur rythmique, si elle est respectée, gomme toute possibilité de faux accents. Mais encore faut-il apporter quelques précisions : lorsqu'une note longue a sa valeur rythmique respectée, cela empêche automatiquement la note suivante, qui neuf fois sur dix est plus courte, d'être à tort accentuée (ce qu'elle ne doit pratiquement jamais être). L'accent se porte sur la note longue, et en général sur la note la plus élevée de la phrase. Toujours sur le plan rythmique mais aussi bien expressif, il arrive qu'il faille prendre une certaine liberté en ralentissant très légèrement une phrase, une mesure, un thème, ce qui s'appelle en italien *rubato* (signification littérale : volé), et doit être, à un moment quelconque du même phrasé, rendu par une reprise du mouvement. Comment expliquer cette règle ? C'est impossible ! Mais l'expérience prouve qu'il s'agit là d'un des aspects essentiels de l'interprétation musicale et du phrasé.

Autre exemple : de petites notes barrées indiquées par le compositeur et précédant immédiatement une note importante, qui s'appellent appogiatures, ont pour but d'accentuer la signification expressive de la phrase musicale et très particulièrement de la note qui les suit. Cela est tellement vrai que le mot appogiature, qui vient de l'italien *appogiare*, veut dire s'appuyer, c'est-à-dire qu'elle appuie l'expressivité de la note suivante. Or, tout en respectant d'une manière absolue les valeurs rythmiques du solfège, il est avéré que si l'on retarde une appoggiature d'une fraction infinitésimale de seconde, l'expression n'en est que plus émouvante. La même règle s'applique aux *grupetti* mentionnés ci-dessus, qui doivent selon les styles être joués rapidement ou au contraire avec une certaine liberté, de manière à ne pas couper le souffle et la ligne musicale. En Allemagne, cela s'appelle *Manierismus* et, contrairement à ce que l'on pourrait croire par une traduction malhabile, c'est un embellissement et un enrichissement. Du reste, appartient à cette catégorie d'embellissements ou ornementations tout ce qui se rapporte aux appogiatures, trilles, *rubati* ou *grupetti*, ainsi qu'à mille autres détails d'interprétation qui ont toujours existé mais qui ont été perfectionnés et identifiés à partir des grands organistes et ont connu leur plénitude dans le style baroque avec Scarlatti, Vivaldi, Bach et tous les compositeurs qui les ont suivis, notamment Mozart. Les romantiques en ont fait grand usage, avec des intentions évidemment différentes. Ce qui est valable pour Bach ne l'est pas pour Schumann.

Ce ne sont que des exemples parmi des centaines d'autres. Mais je ne voudrais pas tomber dans une analyse « bas bleu » de solfège expressif... Tant qu'il y aura des artistes qui observeront ces principes et les mettront en valeur en les ayant constamment à l'esprit, la musique et son interprétation seront assurées d'une totale pérennité.

Postlude

À l'aube du troisième millénaire, la musique a prouvé, par son extension exponentielle et par l'enthousiasme qu'elle ne cesse de susciter à travers le monde, qu'elle était capable – et très spécialement sur le plan de ses interprètes – de poursuivre une trame qui se déroule comme un fil qui ne connaît jamais de fin. Que l'on songe au fait suivant : pendant toute sa vie, Chopin a été entendu par environ trente mille personnes !

Il m'est souvent venu à la pensée que nous allions inéluctablement vers une ère de déclin. Assurément, la perte d'artistes tels que Maria Callas puis Herbert von Karajan a pu faire croire qu'un certain perfectionnisme dans l'interprétation des chefs-d'œuvre ne survivrait pas à la disparition de génies non remplacés. Je me souviens d'un article d'une sociologue américaine, Barbara Tuckmann, paru il y a quelques années dans le *Sunday New York Times*, et qui s'intitulait *The decline of quality*. Il annonçait des lendemains assez sombres, que ce soit pour l'art, la littérature ou le mode de vie ; et la télévision était la grande accusée.

Nous verrons bien si ce déclin se produit en effet. Mais l'invention de l'Internet et du CD-Rom, après le disque qui a joué au xxe siècle un rôle décisif, ainsi que la télévision, les chaînes câblées, ne sont-elles pas porteuses de possibilités sans limites ?

Par ailleurs, les concours qui se multiplient, les salles de concerts qui se construisent à travers le monde à un rythme inouï, la multiplication des orchestres symphoniques ou de chambre, l'élargissement du public, l'exigence de qualité toujours plus grande de la part du public – celui de l'opéra par exemple – sont autant d'éléments positifs d'une époque qui court à toute vitesse vers l'infini. Mais ils comportent un danger : il convient de garder constamment à l'esprit (et ceci s'applique particulièrement aux décideurs et aux chefs d'orchestre ainsi qu'aux directeurs d'opéras) qu'il faut savoir distinguer le bon grain de l'ivraie. En effet, les vagues successives d'interprètes, qui répondent, dans leur profusion, à la nécessité des lieux, des saisons musicales, des festivals, peuvent produire le meilleur comme le pire. C'est là qu'interviennent deux facteurs déterminants : d'une part, le bon goût et, d'autre part, l'empreinte de ce que tous les grands artistes du passé ont laissé derrière eux.

Tous les grands interprètes d'aujourd'hui s'ingénient à exprimer ce mouvement perpétuel de la musique. Ils font des miracles pour atteindre au niveau le plus élevé, et, à la fin des fins, finissent par triompher des accidents de parcours, que j'ai trop brièvement mentionnés parce que je préfère les ignorer.

Toscanini, Furtwängler, Karajan ont disparu, mais

Lorin Maazel, Carlos Kleiber, Riccardo Muti et leurs collègues sont bien avec nous, parmi tant d'autres que je n'aurais garde d'oublier, à défaut de pouvoir les citer. Tous, inspirés par ceux qui les ont précédés, poursuivent une tradition et une modernité accouplées, auxquelles les compositeurs et le public ont droit. Il s'agit également d'une mission, celle de transmettre le flambeau et de répandre la bonne parole assimilée par l'expérience composée du passé, du présent et du futur sans cesse en mouvement.

Si Maria Callas a disparu, elle a laissé, comme Karajan, comme Toscanini et tant d'autres, un témoignage extraordinaire, par les disques, la télévision, les vidéodisques et les cassettes vidéo. Karajan est plus que jamais une source d'inspiration pour les interprètes et le public, avides d'émerveillement. Il n'existe pas, à ma connaissance du moins, un seul chef d'orchestre, un chanteur ou un instrumentiste dignes de ce nom qui ne revendiquent, du moins intérieurement, une part de cet héritage et la leçon du passé. C'est dans le sillon laissé par ceux qui les ont précédés qu'ils trouvent leur inspiration et qu'ils cherchent à inscrire leur propre développement. Ils sont en devenir permanent.

Rachmaninov, Piatigorski, Jasha Heifetz, Wladimir Horowitz, Nathan Milstein, Rubinstein, Marguerite Long et Jacques Thibaud, Clara Haskil, Dinu Lipatti sont morts. Mais les Weissenberg, Martha Argerich, Pogorelich et bien d'autres leur ont succédé. Ils ont laissé des héritiers. D'innombrables artistes de très haut rang, toutes générations confondues, que nous entendons aujourd'hui dans les salles de concerts : les Spivakov, Vengerov, Yo-Yo Ma, Anne-Sophie Mutter, Gary Hoffman, Xavier Phillips, Alexander Ghindin, Truls Mörk, Midori, Kissin, pour n'en citer que quelques-uns, assurent la relève. Et certains monstres sacrés sont encore présents, pour ne citer que Rostropovitch. Hélas, Jean-Pierre Rampal a disparu récemment. C'était un homme exceptionnel et un artiste inoubliable. Il y a peu, il était encore des nôtres, nous charmant, tel Orphée, par la sonorité éthérée de sa flûte enchantée[1]...

On sait certaines choses sur l'art des interprètes qui n'ont pas eu la chance d'avoir le disque pour transmettre leur héritage. Mais, à partir de l'époque de Rachmaninov, on connaît d'une manière très précise ce que les uns et les autres ont apporté à l'humanité pendant le XXe siècle. De sorte que, ce que j'ai évoqué au tout début et au cours de ce livre, ces anneaux olympiques et la flamme qui ne s'éteint jamais symbolisent parfaitement le phénomène de transmission par la connaissance, par l'instinct et par les témoignages oraux ou factuels. Et de la même manière que l'on peut imaginer une transmission directe de l'œuvre pour piano de Chopin à celle de Scriabine, puis à celle de Rachmaninov,

---

1. Je viens d'entendre Emmanuel Pahud au festival que Vladimir Spivakov anime à Colmar et qui, cette année, est dédié à la mémoire de Rampal. Ce jeune flûtiste m'a tellement bouleversé dans la *Deuxième Suite* de Bach et dans le *Deuxième Concerto* de Mozart que je suis resté cinq bonnes minutes en larmes devant tant de beauté. De son côté, Paul Meyer, lors de la répétition du *Concerto pour clarinette et orchestre* de Mozart, m'a également bouleversé. Pahud m'a donné le sentiment de voir la colombe du Saint-Esprit s'envoler vers le firmament !

on peut suivre un fil conducteur constant chez les interprètes.

Je redoute les comparaisons systématiques, qui
sont généralement le fait d'ignorants ou de ceux qui,
ayant un disque d'une œuvre, estiment qu'il s'agit là de
l'interprétation définitive. Je perçois en revanche profondément et d'une manière très aiguë le sens profond
de *l'humus* que des générations d'interprètes ont semé
à travers leur vie et leur art et dont les jeunes d'aujour-
d'hui sont devenus les héritiers directs. Les graines,
éparpillées par l'art des grands dans les sillons et les
microsillons, ont germé.

Dans un merveilleux article, paru il y a quelques
années dans le *New York Times*, Harold Schoenberg,
– un des très grands spécialistes de l'histoire du piano
et gardien de connaissances tout à fait exceptionnelles
de l'interprétation musicale en général – avait écrit une
longue chronique sur ce qui distingue les très bons
interprètes des grands, voire des génies. Il écrivait en
substance qu'ils « faisaient sensiblement la même
chose, mais que les génies le faisaient tout simplement
mieux ! » Qu'ajouter à cette évidence si simplement
énoncée !

La vie continue, la musique continue, et fasse le
ciel que les grands d'aujourd'hui et de demain perpétuent à jamais cette tradition du bon goût et se sentent
toujours attirés vers le haut. Pour ma part, j'y ai toujours cru. La musique n'adoucit peut-être pas les
mœurs, mais elle apporte à l'homme le sens de la
beauté universelle.

Une dernière fois, il faut rappeler que, sans les interprètes, les œuvres les plus géniales resteraient lettre morte. Aussi l'avenir de la création et de l'interprétation musicales, d'ailleurs inséparables, m'apparaît-il comme une fleur qui s'épanouit, mais dont les pétales ne se fanent jamais.

Remerciements

Je désire exprimer ma profonde gratitude à mes amis, Mme Camille Spinosi et Maître Jean-Denis Bredin de l'Académie Française auxquels je dois d'inestimables conseils, critiques et recommandations. J'ai fais tout mon possible pour en tenir le plus grand compte. Jean-Denis Bredin m'a consacré, par sa lecture et ses observations écrites, un temps qui lui est si précieux. J'en ai pleine conscience ! et lui voue une grande reconnaissance.

Je veux remercier Philippe Simon qui a recueilli beaucoup d'éléments lors de la première ébauche de ces mémoires.

Tous mes remerciements vont à mon ami et collaborateur Daniel Lombard qui m'a éclairé de ses conseils et apporté ses corrections de par sa connaissance du monde de la musique et de moi-même.

Je remercie également Hélène Soroka, ma fidèle secrétaire, pour sa grande aide et son dévouement sans faille.

Une pensée spéciale va à mes collaborateurs les plus proches qui ont protégé un peu de mon temps par complicité et amitié.

Enfin je désire remercier profondément mon Directeur Littéraire chez Lattès, Laurent Laffont (que j'ai vu quasiment naître) pour sa patience, ses observations vives parfois mais justifiées et surtout pour sa confiance à laquelle j'associe également sa sœur, Isabelle.

Table des matières

Impression réalisée sur CAMERON
par BRODARD ET TAUPIN
La Flèche
en septembre 2002

Imprimé en France
Dépôt légal : septembre 2002
N° d'édition : 29834 – N° d'impression : 14635